ROOSTER FIGHTER

SHU SAKURATANI
PRESENTS

02

INHALT

RUNDE #6 Kampf & Regeneration

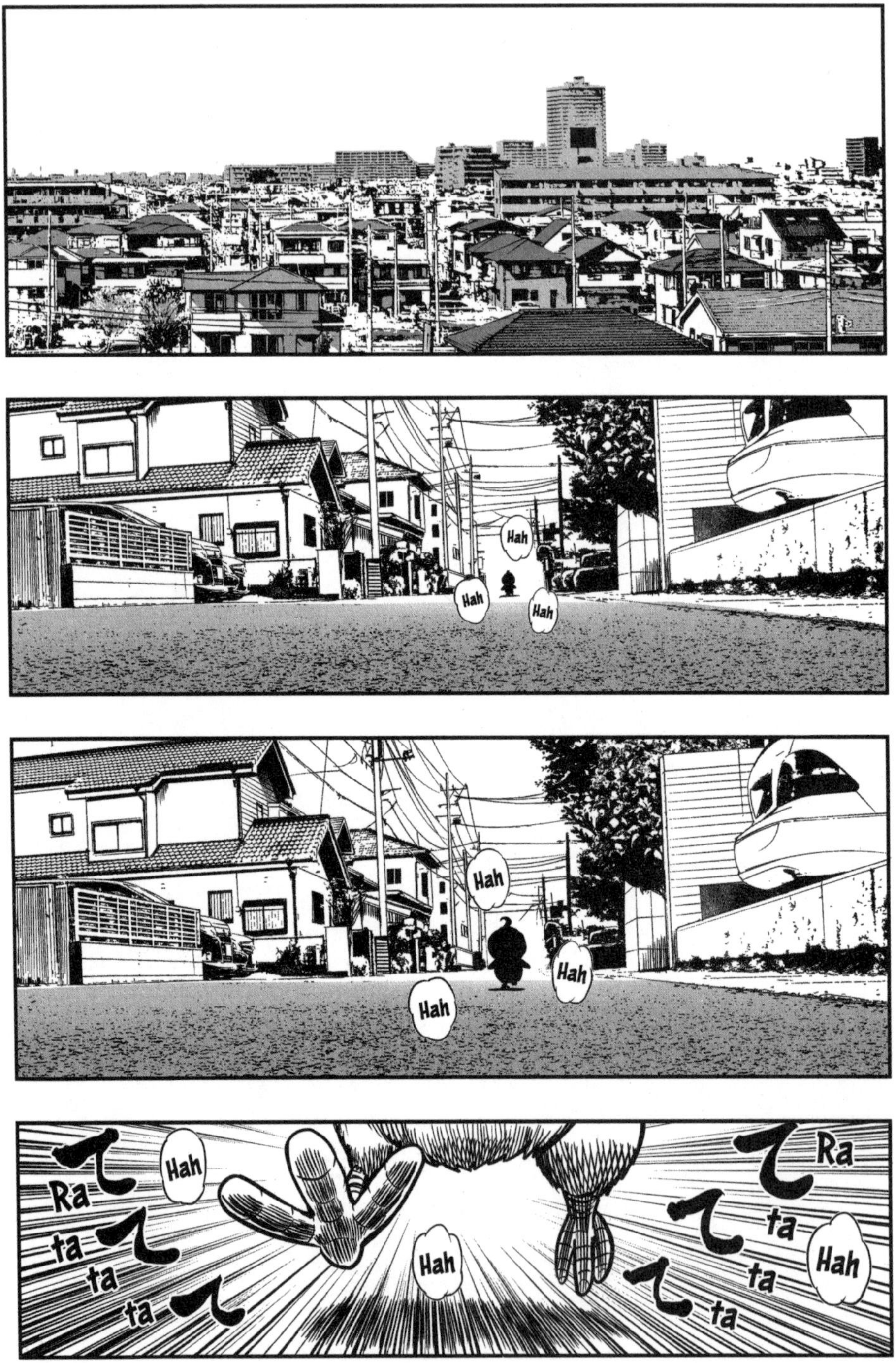

RUNDE #6

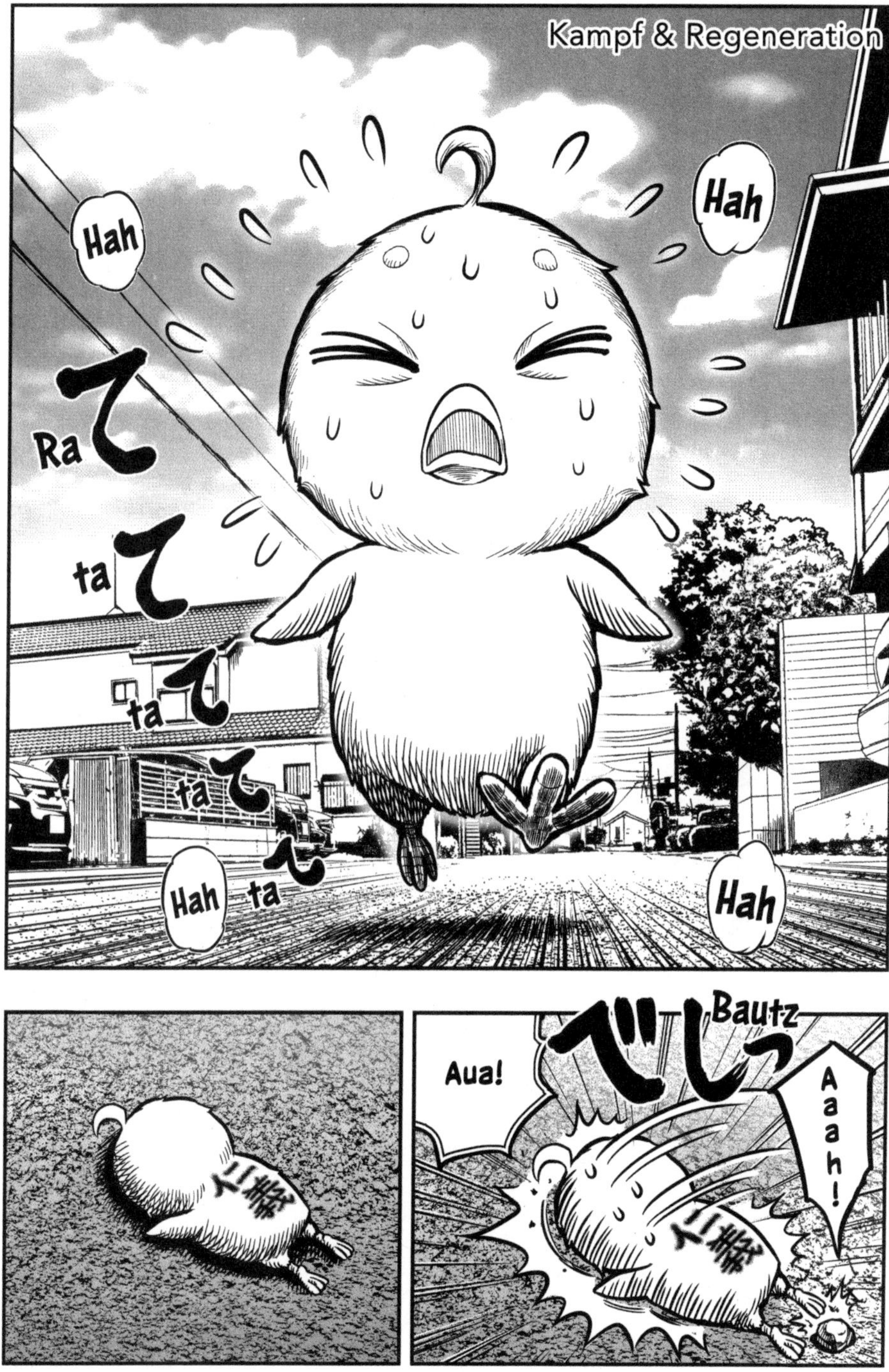
Kampf & Regeneration
Hah
Hah
Ra ta ta ta ta
てててててて
Hah
Hah
Bautz
でしっ
Aua!
Aaaah!

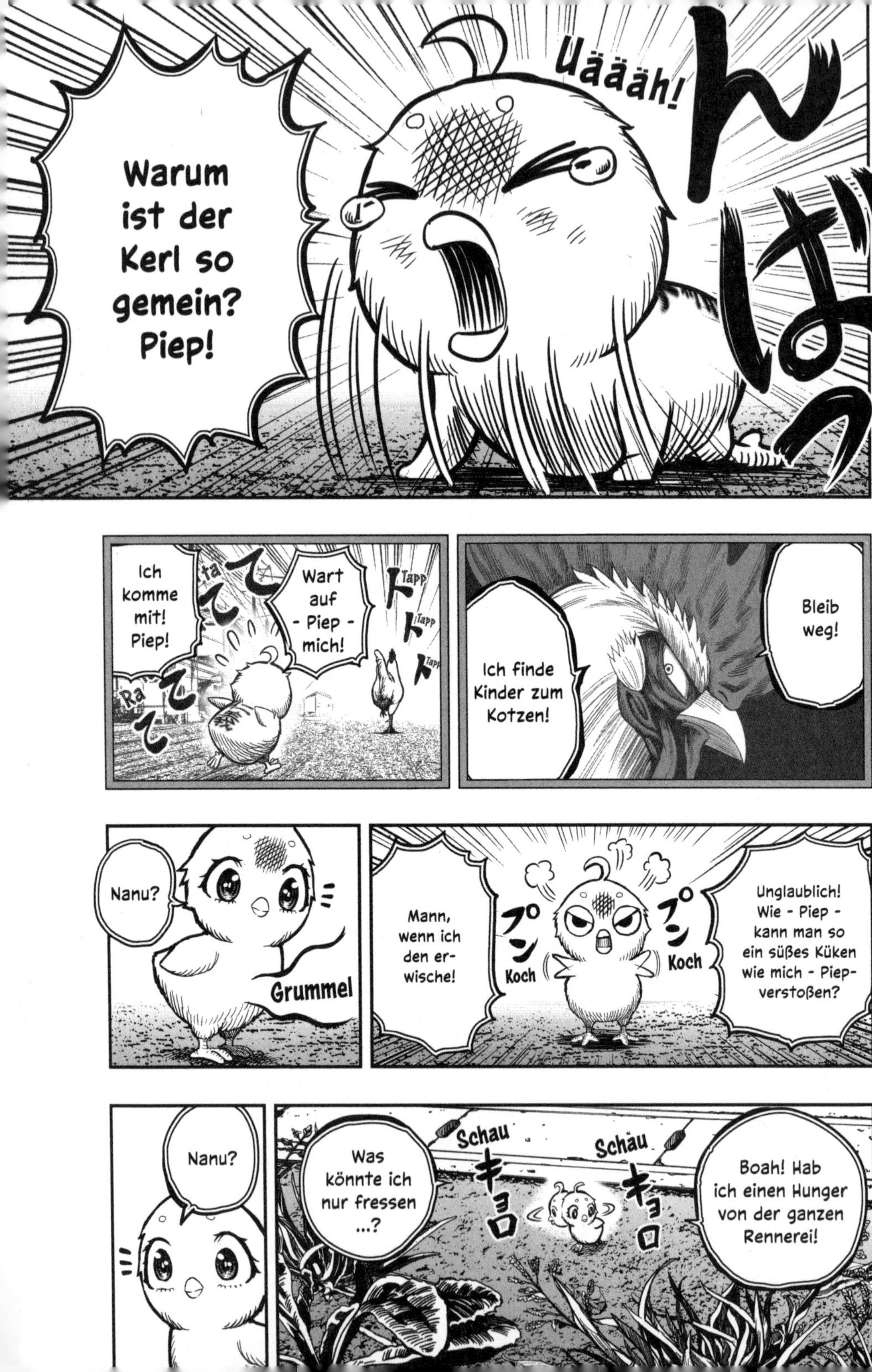
んばっ
Uäääh!
Warum ist der Kerl so gemein? Piep!
Bleib weg!
Ich finde Kinder zum Kotzen!
トTapp トTapp トTapp
Wart auf - Piep - mich!
てて ta
Ich komme mit! Piep!
てて Ra
Unglaublich! Wie - Piep - kann man so ein süßes Küken wie mich - Piep- verstoßen?
プン Koch
プン Koch
Mann, wenn ich den er- wische!
Grummel
Nanu?
Boah! Hab ich einen Hunger von der ganzen Rennerei!
キョロ Schau
キョロ Schau
Was könnte ich nur fressen ...?
Nanu?

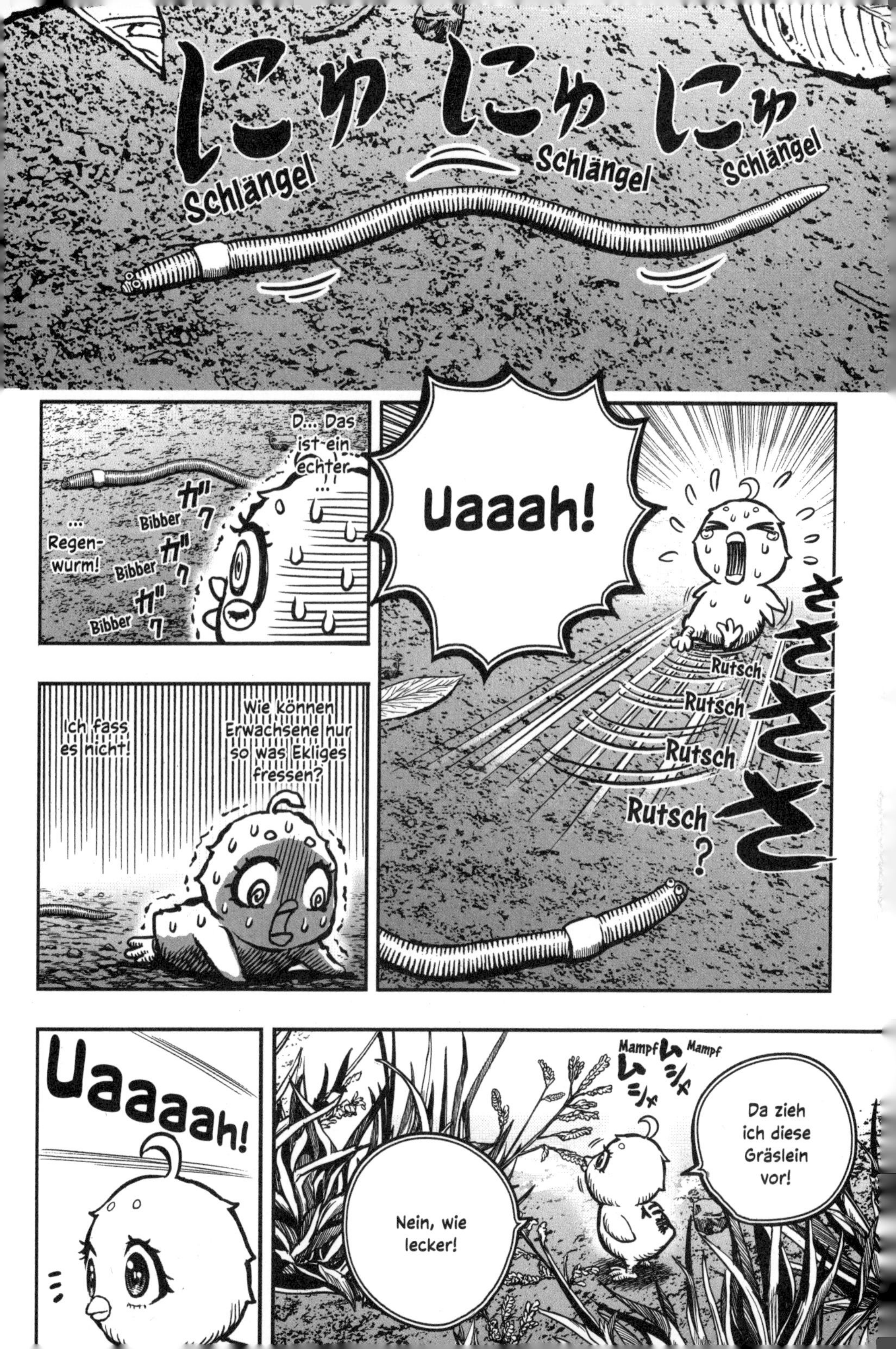

にゅ にゅ にゅ
Schlängel
Schlängel
Schlängel
Uaaah!
D... Das ist ein echter ...
... Regenwurm!
Bibber
Bibber
Bibber
Rutsch
Rutsch
Rutsch
Rutsch
?
Wie können Erwachsene nur so was Ekliges fressen?
Ich fass es nicht!
Da zieh ich diese Gräslein vor!
Mampf
Mampf
Nein, wie lecker!
Uaaaaah!

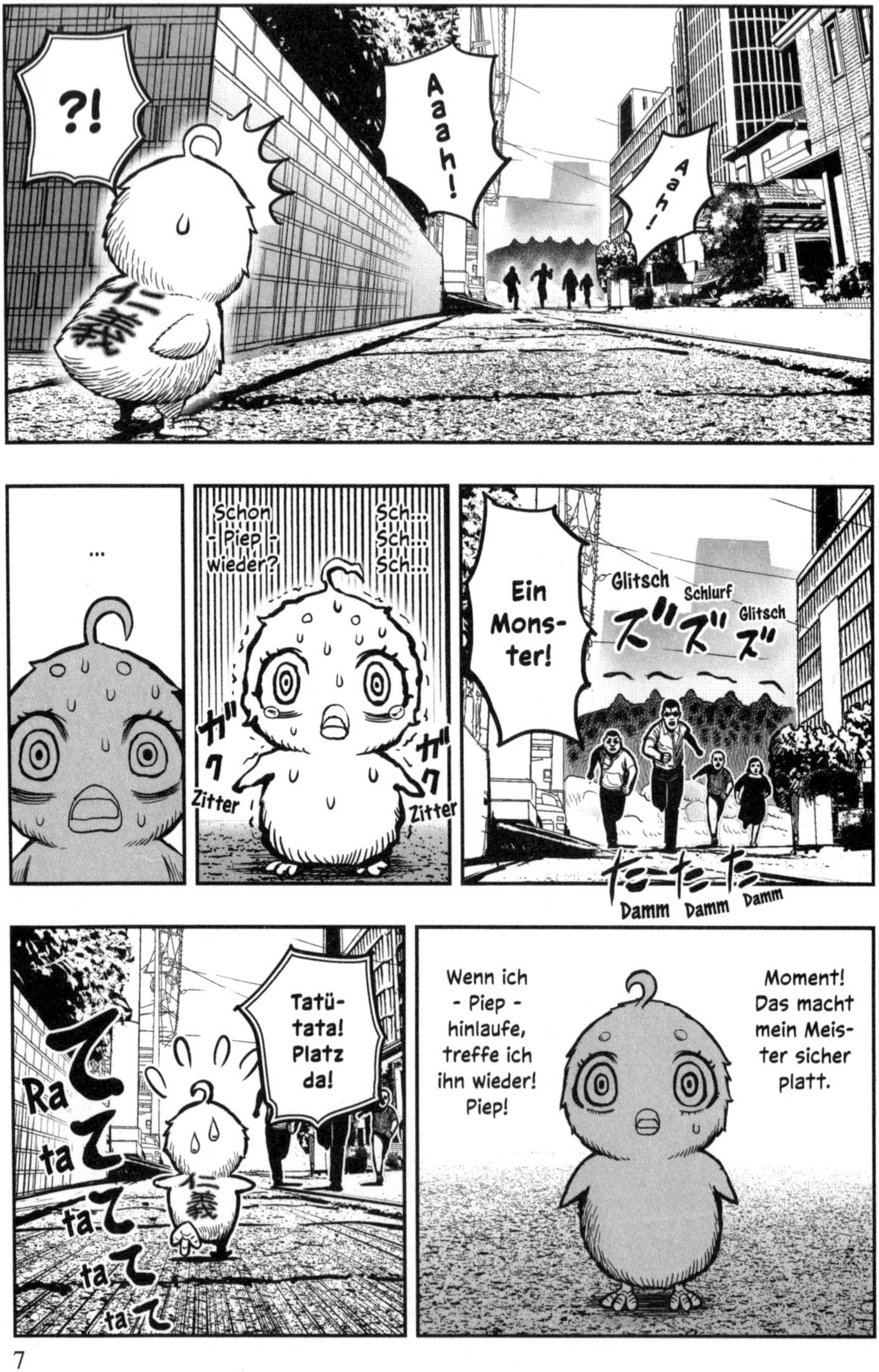

?!
Aaah!
Aaah!
...
Schon - Piep - wieder?
Sch... Sch... Sch...
Zitter
Zitter
Ein Monster!
Glitsch
Schlurf
Glitsch
Damm
Damm
Damm
Moment! Das macht mein Meister sicher platt.
Wenn ich - Piep - hinlaufe, treffe ich ihn wieder! Piep!
Tatütata! Platz da!
Ra
ta
ta
ta
ta

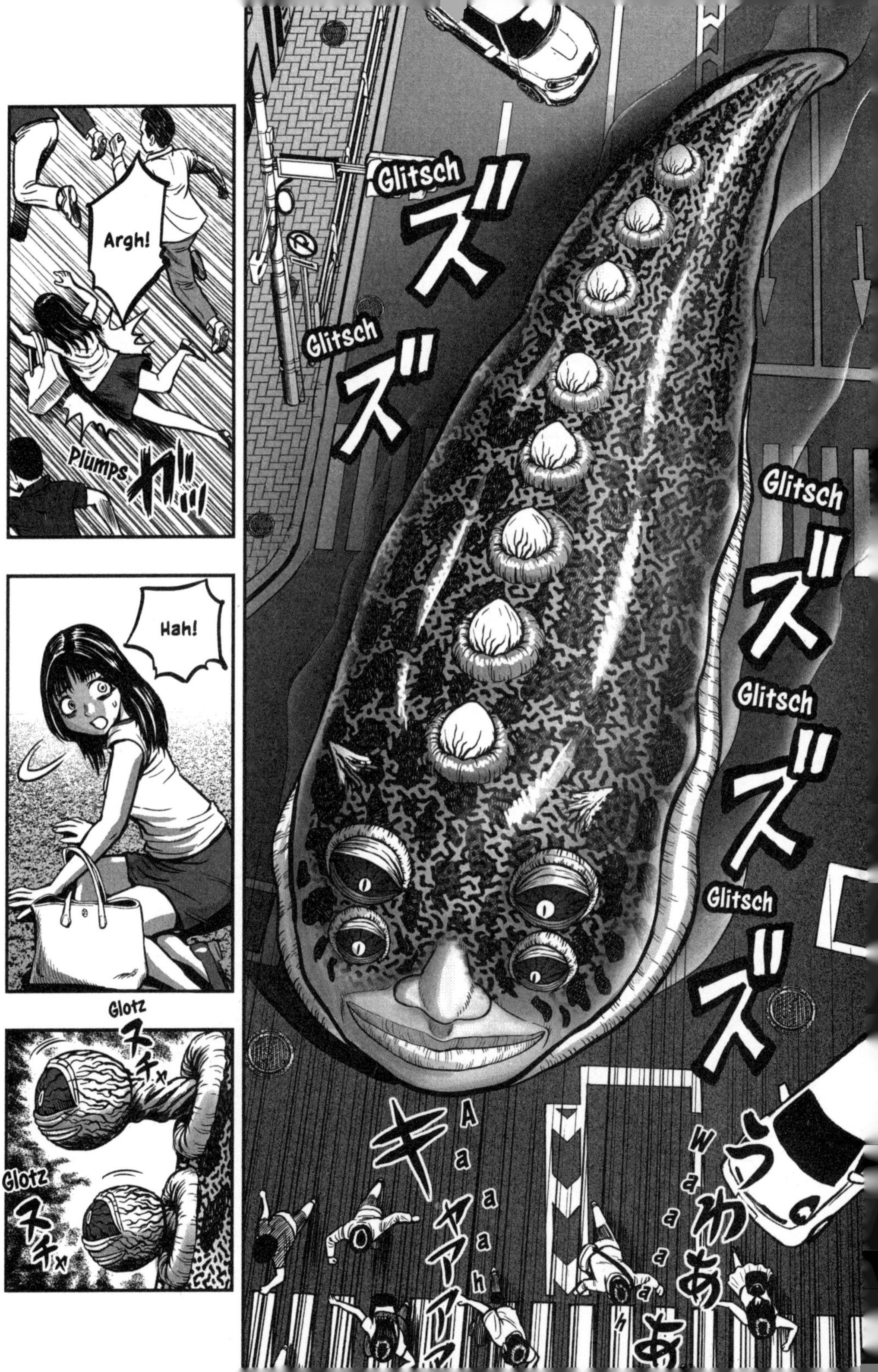

Glitsch
Glitsch
Glitsch
Glitsch
Glitsch
Aaaah
Waaaah
Argh!
Plumps
Hah!
Glotz
Glotz

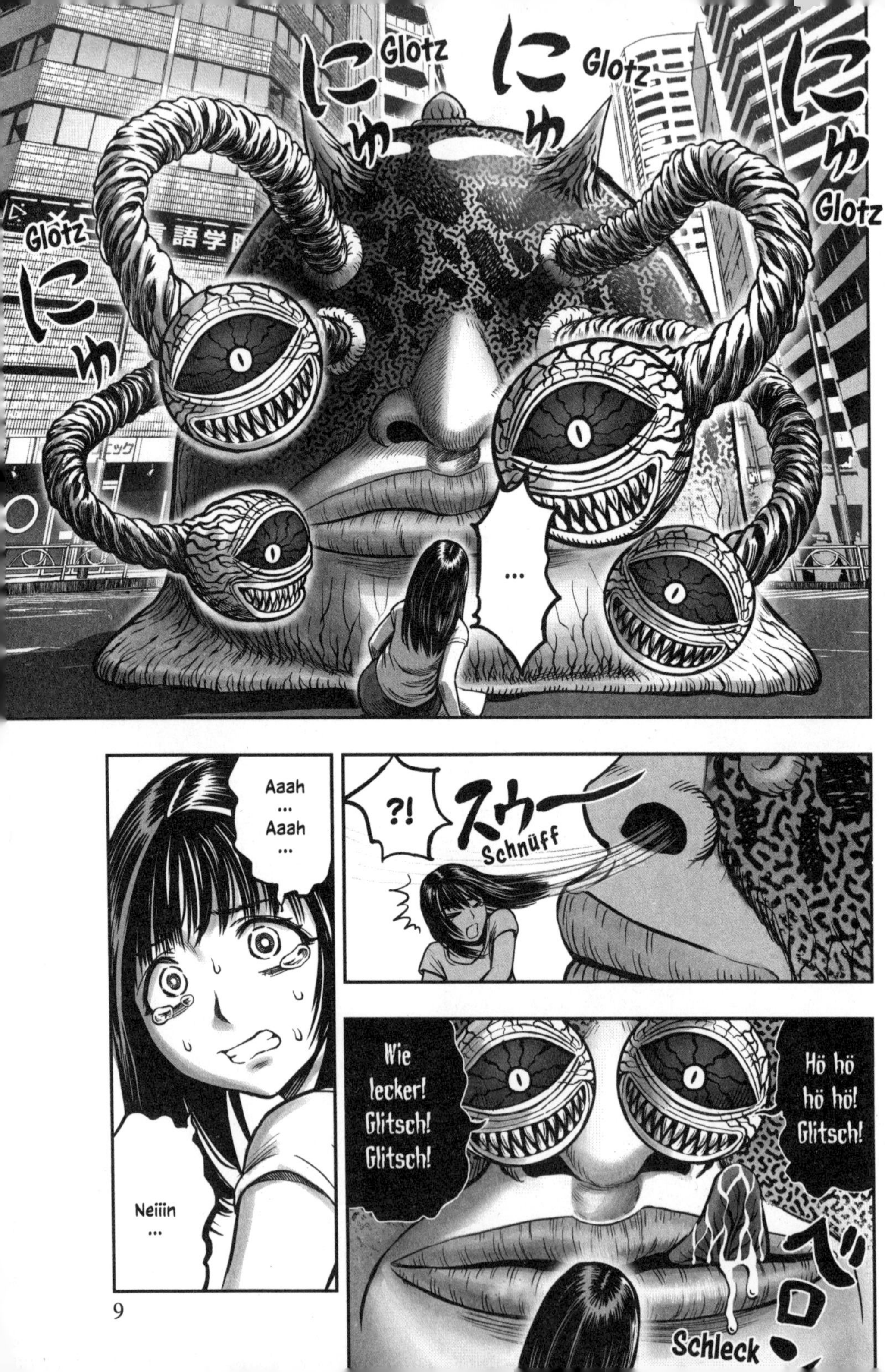
にゅ
Glotz
にゅ
Glotz
にゅ
Glotz
にゅ
Glotz
...
?!
スウー
Schnüff
Wie lecker! Glitsch! Glitsch!
Hö hö hö hö! Glitsch!
べロ
Schleck
Aaah ... Aaah ...
Neiiin ...

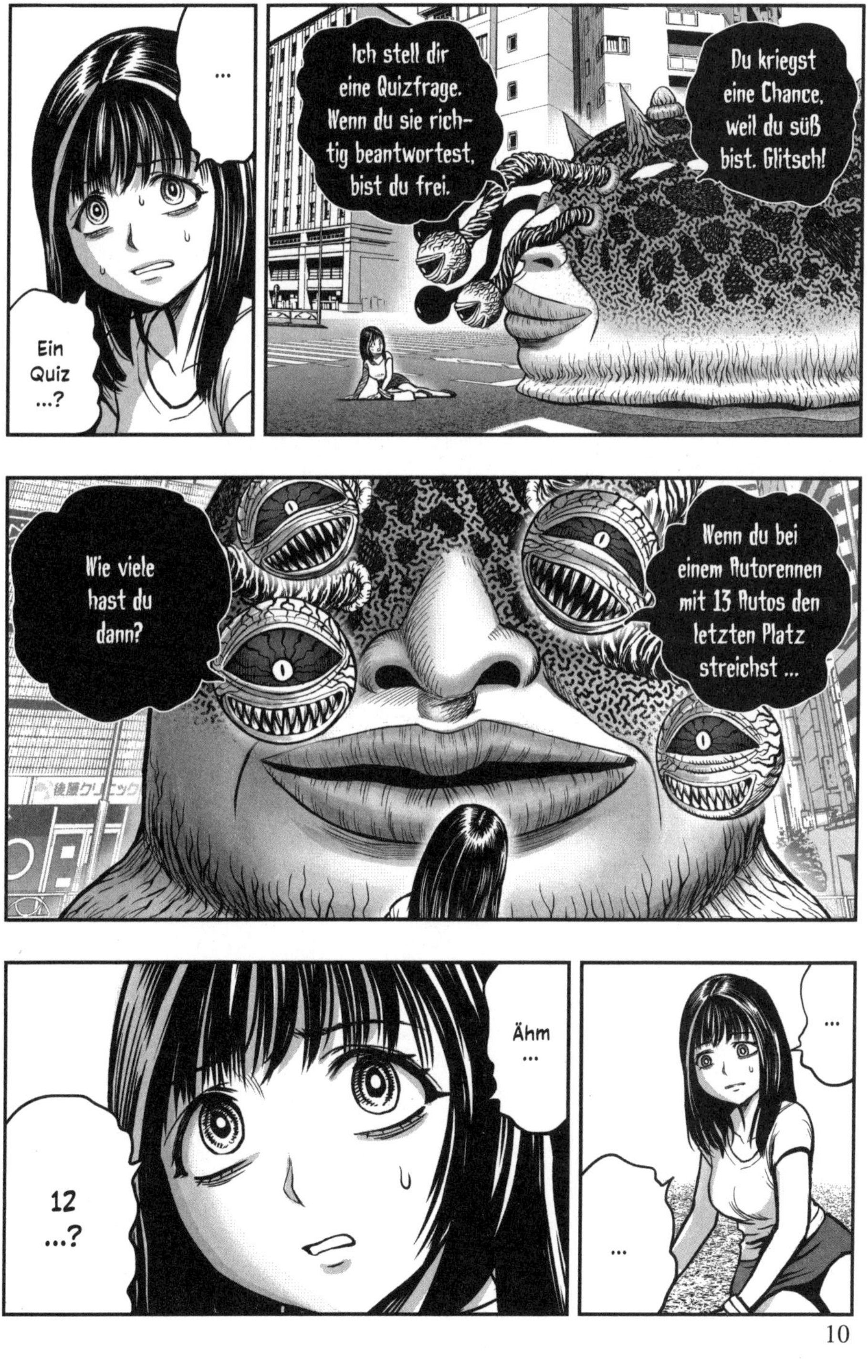

Du kriegst eine Chance, weil du süß bist. Glitsch!
Ich stell dir eine Quizfrage. Wenn du sie richtig beantwortest, bist du frei.
...
Ein Quiz ...?
Wenn du bei einem Autorennen mit 13 Autos den letzten Platz streichst ...
Wie viele hast du dann?
...
...
Ähm ...
12 ...?

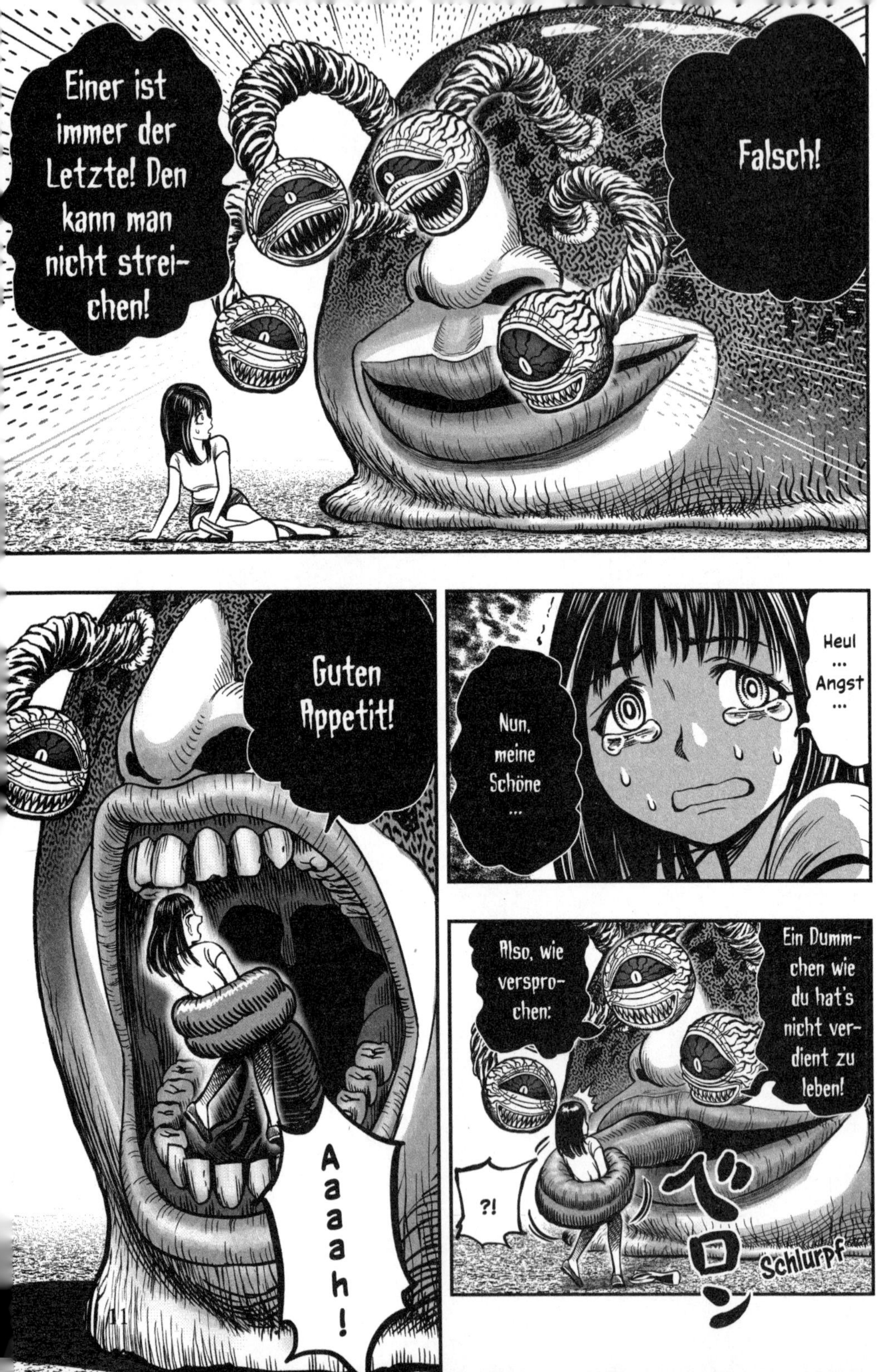
Falsch!
Einer ist immer der Letzte! Den kann man nicht strei-chen!
Heul ... Angst ...
Nun, meine Schöne ...
Ein Dumm-chen wie du hat's nicht ver-dient zu leben!
Also, wie verspro-chen:
?!
Schlurpf
Guten Appetit!
Aaaah!

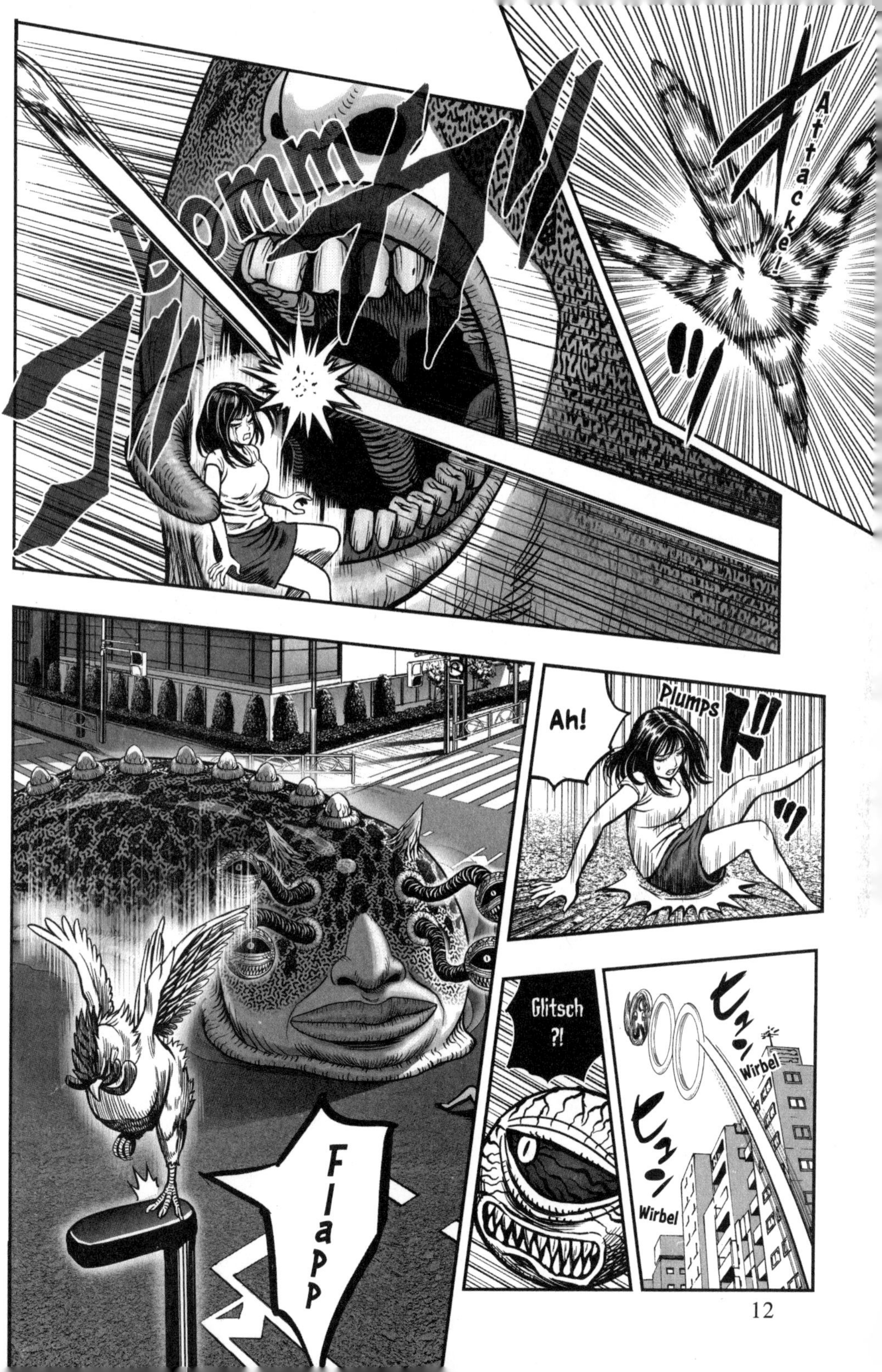
Attacke!
Bomm
Ah!
Plumps
Wirbel
Wirbel
Glitsch
?!
Flapp

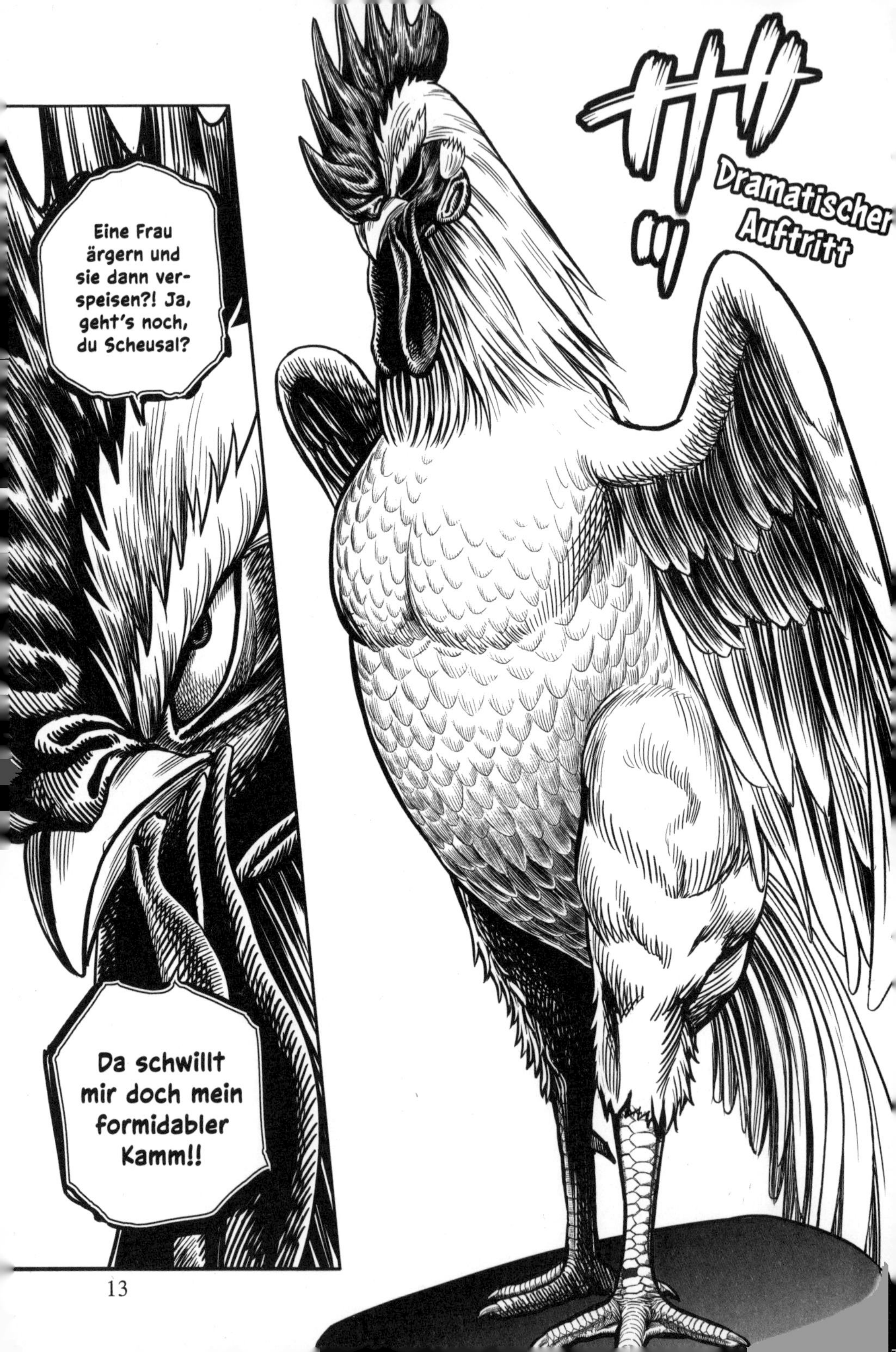
Dramatischer Auftritt
Eine Frau ärgern und sie dann verspeisen?! Ja, geht's noch, du Scheusal?
Da schwillt mir doch mein formidabler Kamm!!

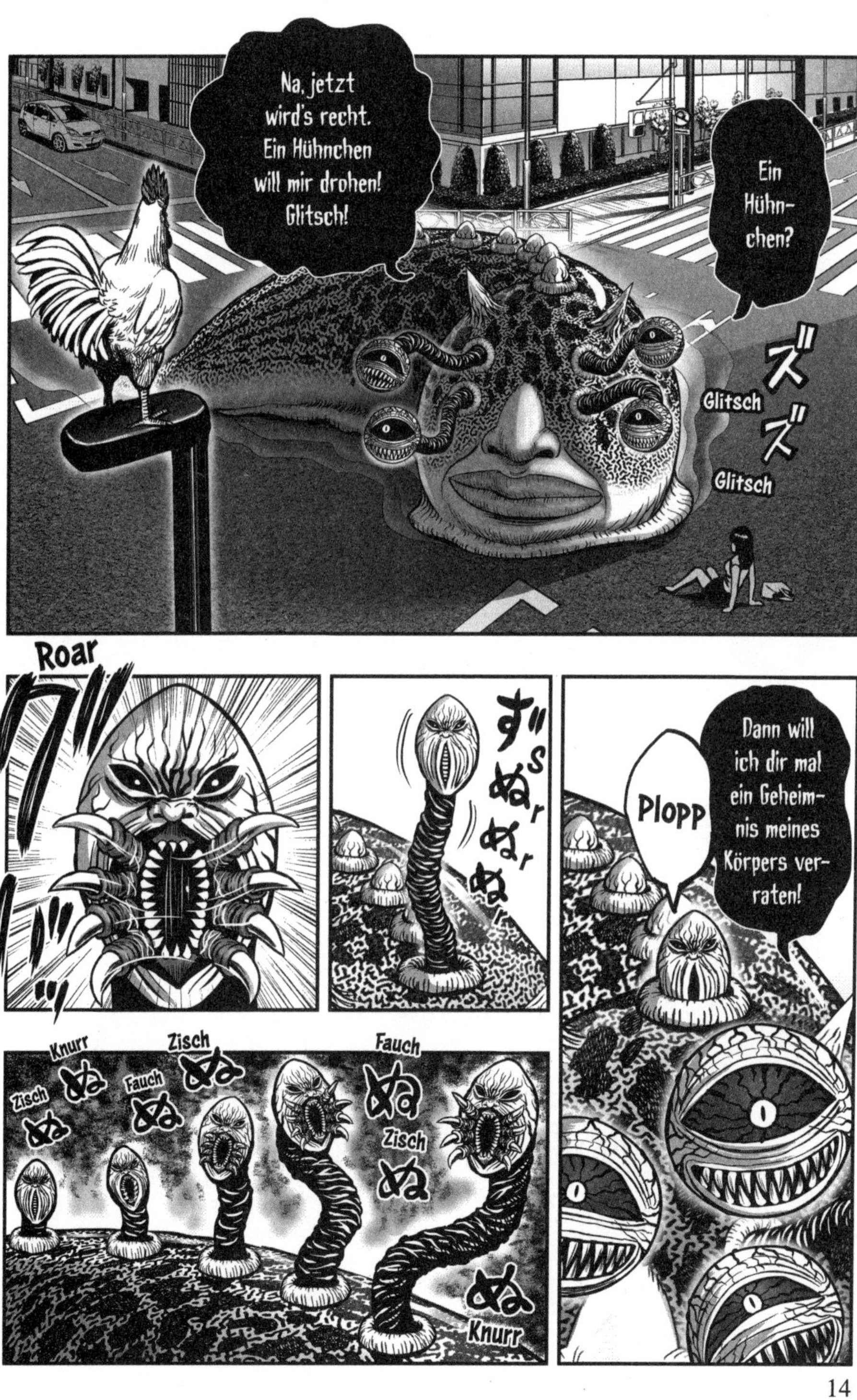
Ein Hühnchen?
Na, jetzt wird's recht. Ein Hühnchen will mir drohen! Glitsch!
ズズ
Glitsch
Glitsch
Dann will ich dir mal ein Geheimnis meines Körpers verraten!
Plopp
ずぬぬぬ
S
r
r
Roar
グ
Fauch
ぬ
Zisch
ぬ
Zisch
ぬ
Fauch
ぬ
Knurr
ぬ
Zisch
ぬ
ぬ
Knurr

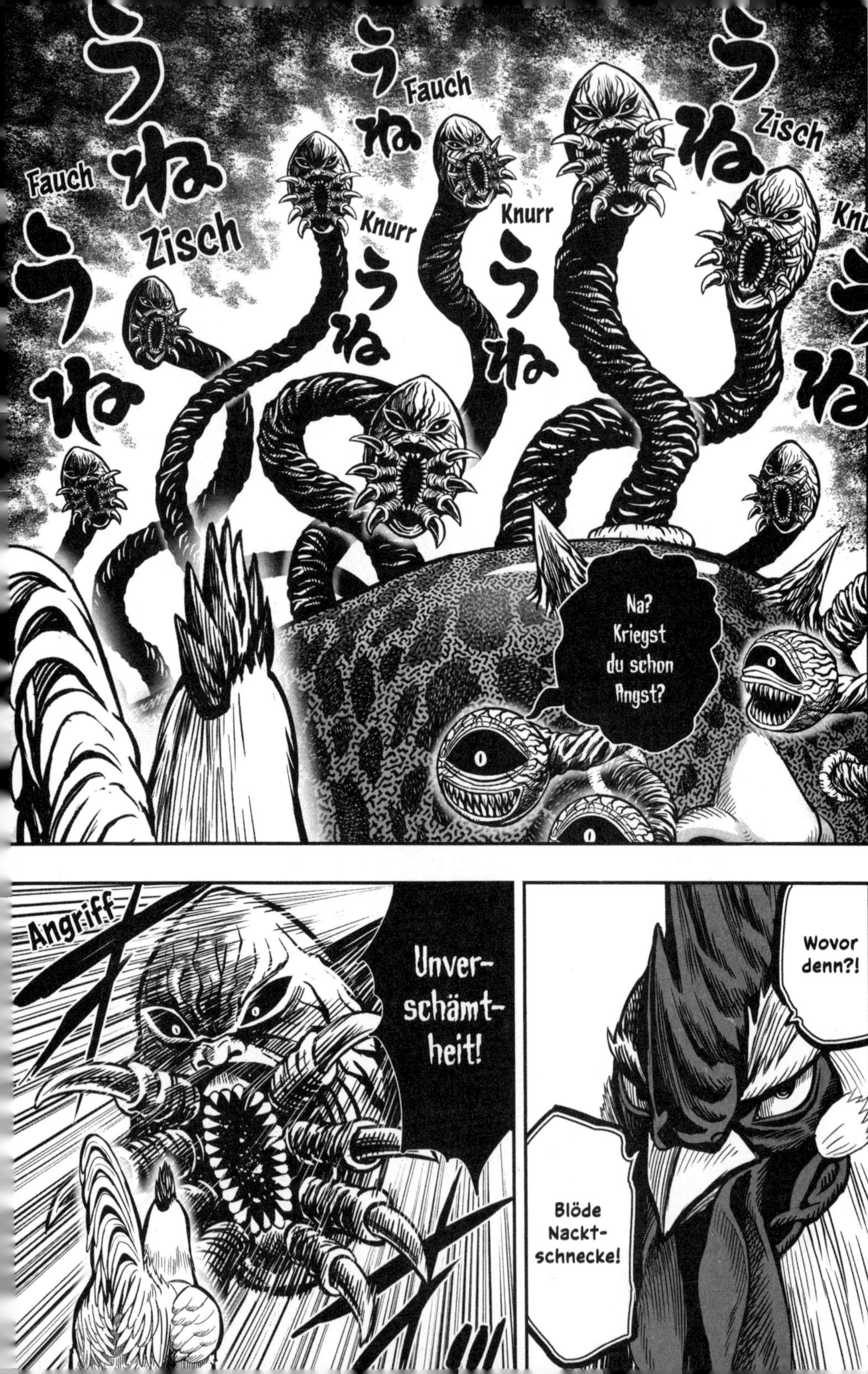

うねうね
Knurr
Zisch
うね
うね
Knurr
うね
Knurr
Fauch
うね
Zisch
うね
Fauch
うね
Na? Kriegst du schon Angst?
Wovor denn?!
Blöde Nackt-schnecke!
Unver-schämt-heit!
Angriff

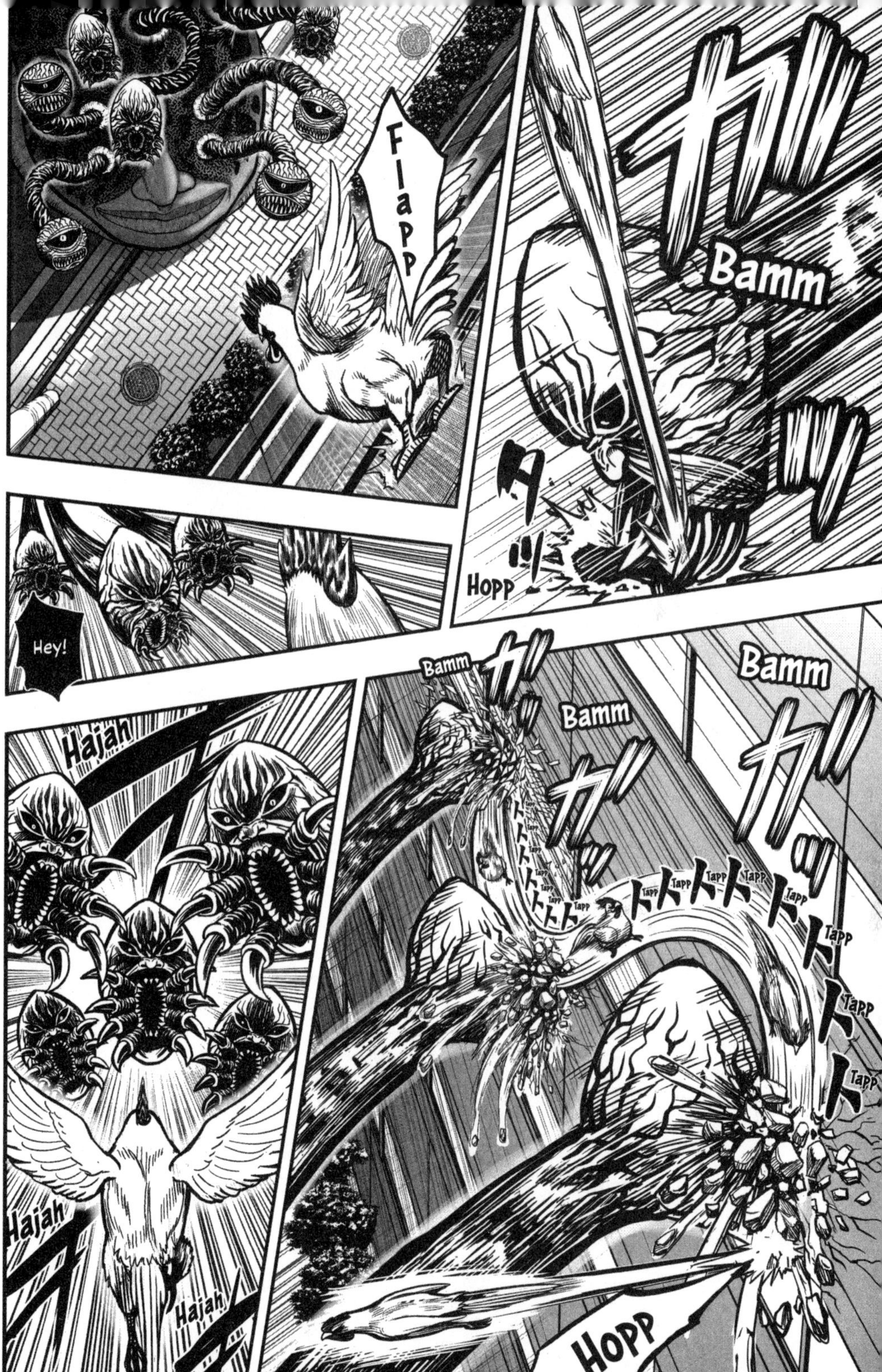

Bamm
Hopp
Flapp
Hey!
Bamm
Bamm
Bamm
Tapp
Tapp
Tapp
Tapp
Tapp
Tapp
Tapp
Tapp
Tapp
Tapp
Tapp
Tapp
Hopp
Hajah
Hajah
Hajah

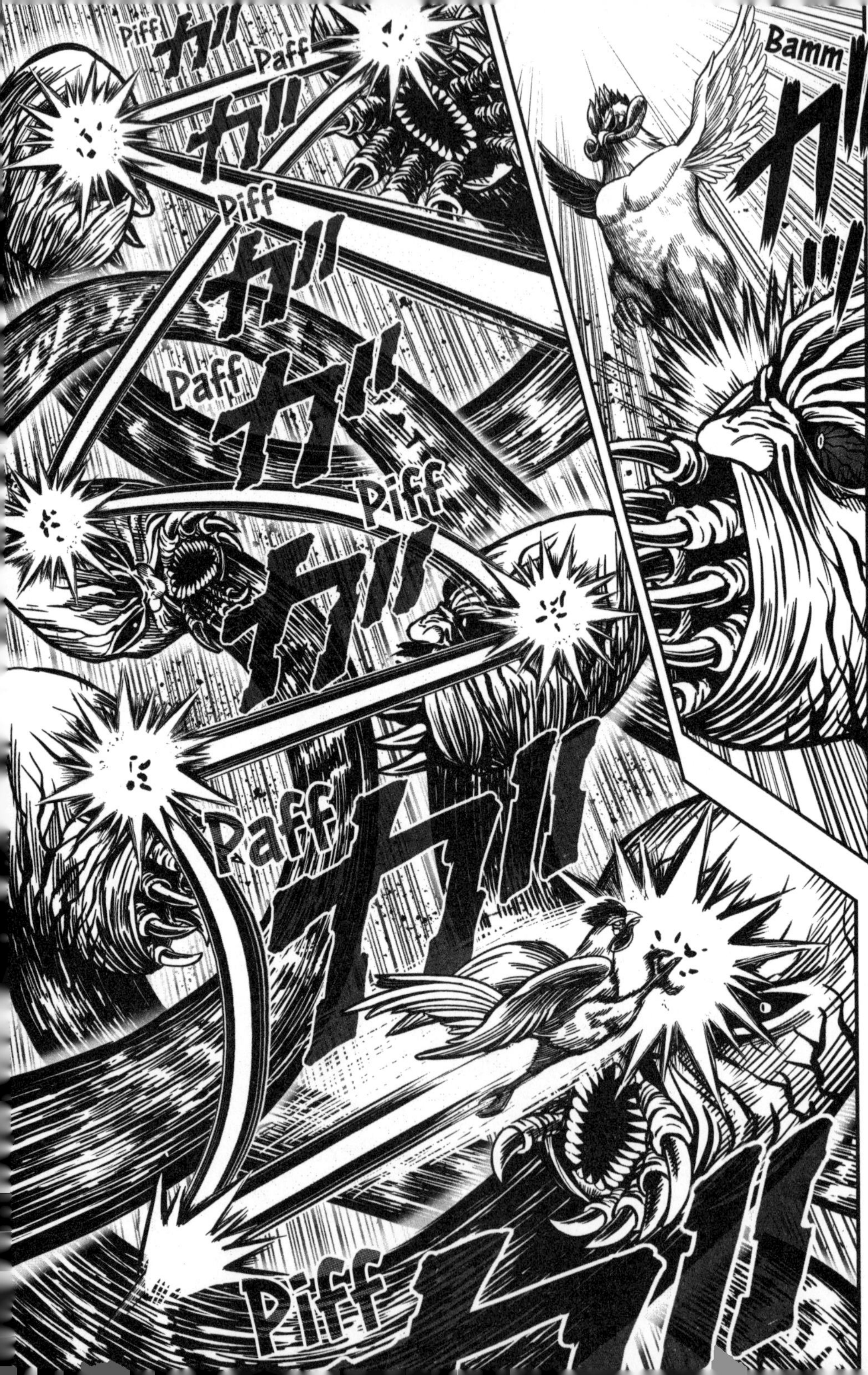
Bamm
Piff
Paff
Piff
Paff
Piff
Paff
Piff

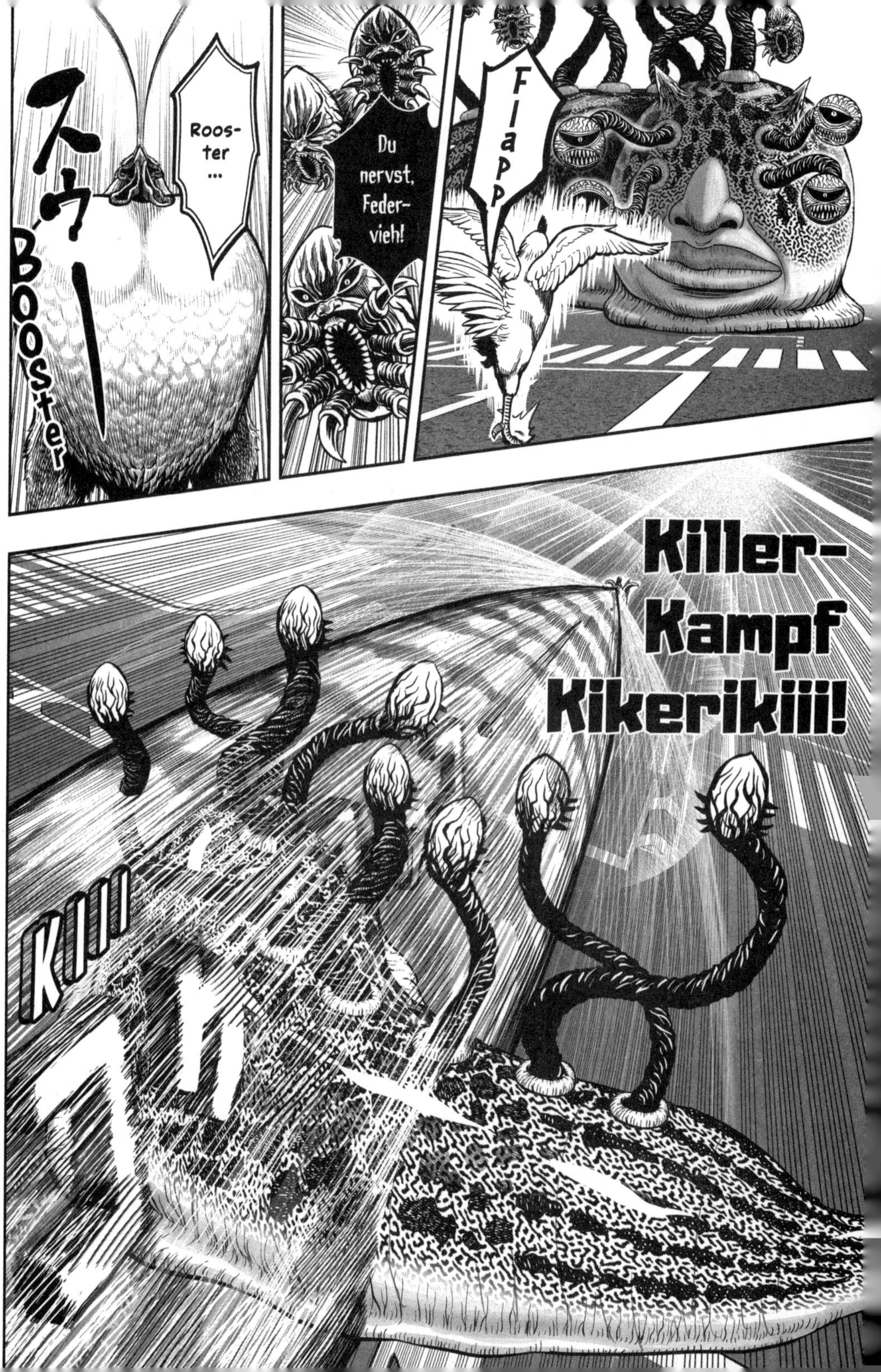

Flapp
Du nervst, Federvieh!
Rooster …
スウー
Booster
Killer-Kampf Kikerikiii!
KIII

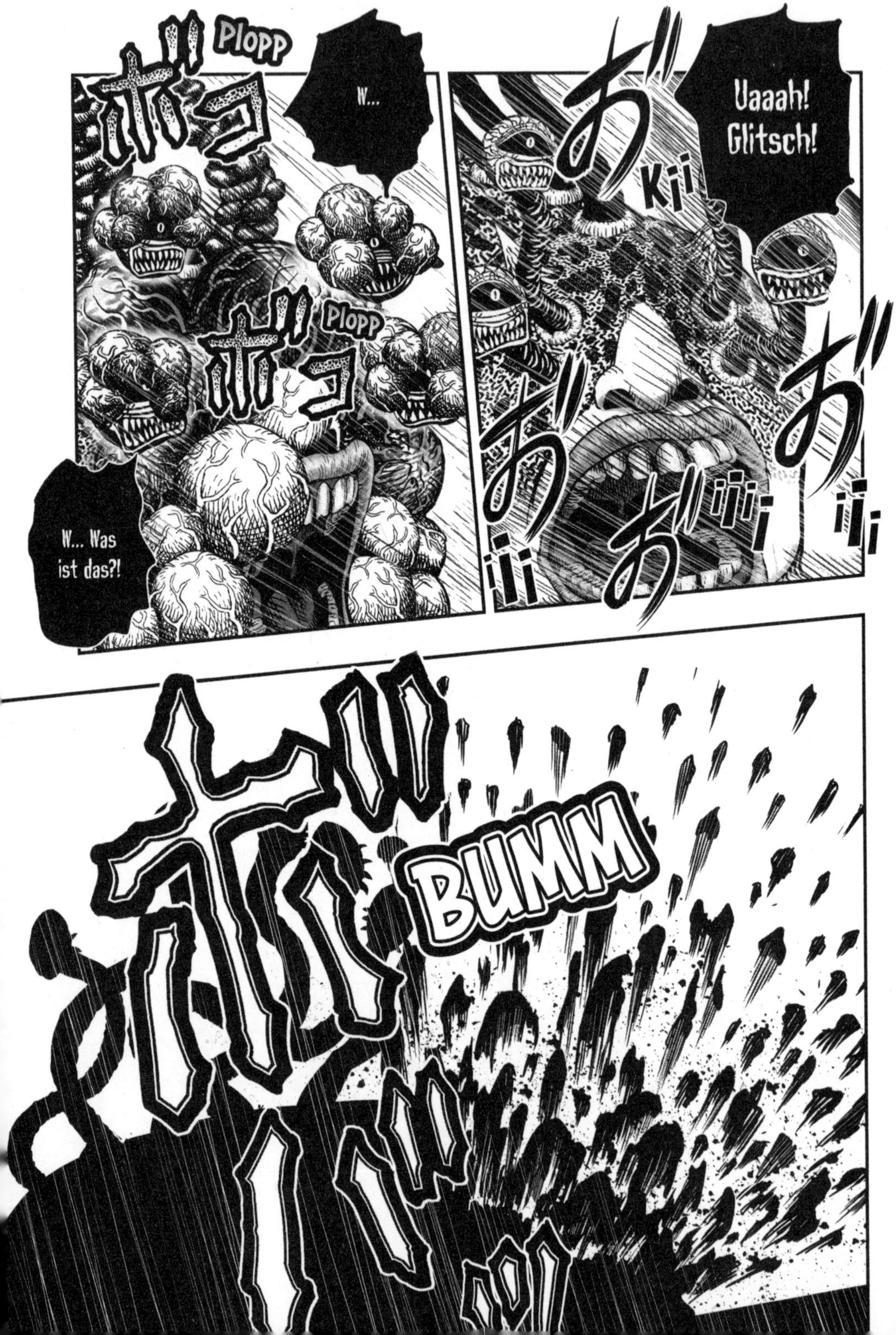

Plopp
W...
Plopp
W... Was ist das?!
Uaaah! Glitsch!
Ki
BUMM

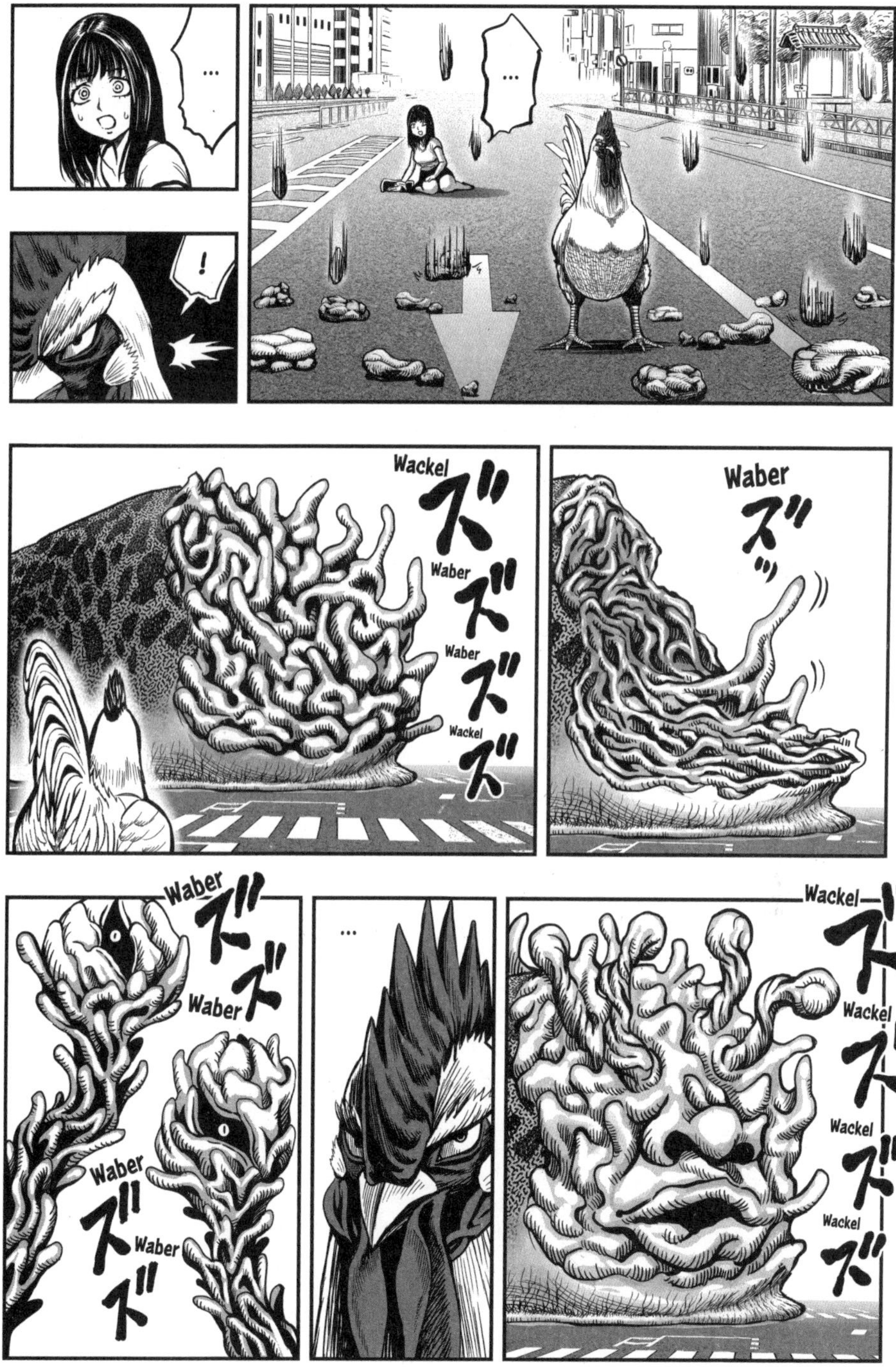
...
...
!
Waber ズッ
Wackel ズ
Waber ズ
Waber ズ
Wackel ズ
Wackel ズ
Wackel ズ
Wackel ズ
Wackel ズ
...
Waber ズ
Waber ズ
Waber ズ
Waber ズ

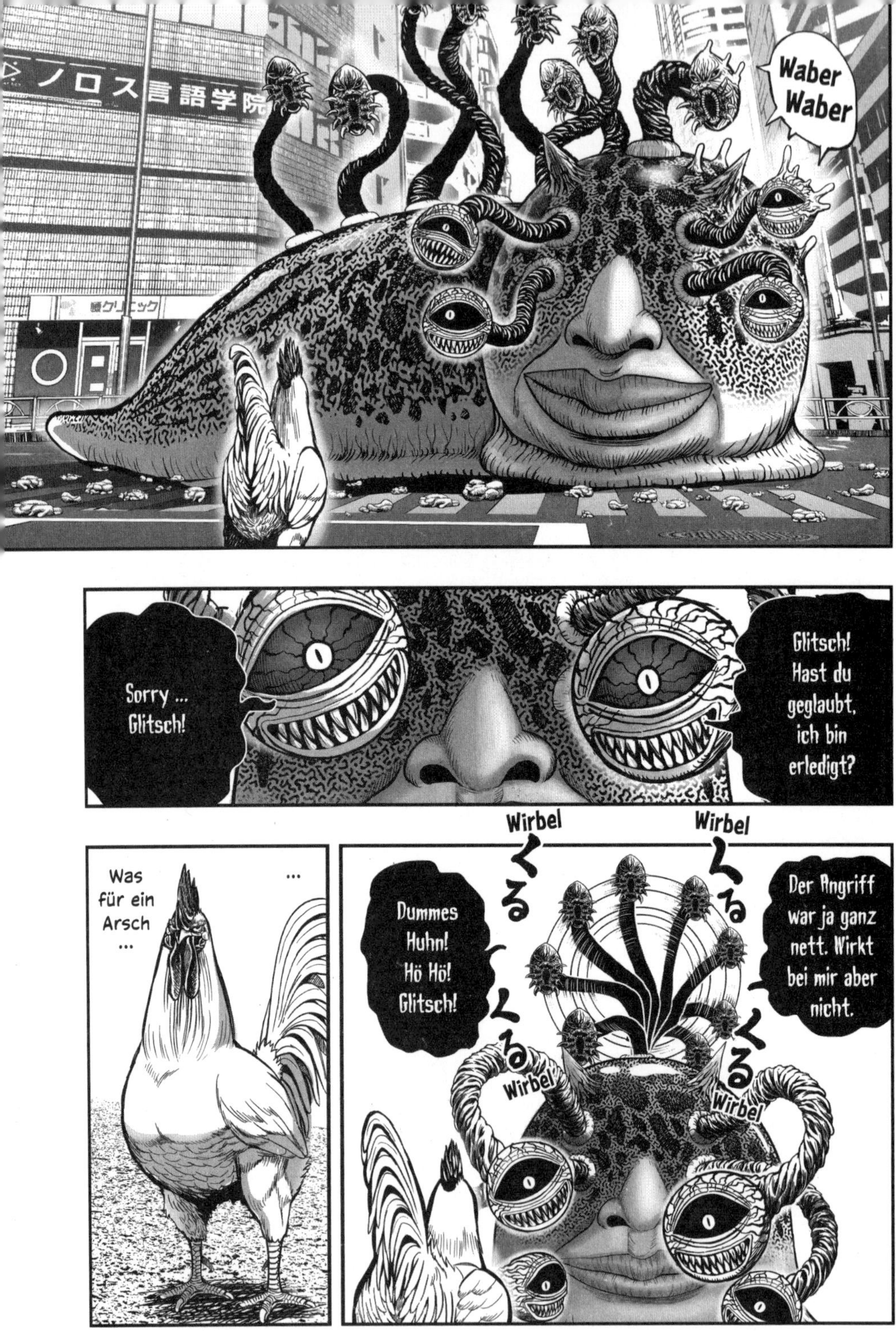
ノロス言語学院
Waber Waber
Glitsch! Hast du geglaubt, ich bin erledigt?
Sorry ... Glitsch!
Wirbel
くる
Wirbel
くる
Der Angriff war ja ganz nett. Wirkt bei mir aber nicht.
Dummes Huhn! Hö Hö! Glitsch!
くる
Wirbel
くる
Wirbel
...
Was für ein Arsch ...

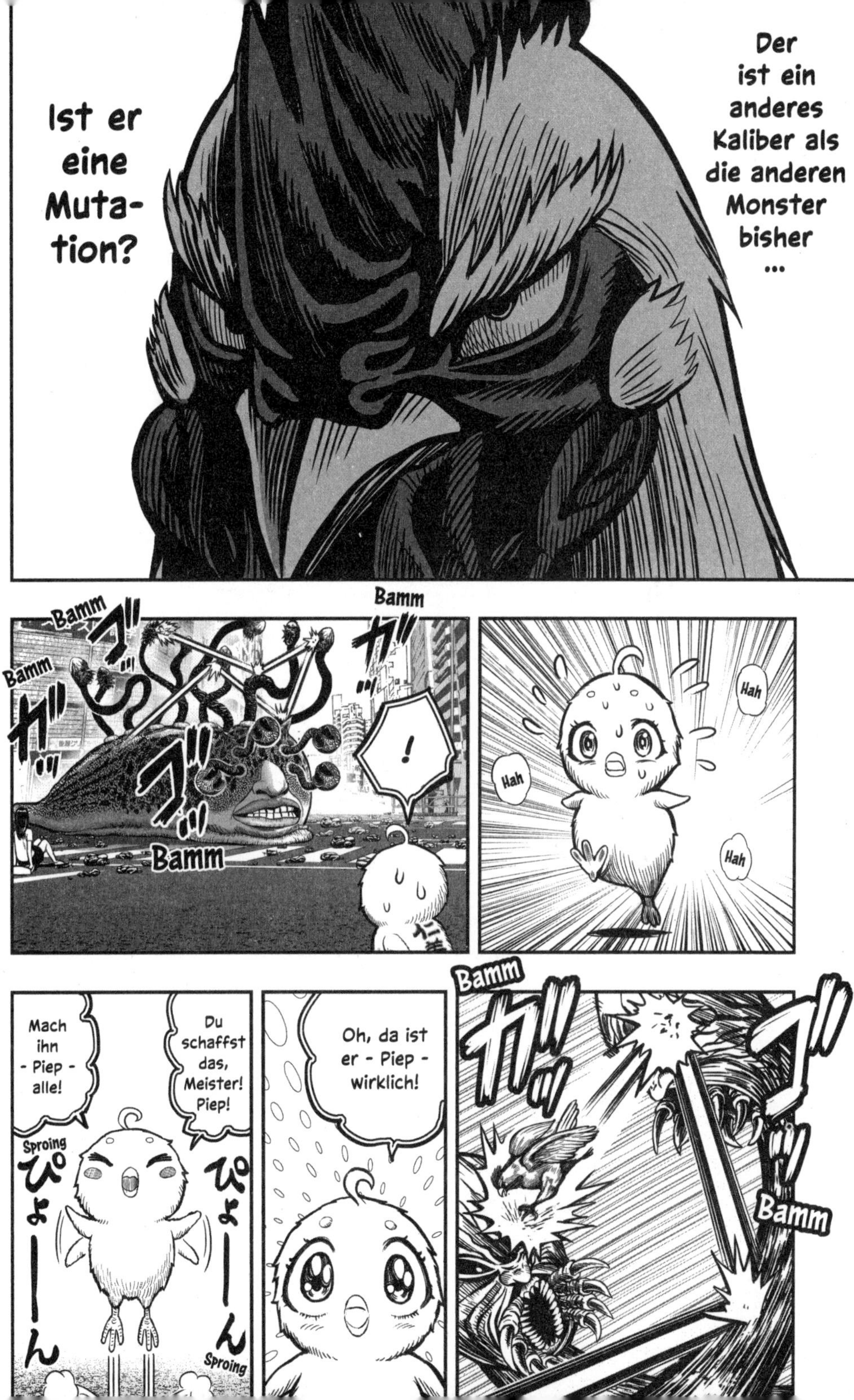

Der ist ein anderes Kaliber als die anderen Monster bisher ...
Ist er eine Muta-tion?
Bamm
Bamm
Bamm
Bamm
!
Hah
Hah
Hah
Bamm
Bamm
Oh, da ist er - Piep - wirklich!
Du schaffst das, Meister! Piep!
Sproing
Mach ihn - Piep - alle!
Sproing

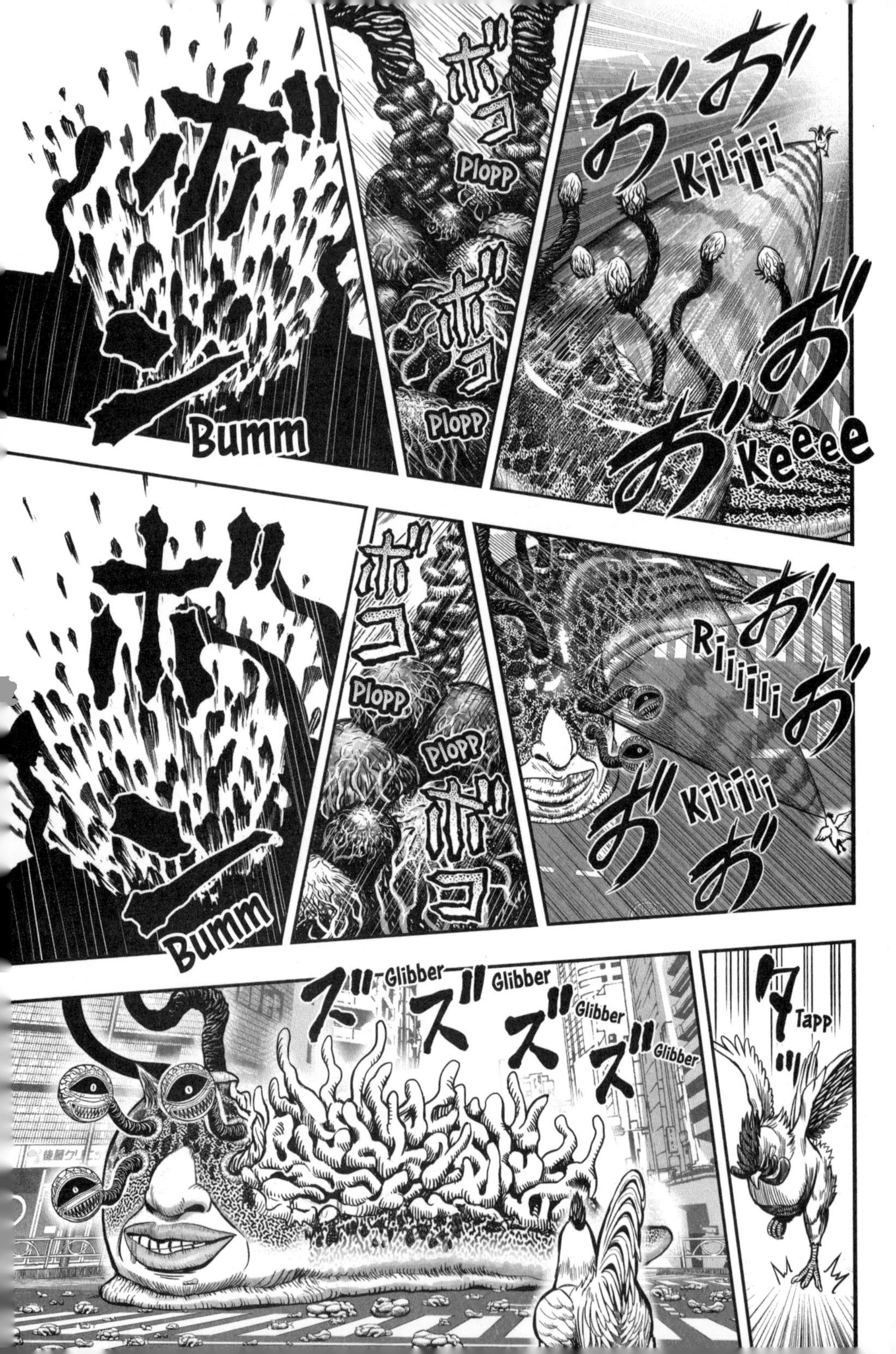

おおお
Kiiiii
おおお
Keeee
ボコ
Plopp
ボコ
Plopp
ガン
Bumm
おお
Riiiiii
おお
Kiiiii
おお
ボコ
Plopp
Plopp
ボコ
ボン
Bumm
タッ
Tapp
ブズズズ
Glibber
Glibber
Glibber
Glibber

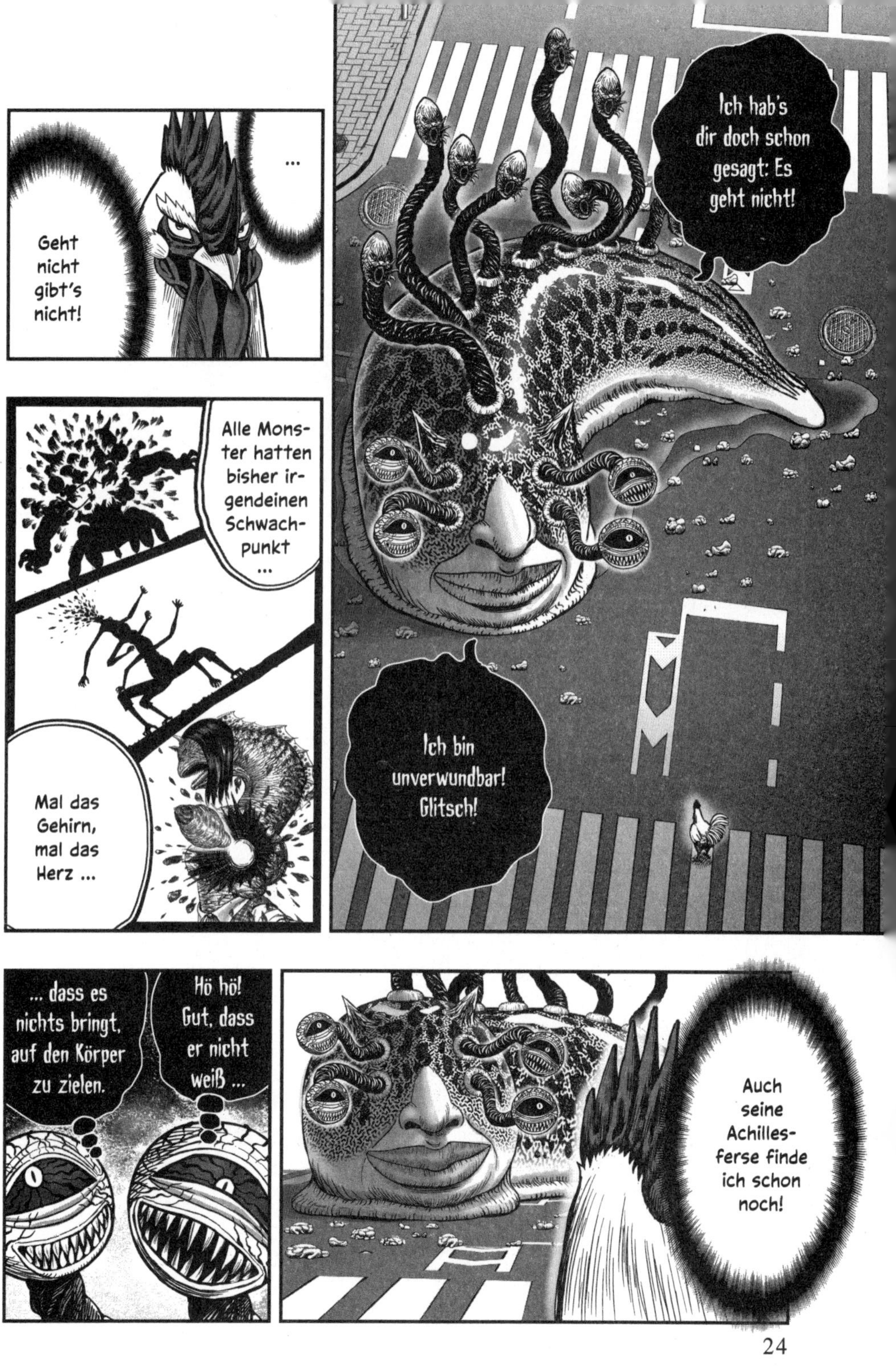
Ich hab's dir doch schon gesagt: Es geht nicht!
Ich bin unverwundbar! Glitsch!
...
Geht nicht gibt's nicht!
Alle Monster hatten bisher irgendeinen Schwachpunkt ...
Mal das Gehirn, mal das Herz ...
Auch seine Achillesferse finde ich schon noch!
Hö hö! Gut, dass er nicht weiß ...
... dass es nichts bringt, auf den Körper zu zielen.

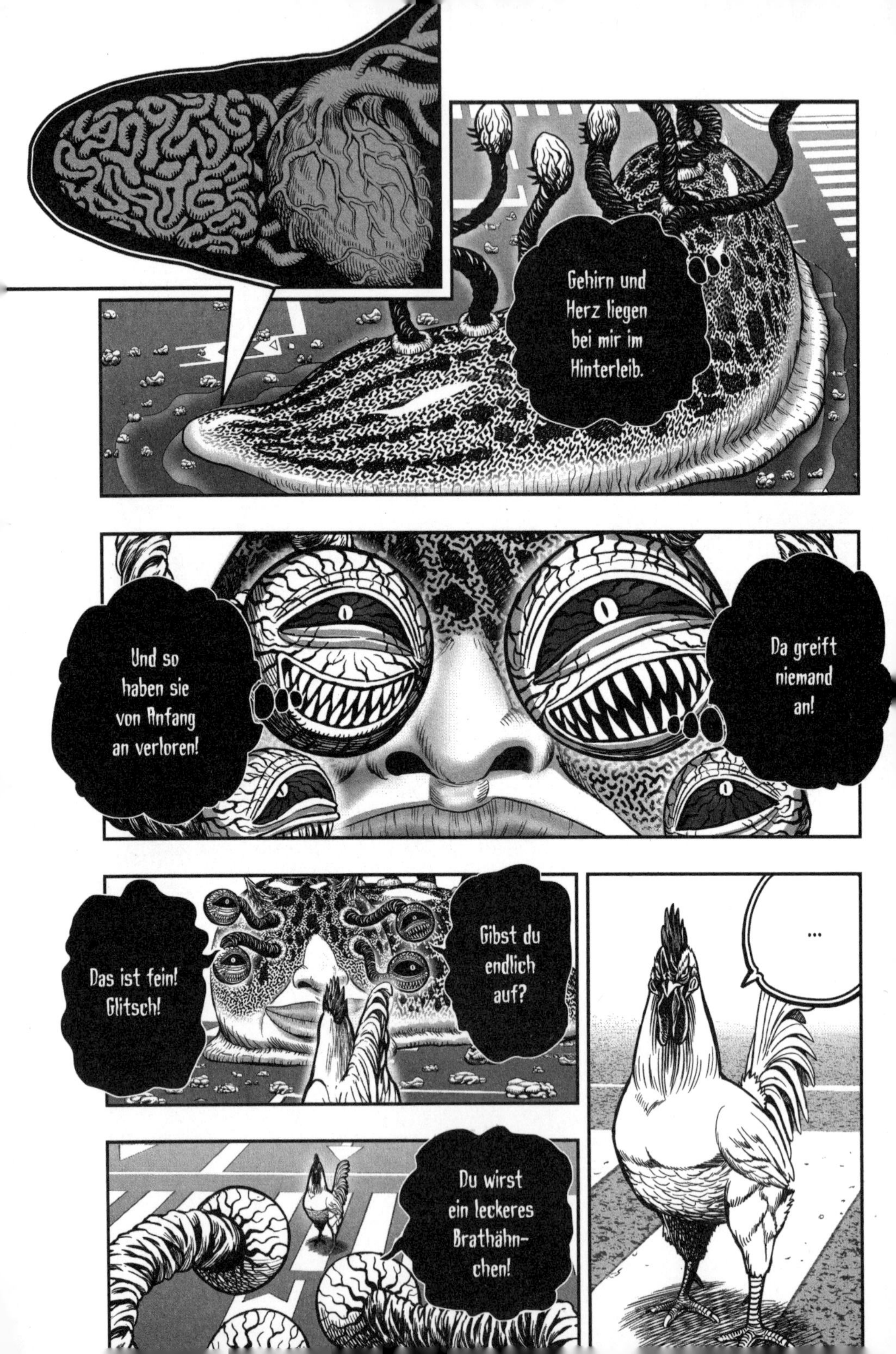
Gehirn und Herz liegen bei mir im Hinterleib.
Und so haben sie von Anfang an verloren!
Da greift niemand an!
Das ist fein! Glitsch!
Gibst du endlich auf?
...
Du wirst ein leckeres Brathähn-chen!

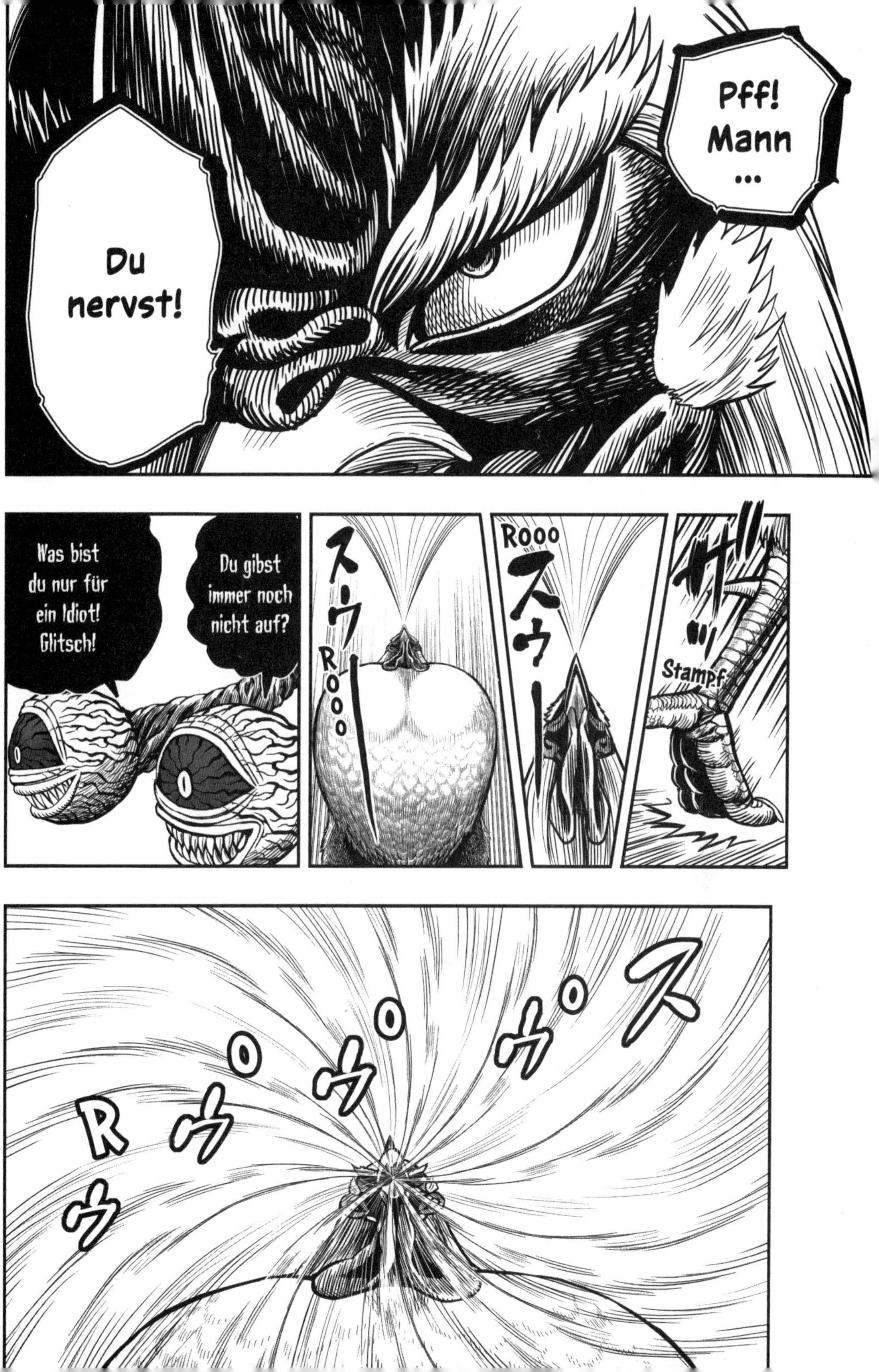
Pff! Mann ...
Du nervst!
Du gibst immer noch nicht auf?
Was bist du nur für ein Idiot! Glitsch!
スーウ
Roooo
Rooo
スウー
ザッ
Stampf
Rウウウゥゥゥス

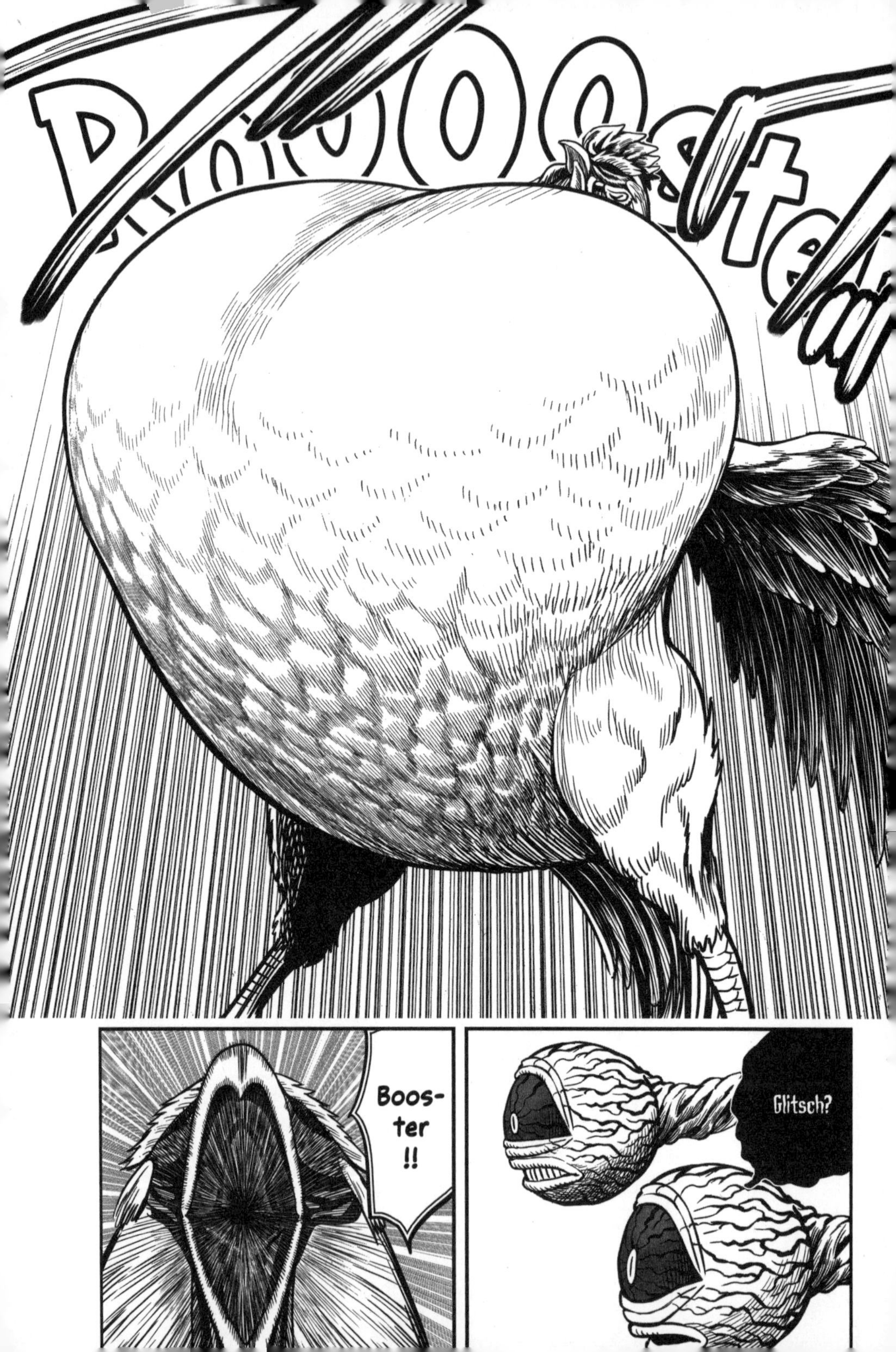
Glitsch?
Boos-
ter
!!

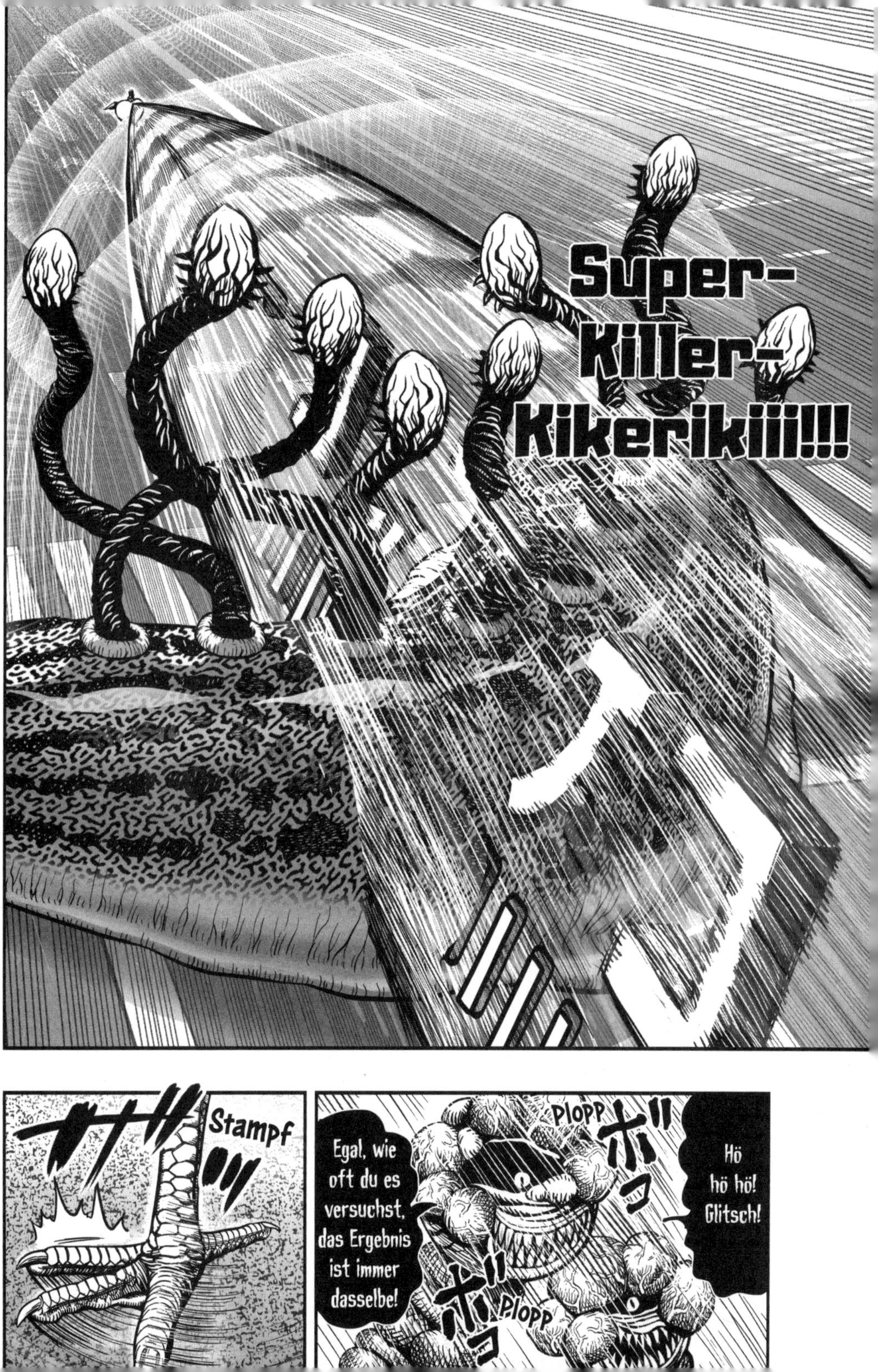
Super-Killer-Kikerikiii!!!
Hö hö hö! Glitsch!
Plopp
Plopp
Egal, wie oft du es versuchst, das Ergebnis ist immer dasselbe!
Stampf

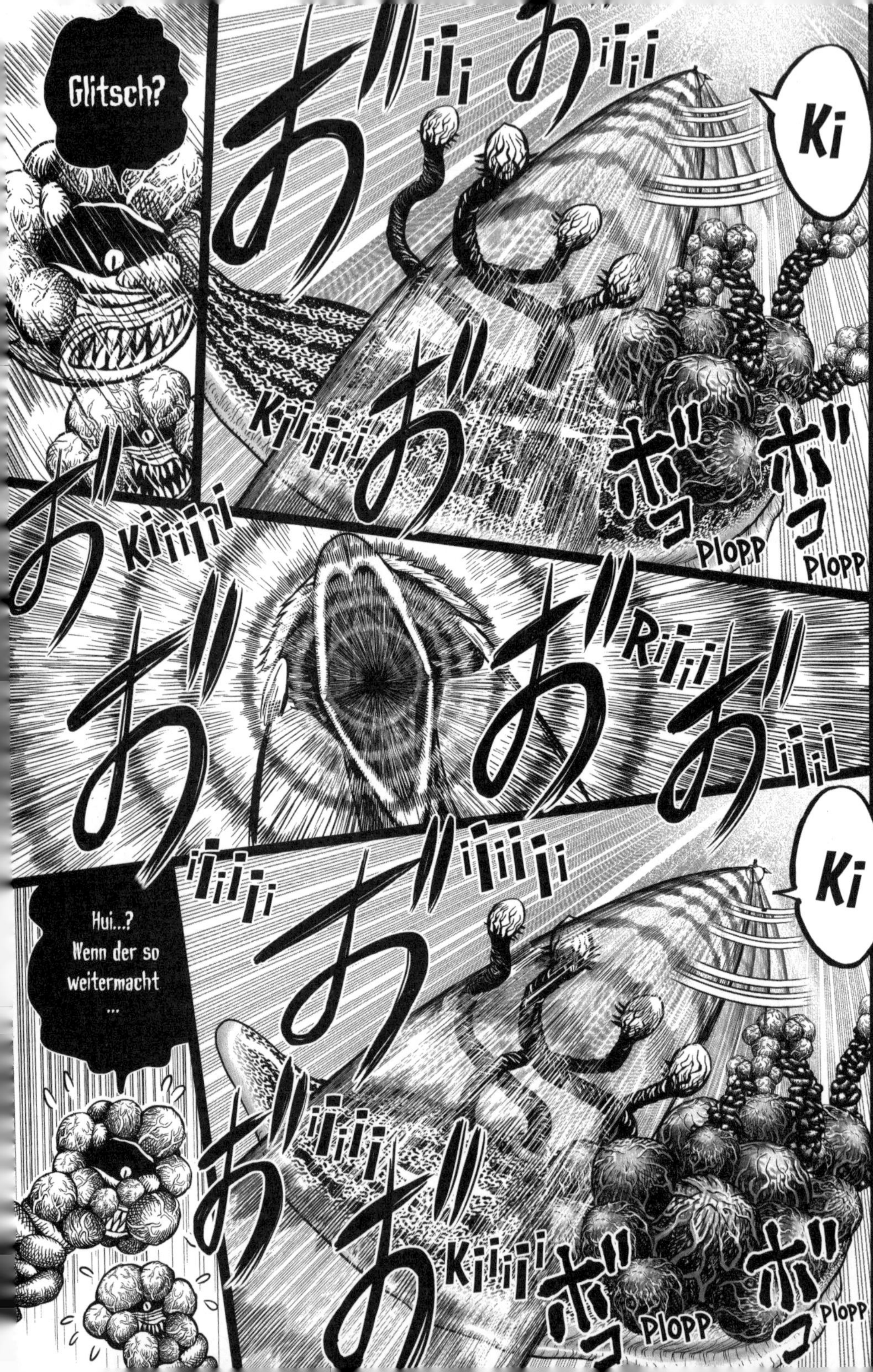
Ki
Glitsch?
Kiiiii
Plopp
Plopp
Kiiiii
Riiii
Ki
Hui...? Wenn der so weitermacht ...
Kiiiii
Plopp
Plopp

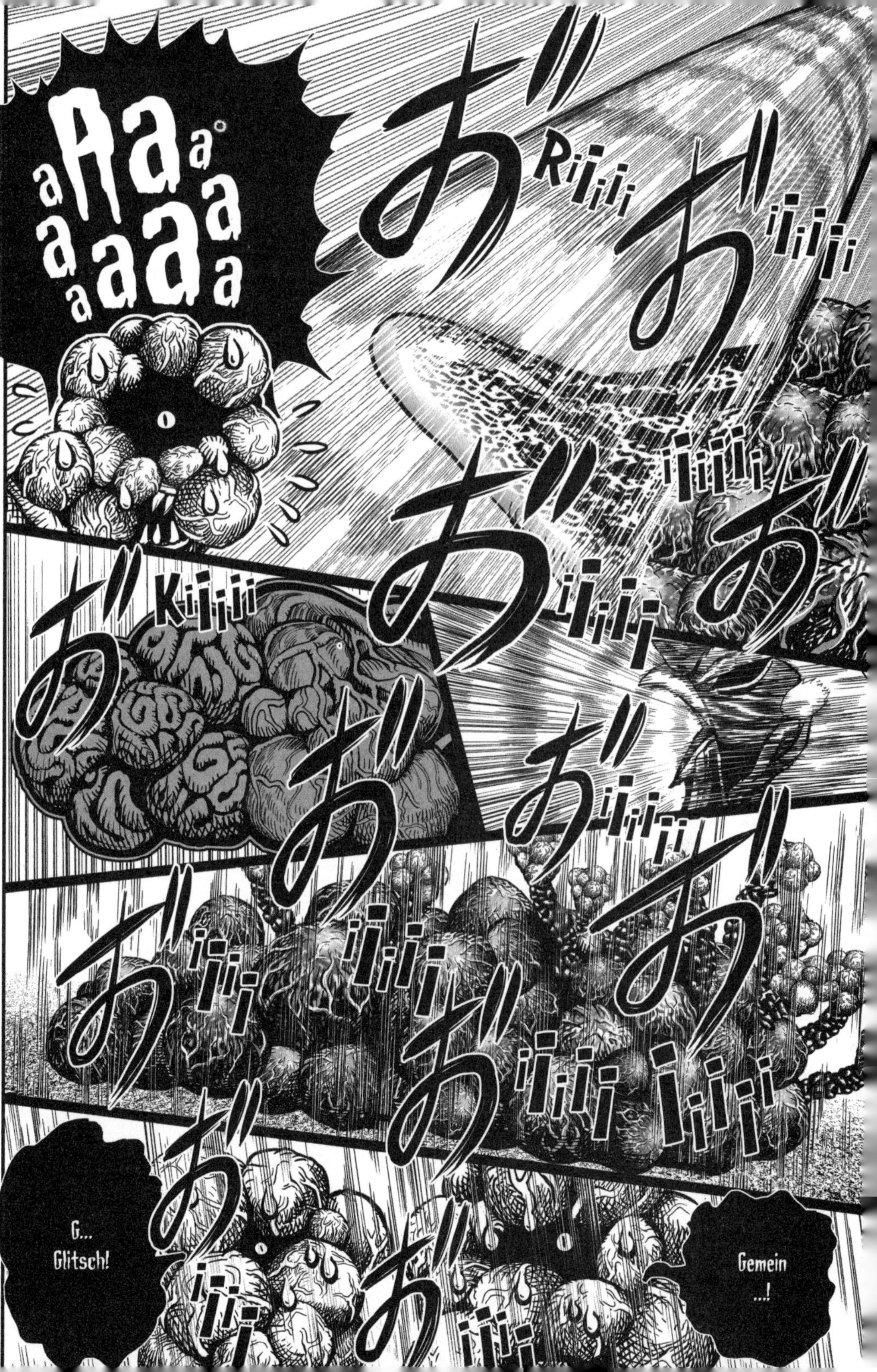
aAaaaaaaaaa
Riiii
Kiiii
G... Glitsch!
Gemein ...!

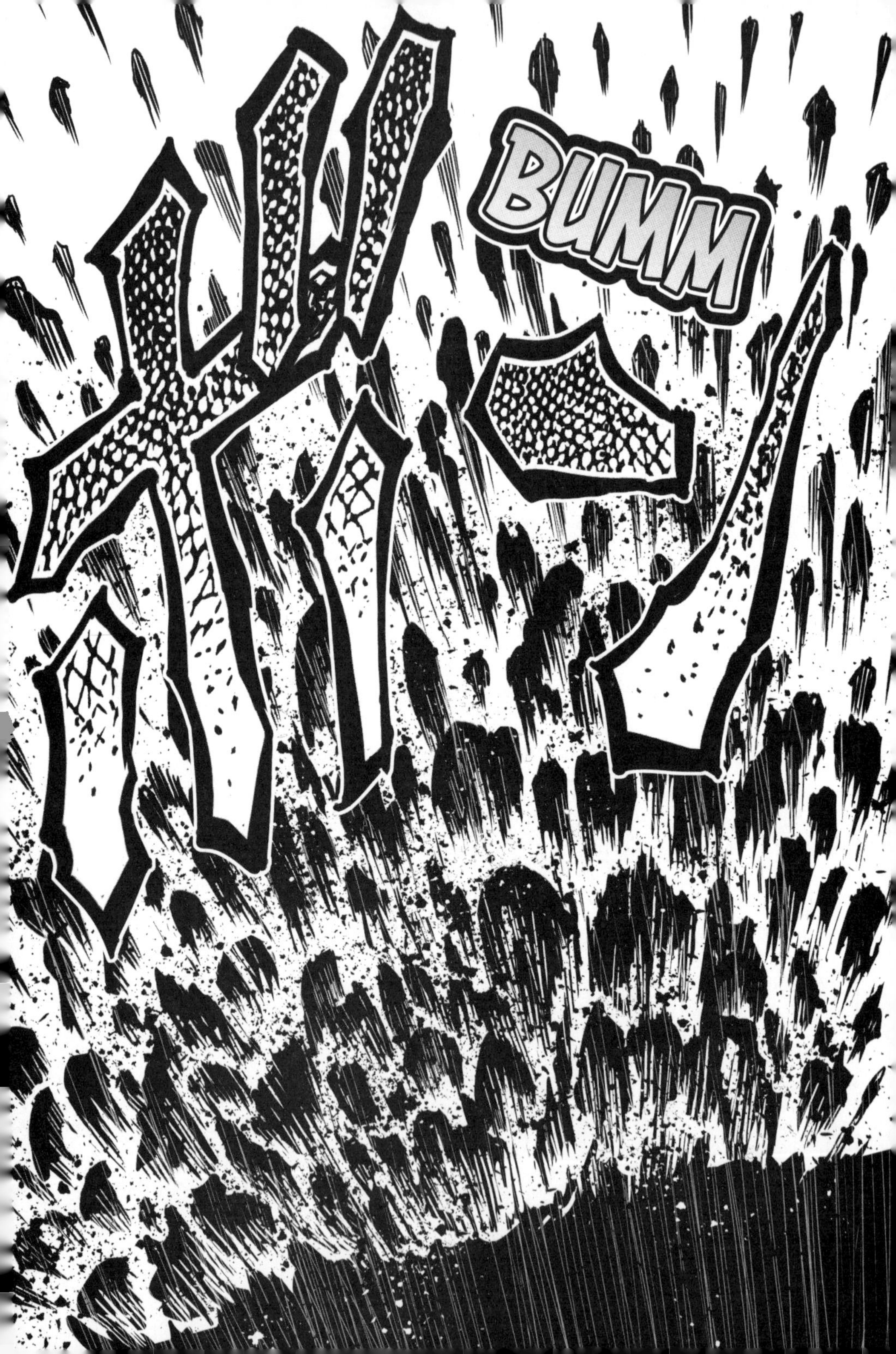
BUMM

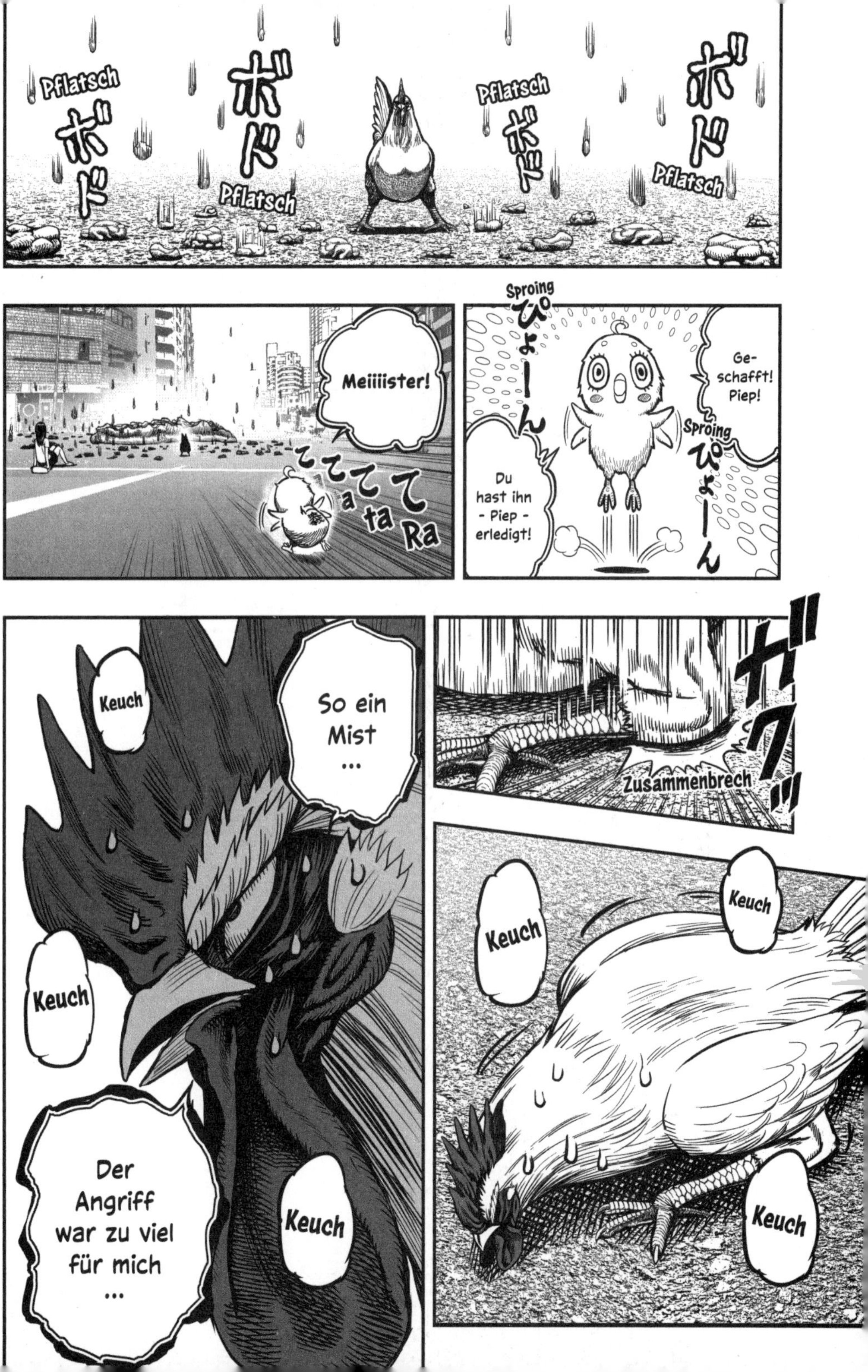
Pflatsch
ボド
ボド
Pflatsch
Pflatsch
ボド
ボド
Pflatsch
Meiiiister!
てててて
a
ta
Ra
Ge-
schafft!
Piep!
Sproing
ぴょーん
Du
hast ihn
- Piep -
erledigt!
Sproing
ぴょーん
ガク
Zusammenbrech
So ein
Mist
...
Keuch
Keuch
Der
Angriff
war zu viel
für mich
...
Keuch
Keuch
Keuch
Keuch

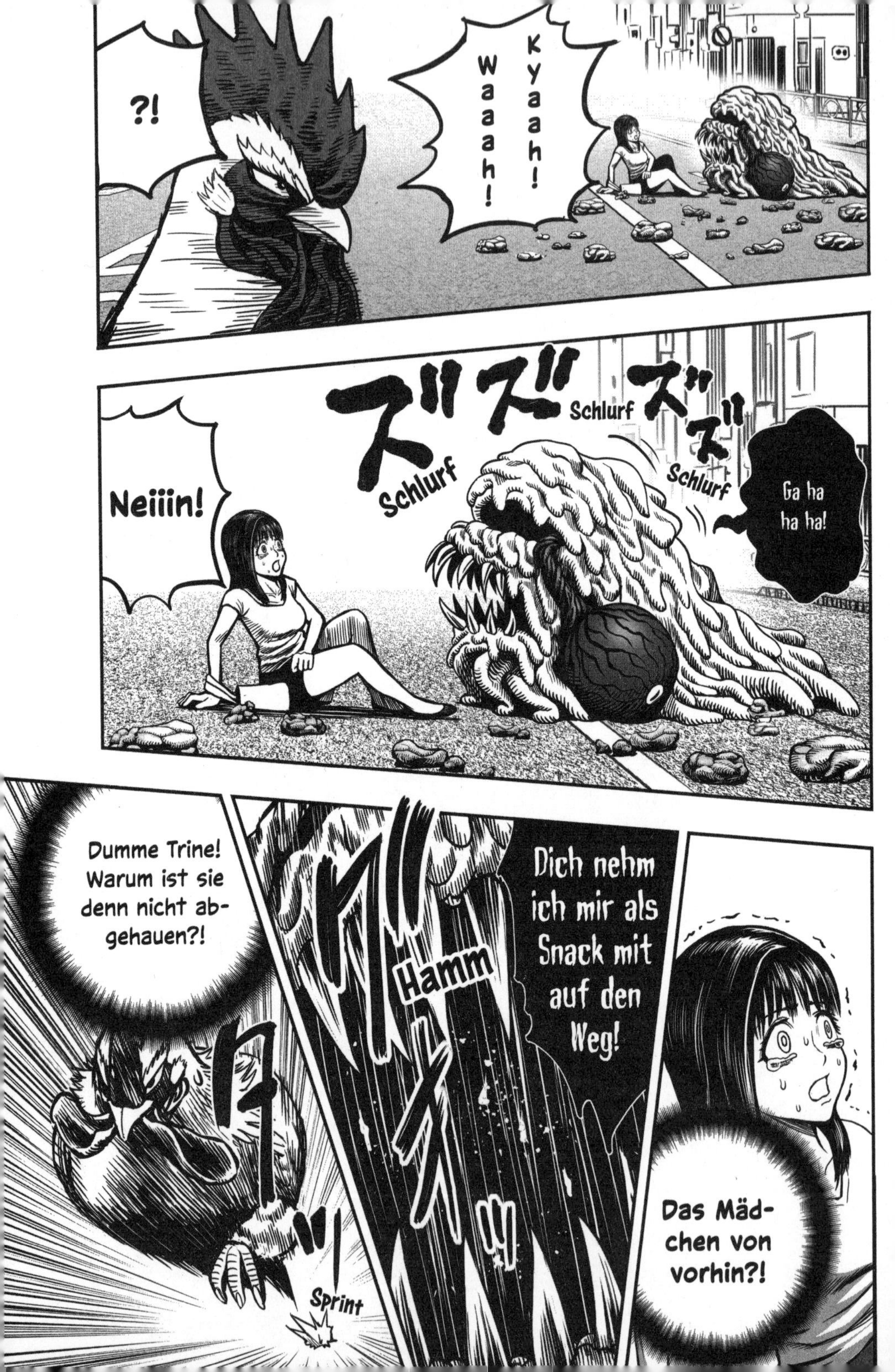
Kyaaah!
Waaaah!
?!
Schlurf
Schlurf
Schlurf
Ga ha ha ha!
Neiiin!
Das Mädchen von vorhin?!
Dich nehm ich mir als Snack mit auf den Weg!
Hamm
Dumme Trine! Warum ist sie denn nicht abgehauen?!
Sprint

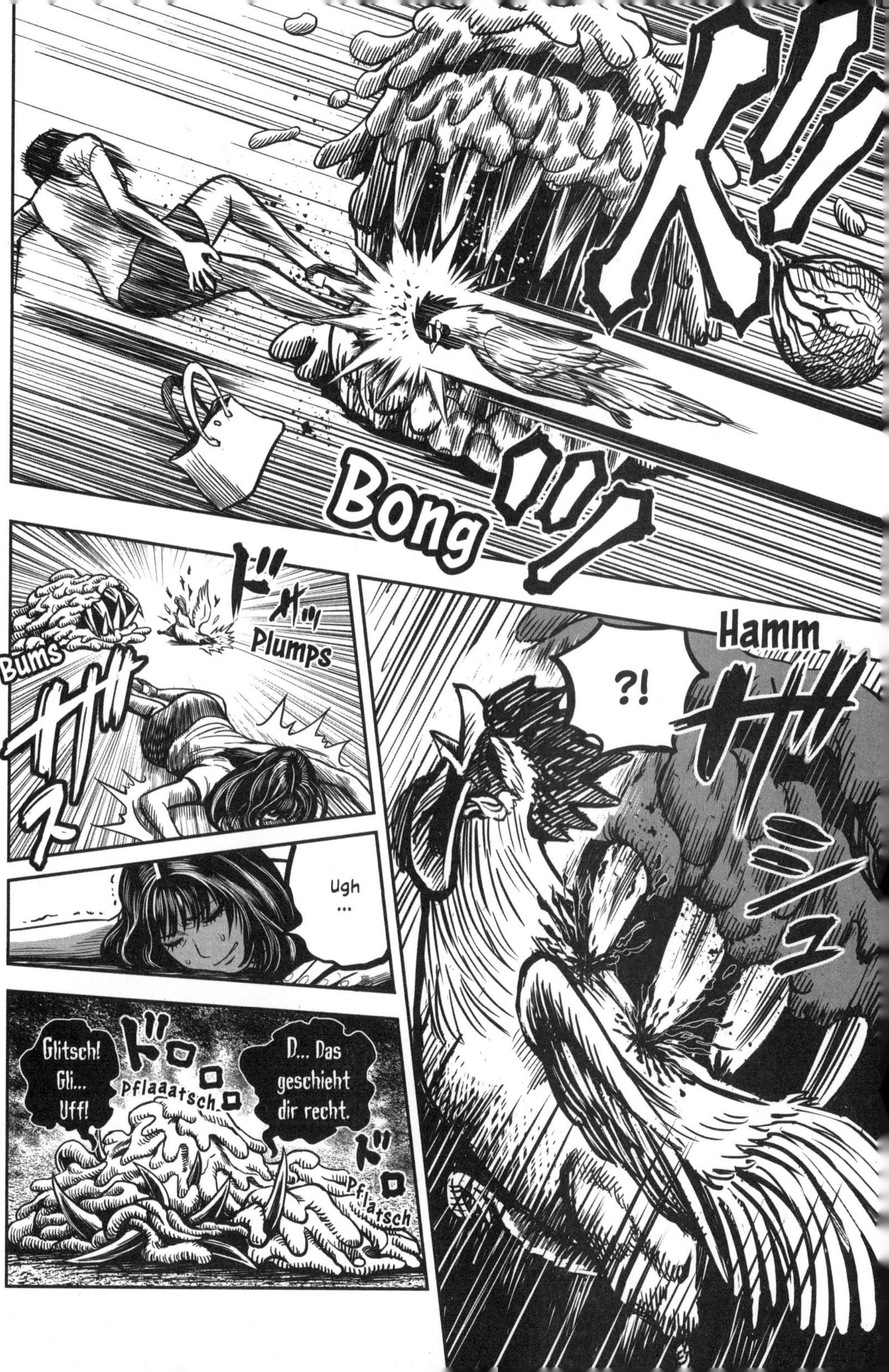

Bong
Hamm
?!
ドサッ
Plumps
Bums
Ugh ...
Glitsch!
Gli...
Uff!
Pflaaatsch
D... Das geschieht dir recht.
Pflatsch

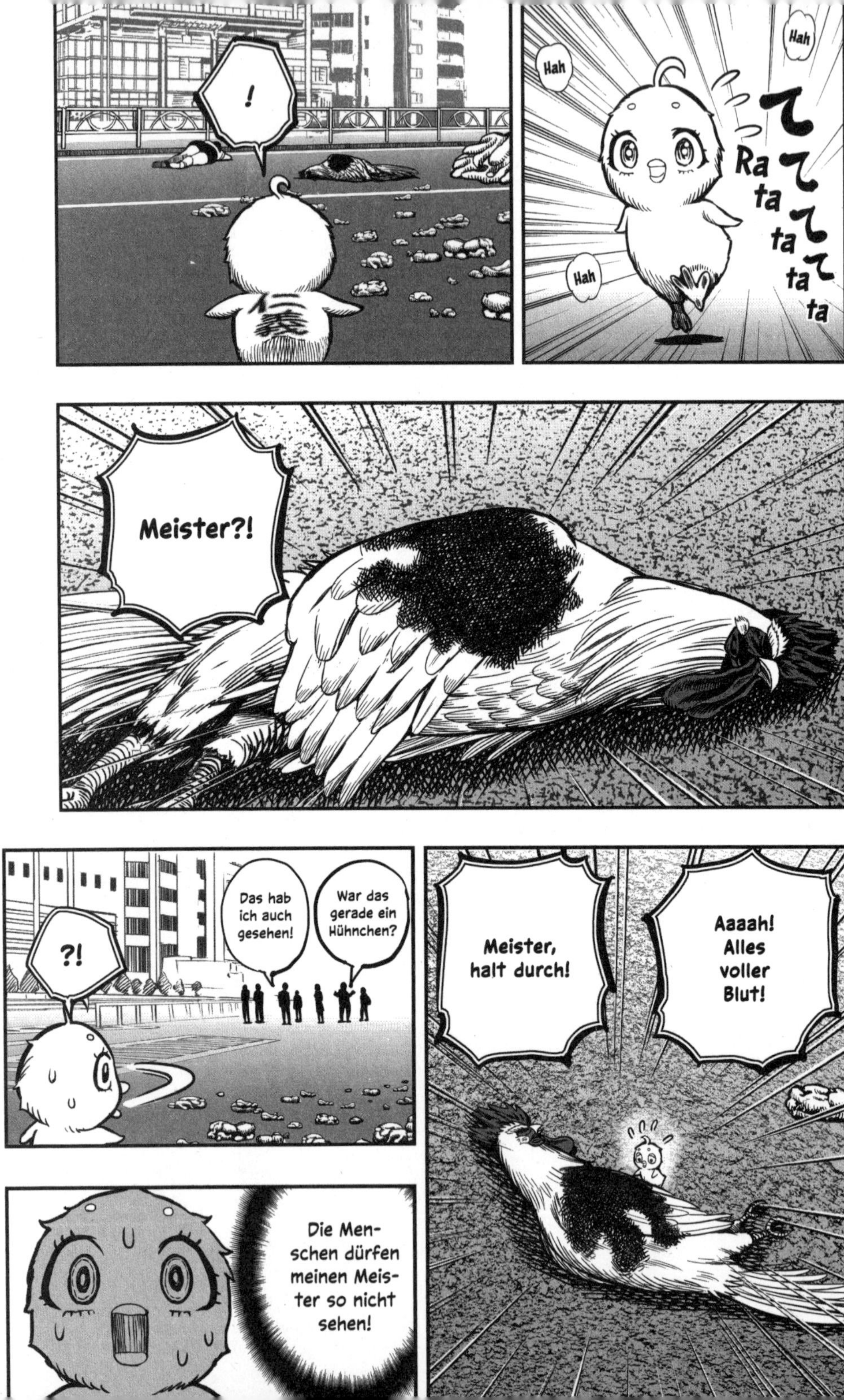
Hah
Hah
てててて
Ratatatata
Hah
!
Meister?!
Meister, halt durch!
Aaaah! Alles voller Blut!
?!
War das gerade ein Hühnchen?
Das hab ich auch gesehen!
Die Menschen dürfen meinen Meister so nicht sehen!

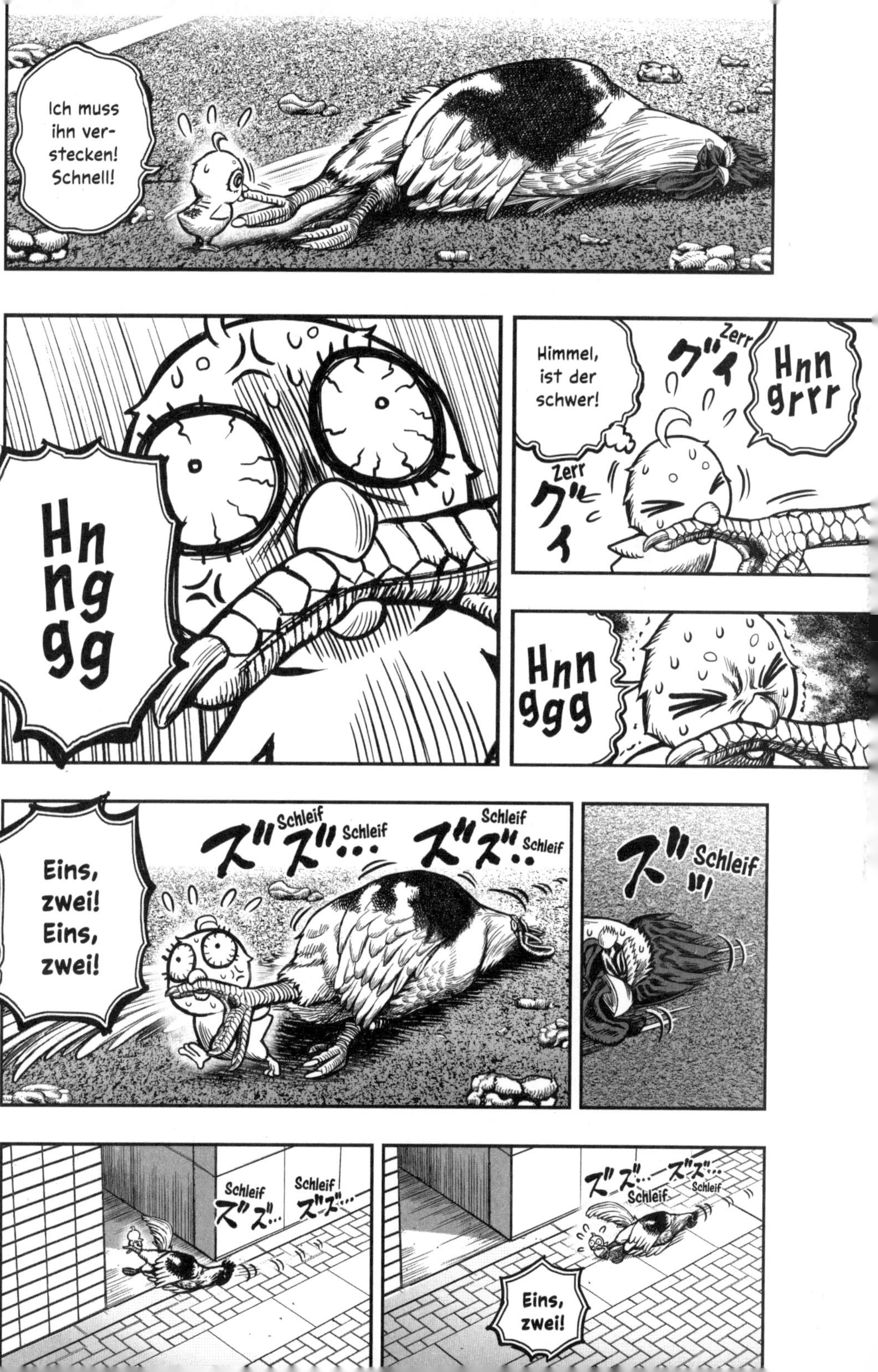
Ich muss ihn ver-stecken! Schnell!
Hnn grrr
グイ Zerr
Himmel, ist der schwer!
グイ Zerr
Hnn ggg
Hnngg
ズ" Schleif
ズズ… Schleif Schleif
ズズ… Schleif Schleif
Eins, zwei! Eins, zwei!
ズズ… Schleif ズズ… Schleif
Eins, zwei!
ズズ… Schleif ズズ… Schleif

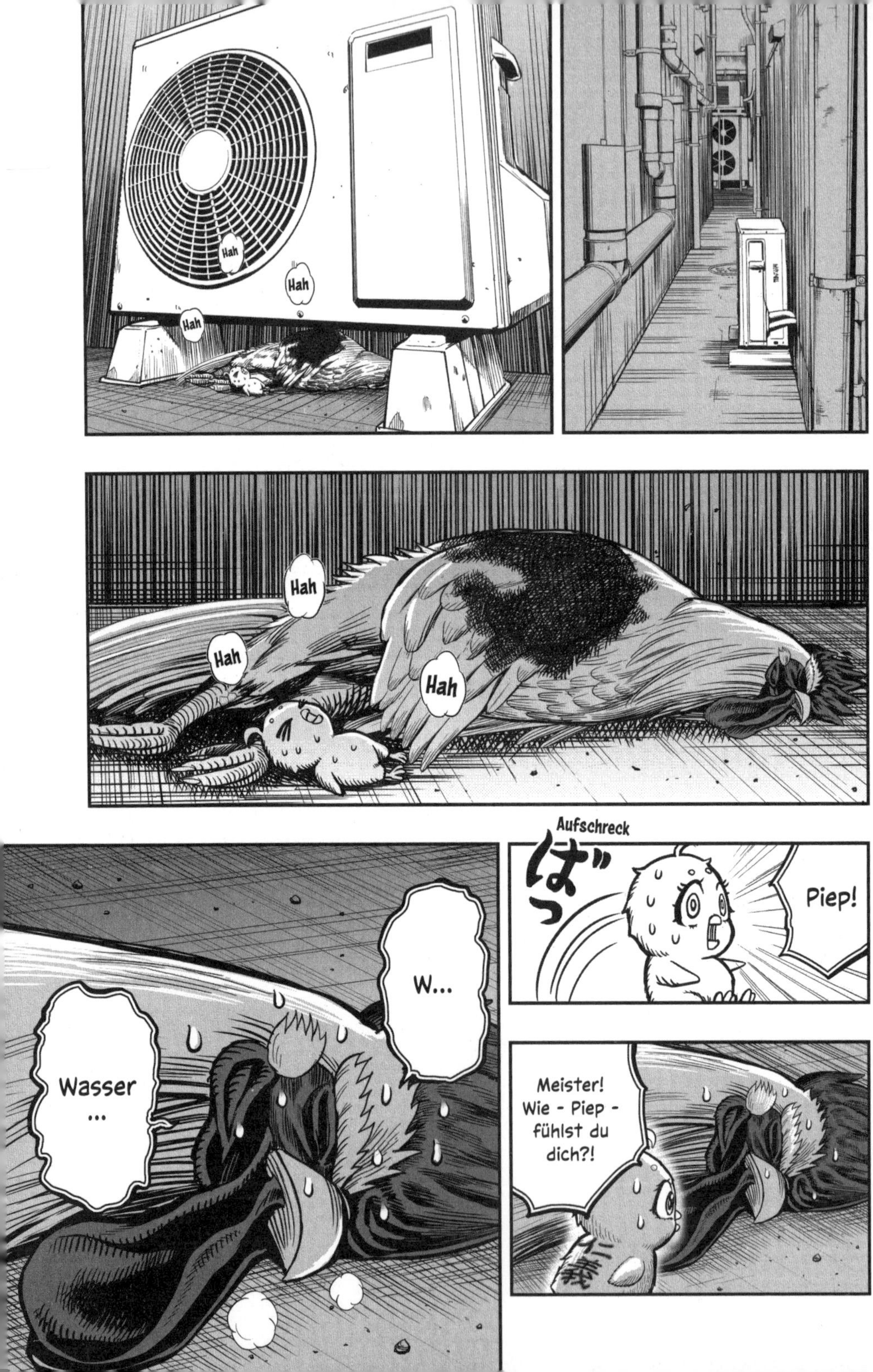
Hah
Hah
Hah
Hah
Hah
Hah
Aufschreck
ばっ
Piep!
Meister! Wie - Piep - fühlst du dich?!
W...
Wasser ...

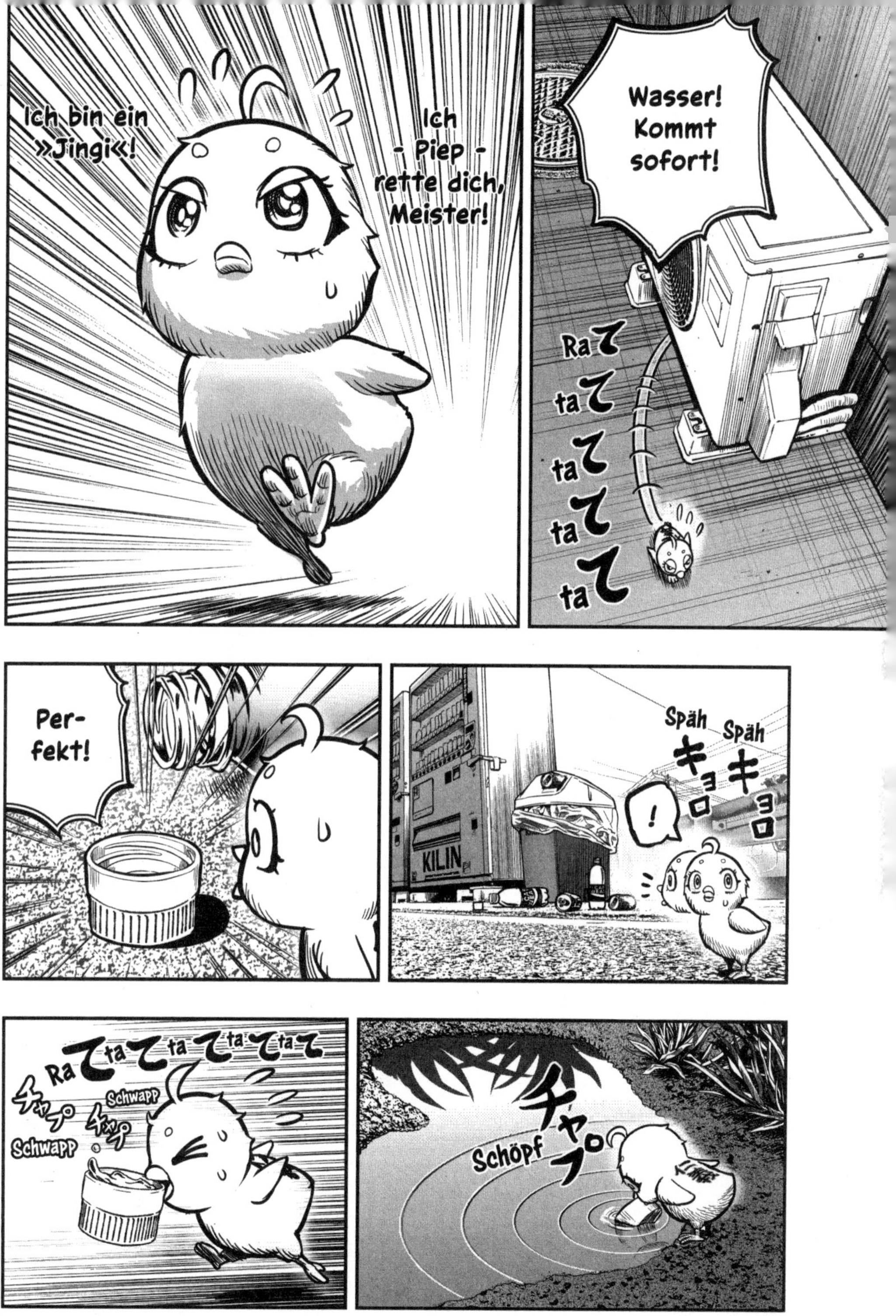
Wasser! Kommt sofort!
Ra ta ta ta ta
Ich - Piep - rette dich, Meister!
Ich bin ein »Jingi«!
Späh Späh
!
Per-fekt!
Schöpf
Ra ta ta ta ta
Schwapp
Schwapp

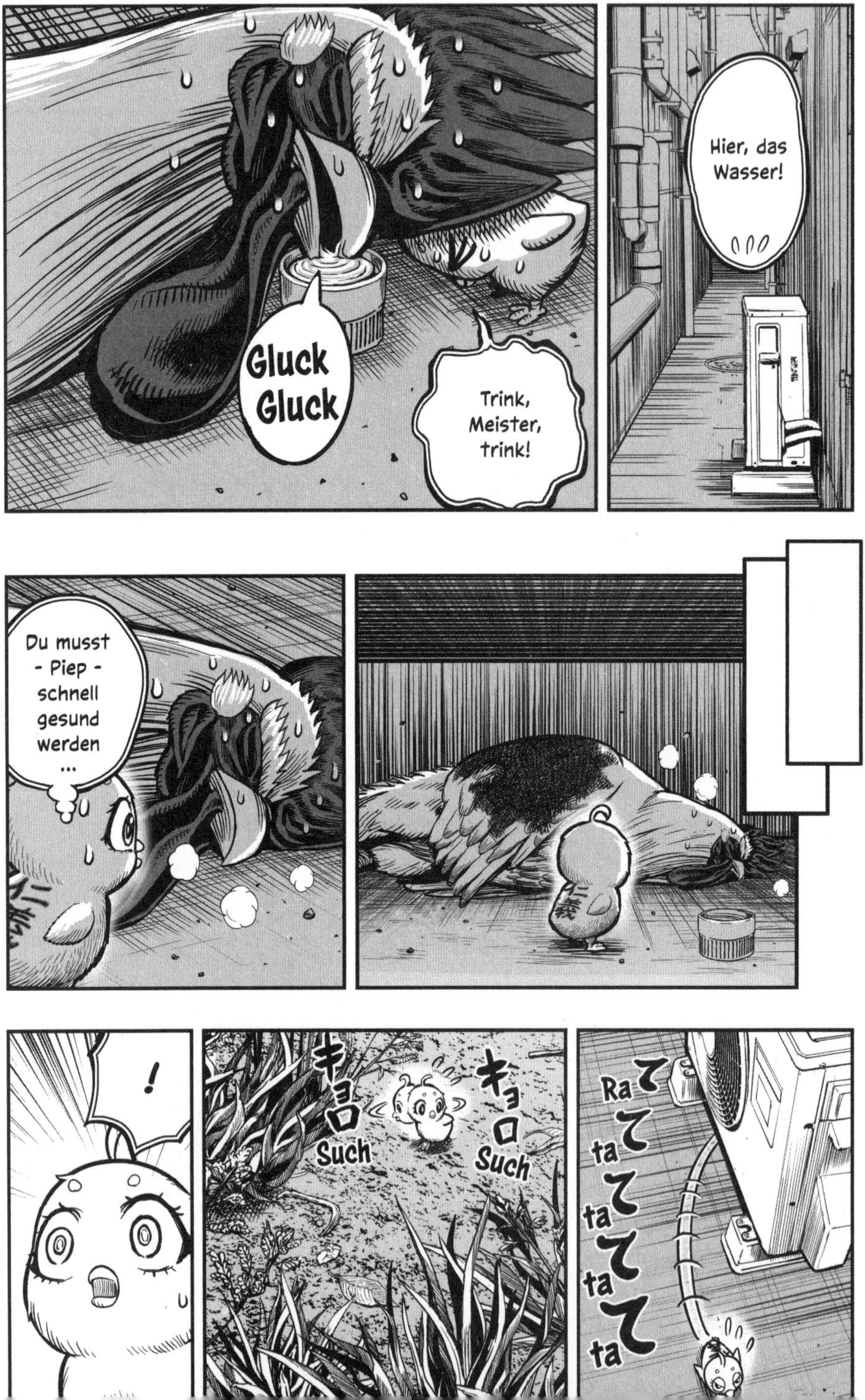
Hier, das Wasser!
Trink, Meister, trink!
Gluck Gluck
Du musst - Piep - schnell gesund werden ...
Ra ta ta ta ta ta
キョロ Such
キョロ Such
!

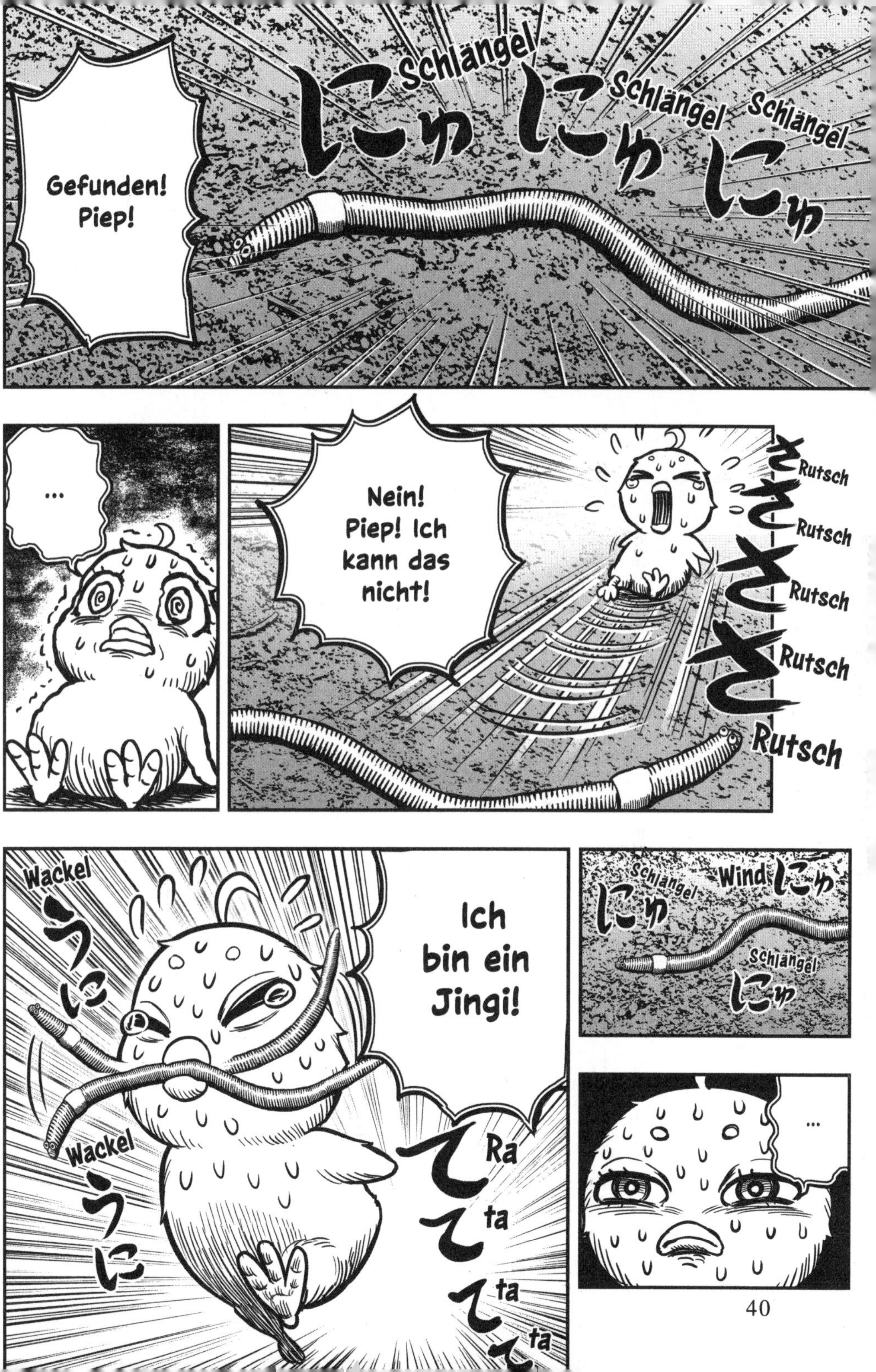

Gefunden! Piep!
Schlängel
にゅにゅ
Schlängel
Schlängel
...
Nein! Piep! Ich kann das nicht!
Rutsch
Rutsch
Rutsch
Rutsch
Rutsch
Schlängel
Wind
Schlängel
Ich bin ein Jingi!
Wackel
Wackel
Ra
ta
ta
ta
...

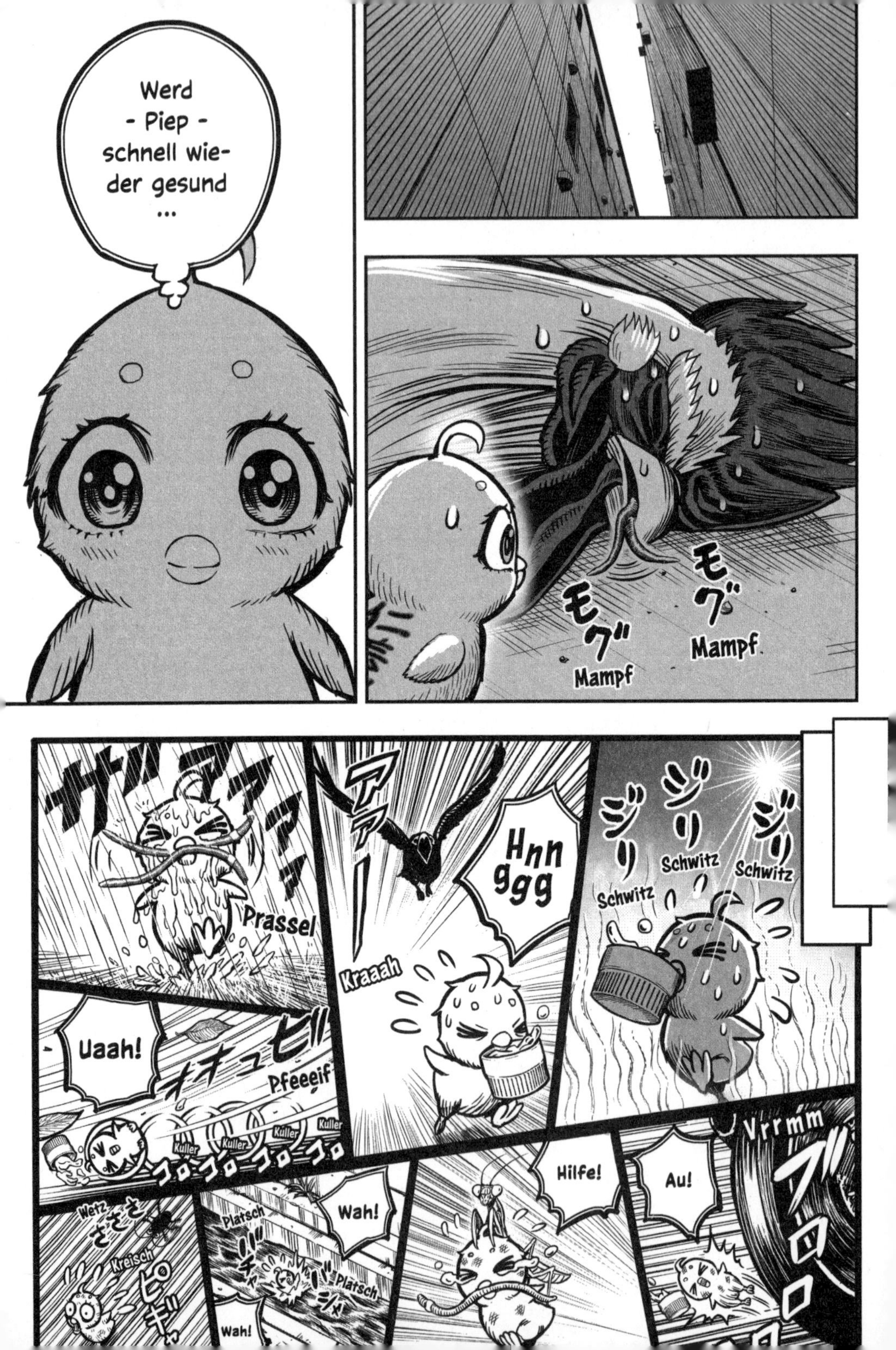

Werd - Piep - schnell wie-der gesund ...
Mampf
Mampf
Schwitz
Schwitz
Schwitz
Hnn ggg
Kraaah
Prassel
Uaah!
Pfeeeif
Kuller
Kuller
Kuller
Kuller
Vrrmm
Au!
Hilfe!
Wah!
Platsch
Platsch
Wetz
Kreisch
Wah!

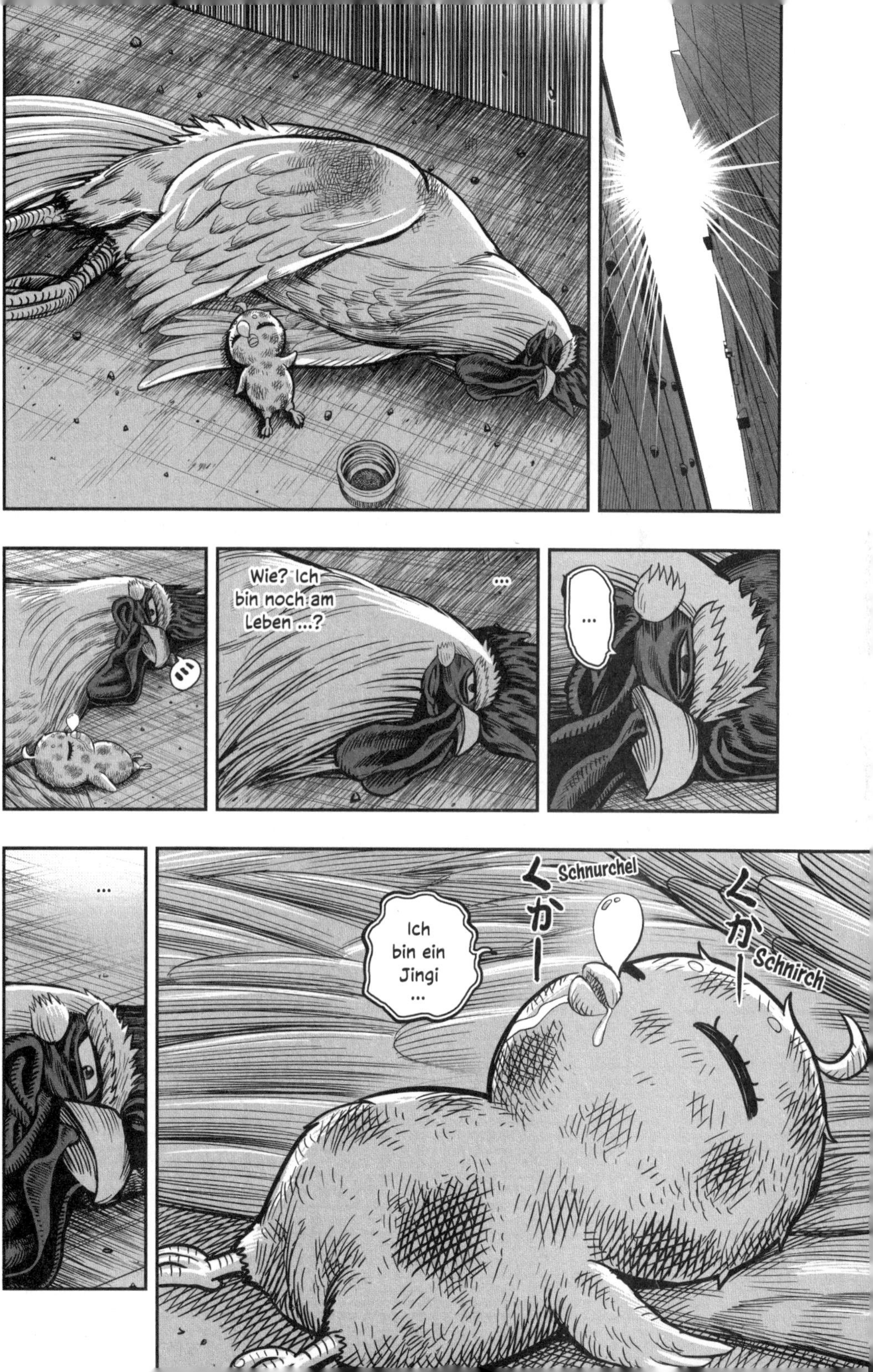
...
...
Wie? Ich bin noch am Leben ...?
くかー
Schnirch
Ich bin ein Jingi ...
くかー
Schnurchel
...

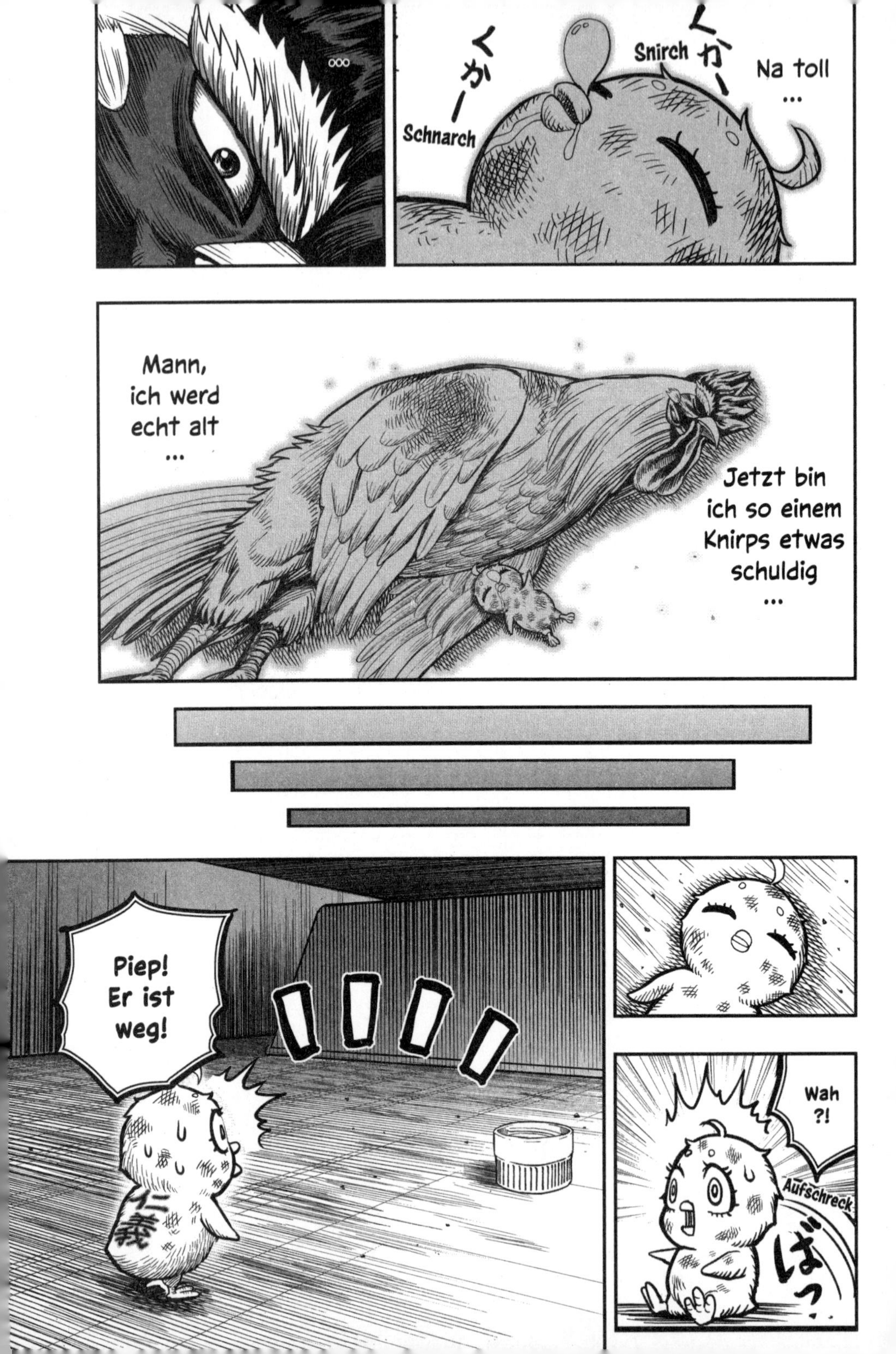
Na toll ...
くかー
Snirch
くかー
Schnarch
...
Mann, ich werd echt alt ...
Jetzt bin ich so einem Knirps etwas schuldig ...
Aufschreck
ばっ
Wah ?!
Piep! Er ist weg!

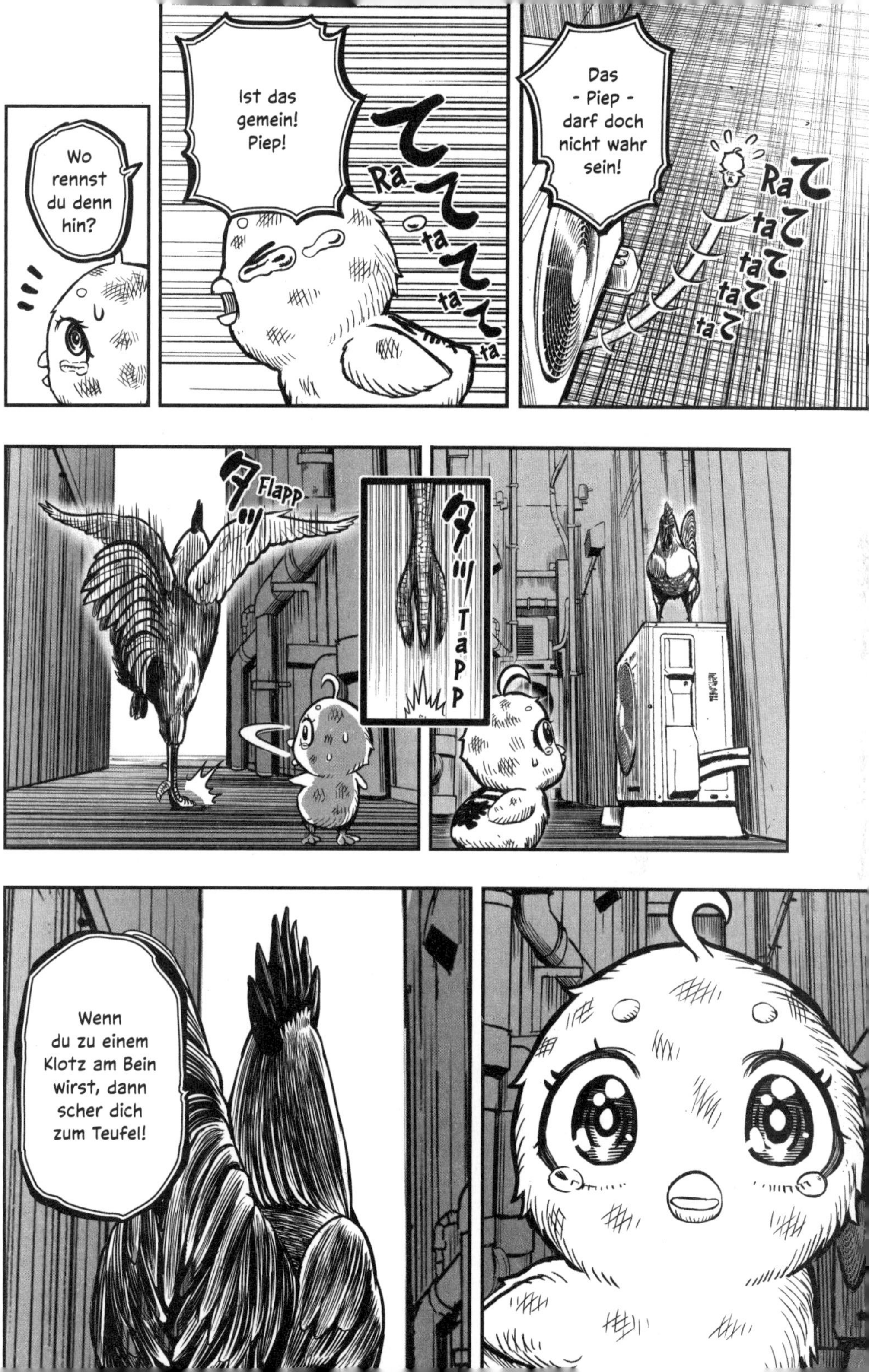

Das - Piep - darf doch nicht wahr sein!
Ra ta ta ta ta
Ist das gemein! Piep!
Ra ta ta ta
Wo rennst du denn hin?
TaPP
Flapp
Wenn du zu einem Klotz am Bein wirst, dann scher dich zum Teufel!

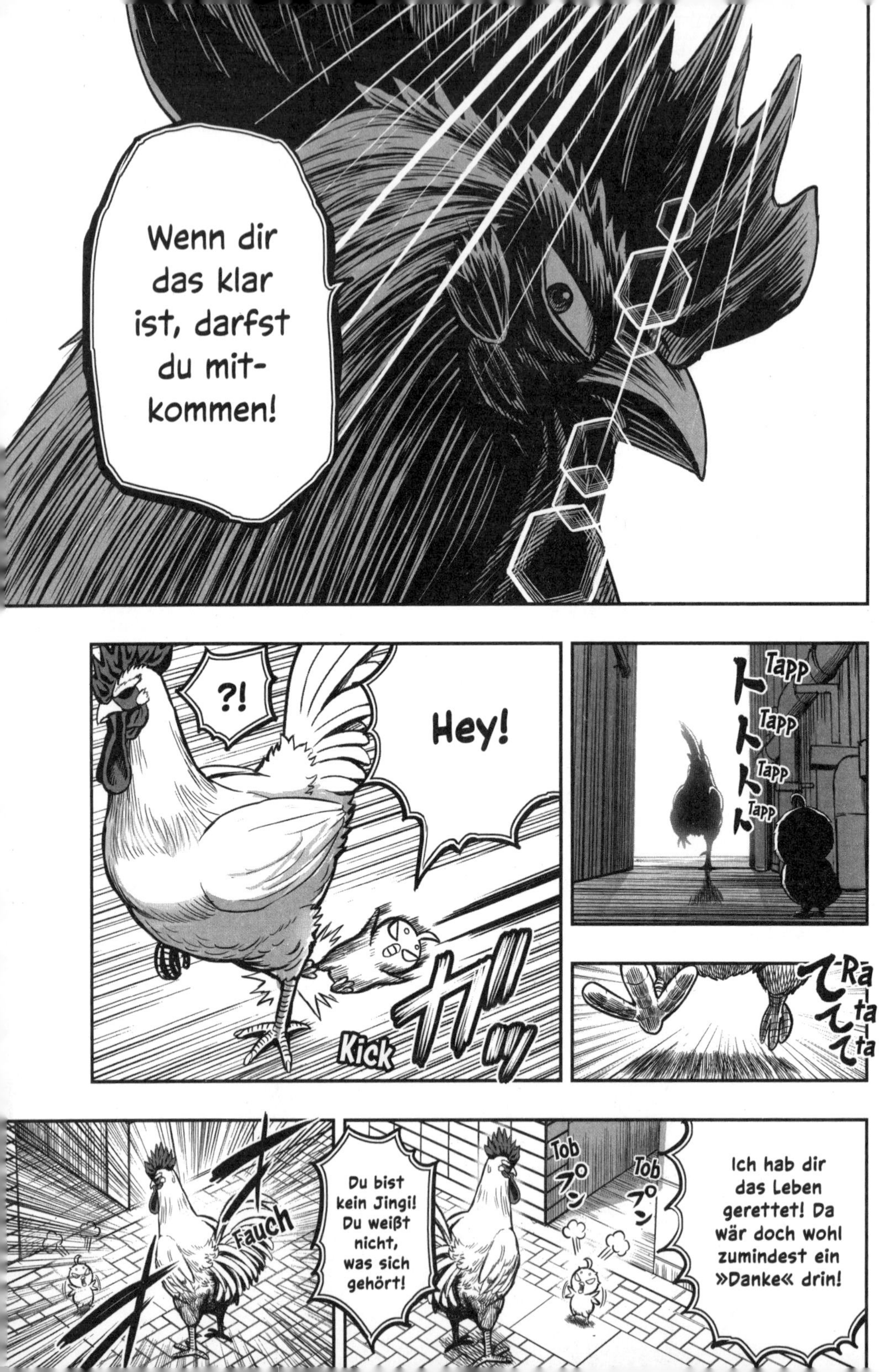
Wenn dir das klar ist, darfst du mit-kommen!
Tapp
ト
Tapp
ト
Tapp
ト
Tapp
ト
Hey!
?!
Kick
ガッ
Ra
て
ta
て
ta
て
Ich hab dir das Leben gerettet! Da wär doch wohl zumindest ein »Danke« drin!
Tob
プン
Tob
プン
Du bist kein Jingi! Du weißt nicht, was sich gehört!
Fauch

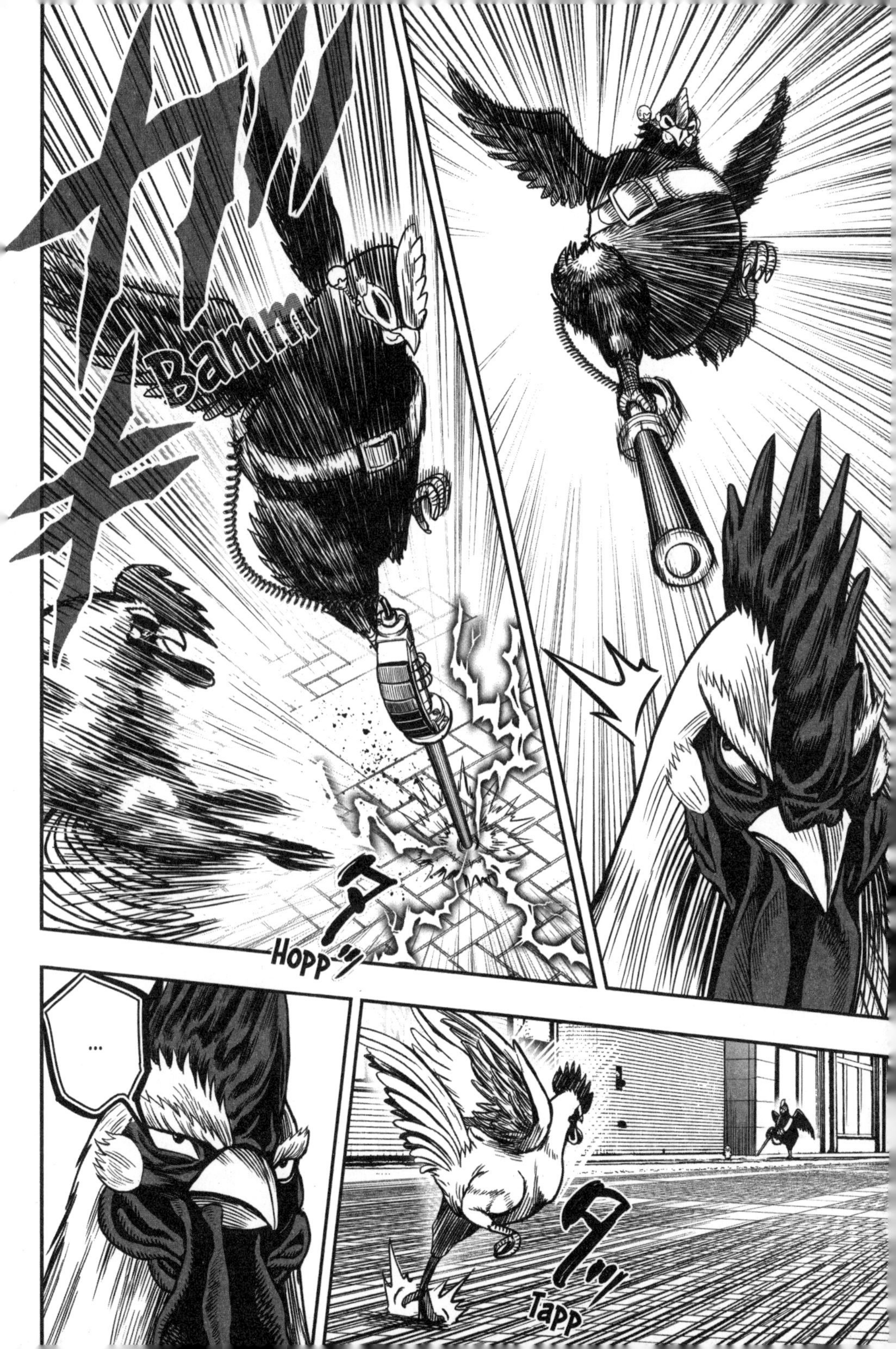

Bamm
Hopp
...
Tapp

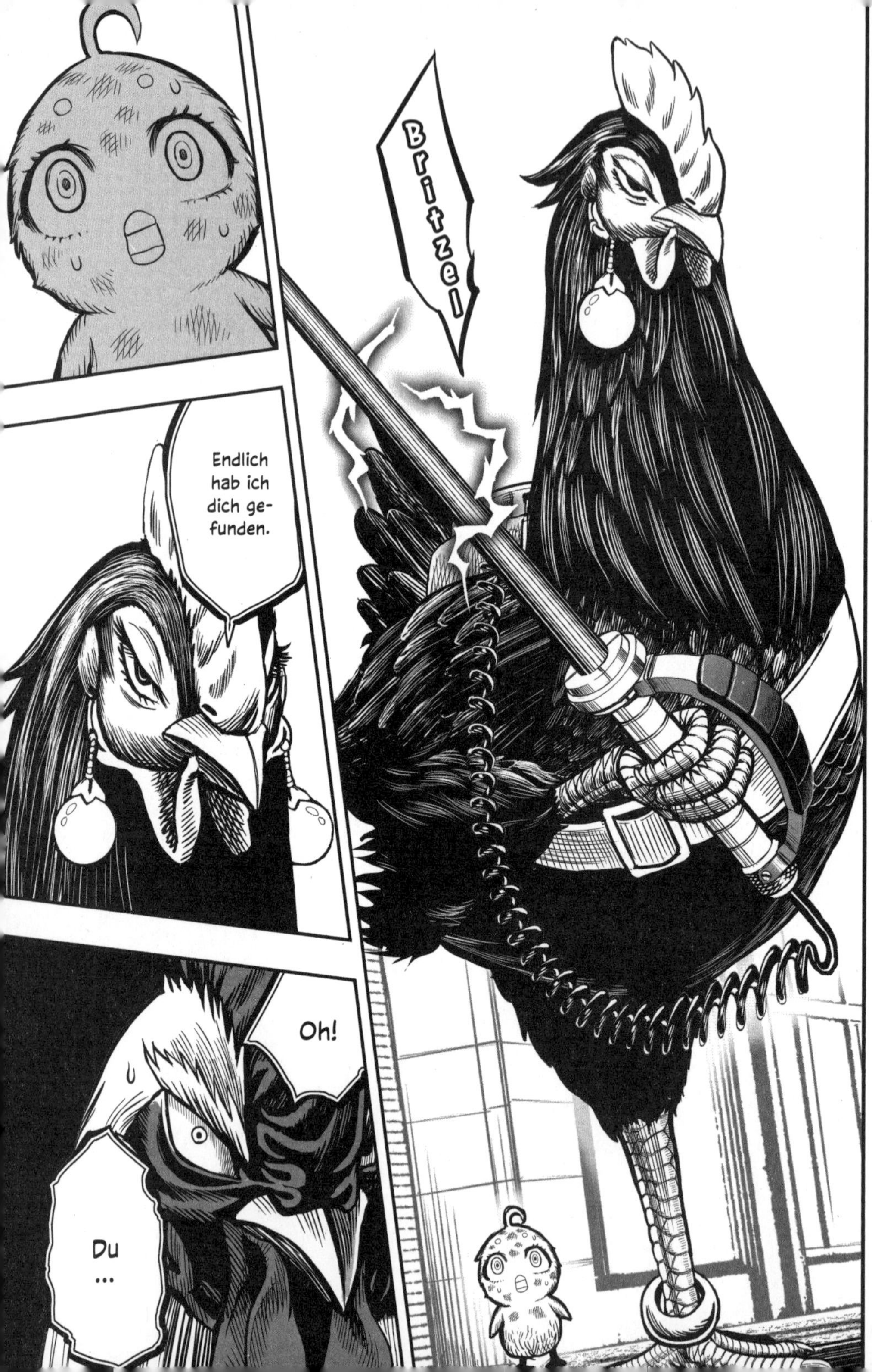
Britzel
Endlich hab ich dich ge-funden.
Oh!
Du ...

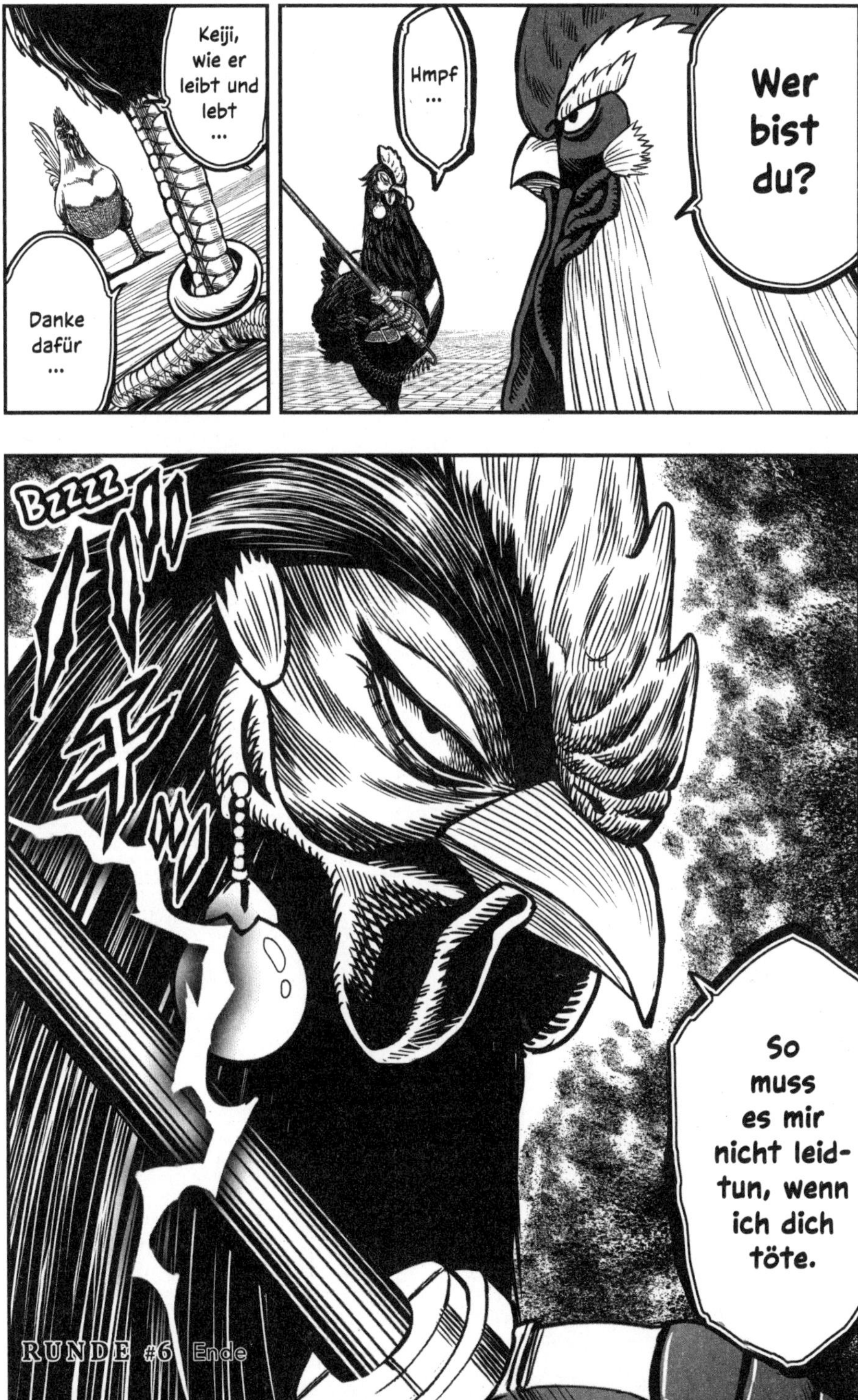
Wer bist du?
Hmpf ...
Keiji, wie er leibt und lebt ...
Danke dafür ...
Bzzzz
So muss es mir nicht leid-tun, wenn ich dich töte.
RUNDE #6 Ende

RUNDE #7

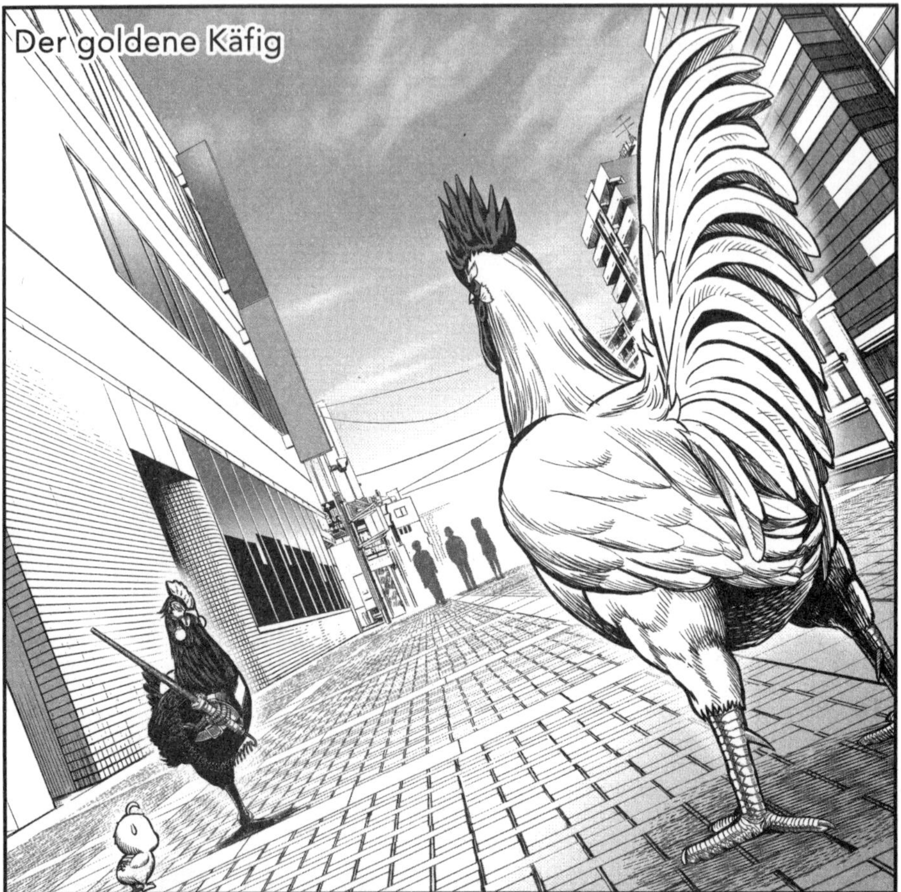

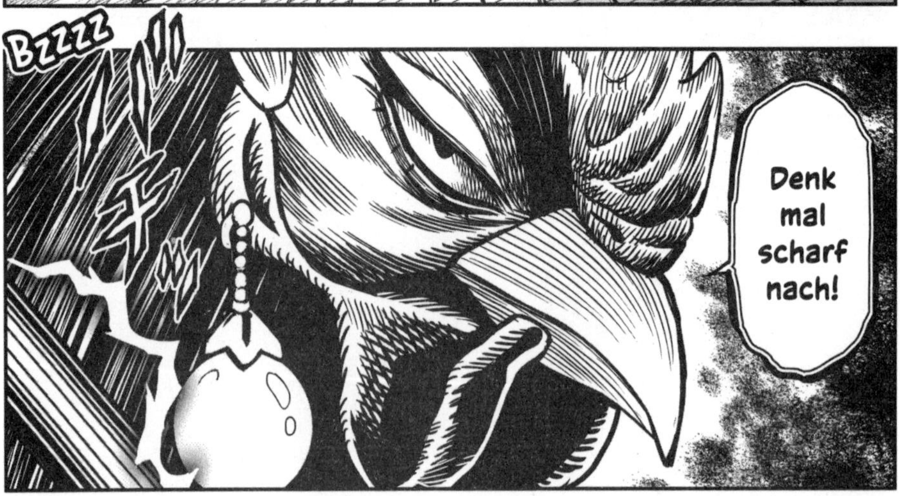

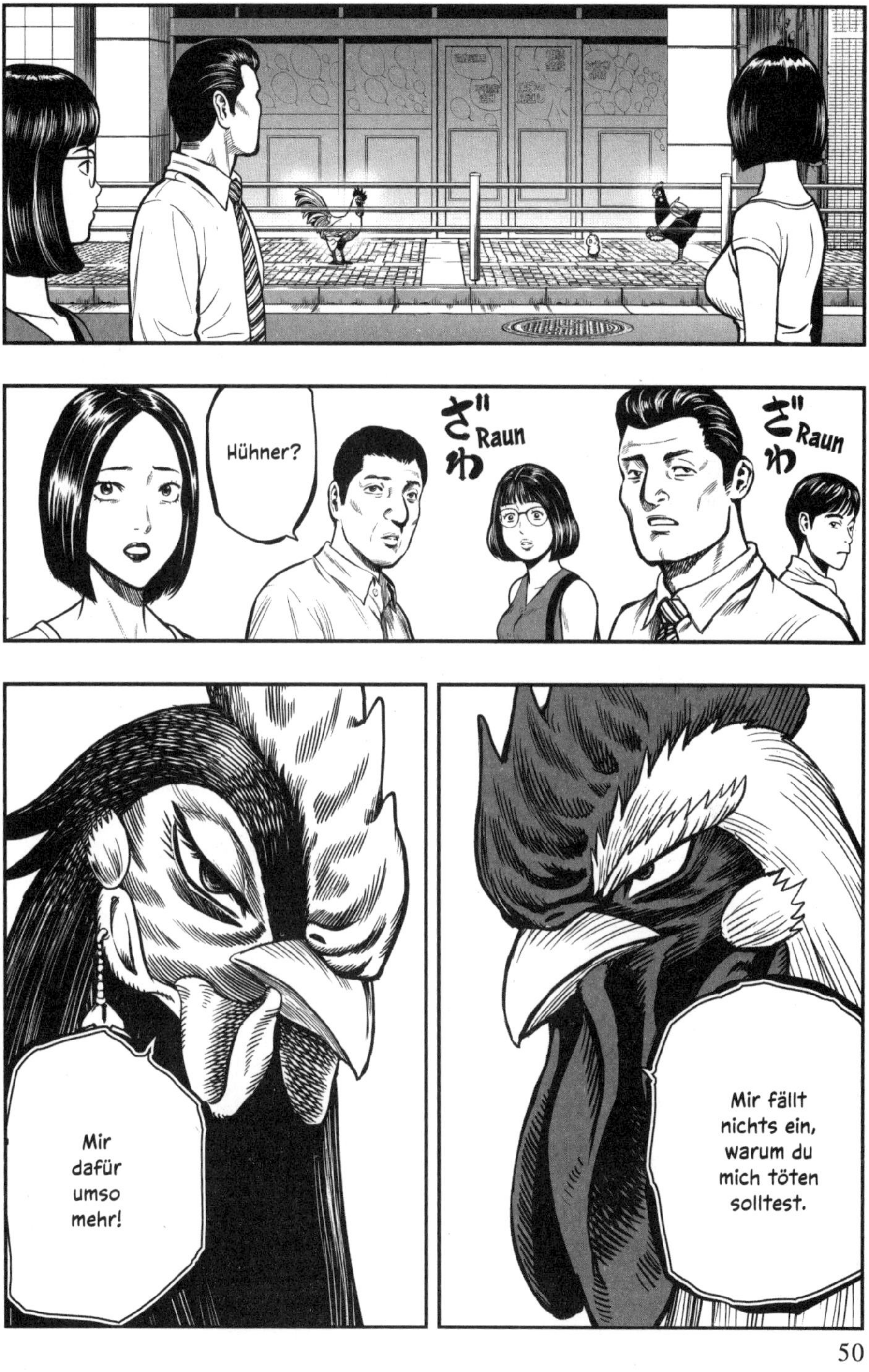

ざわ Raun
ざわ Raun
Hühner?
Mir fällt nichts ein, warum du mich töten solltest.
Mir dafür umso mehr!

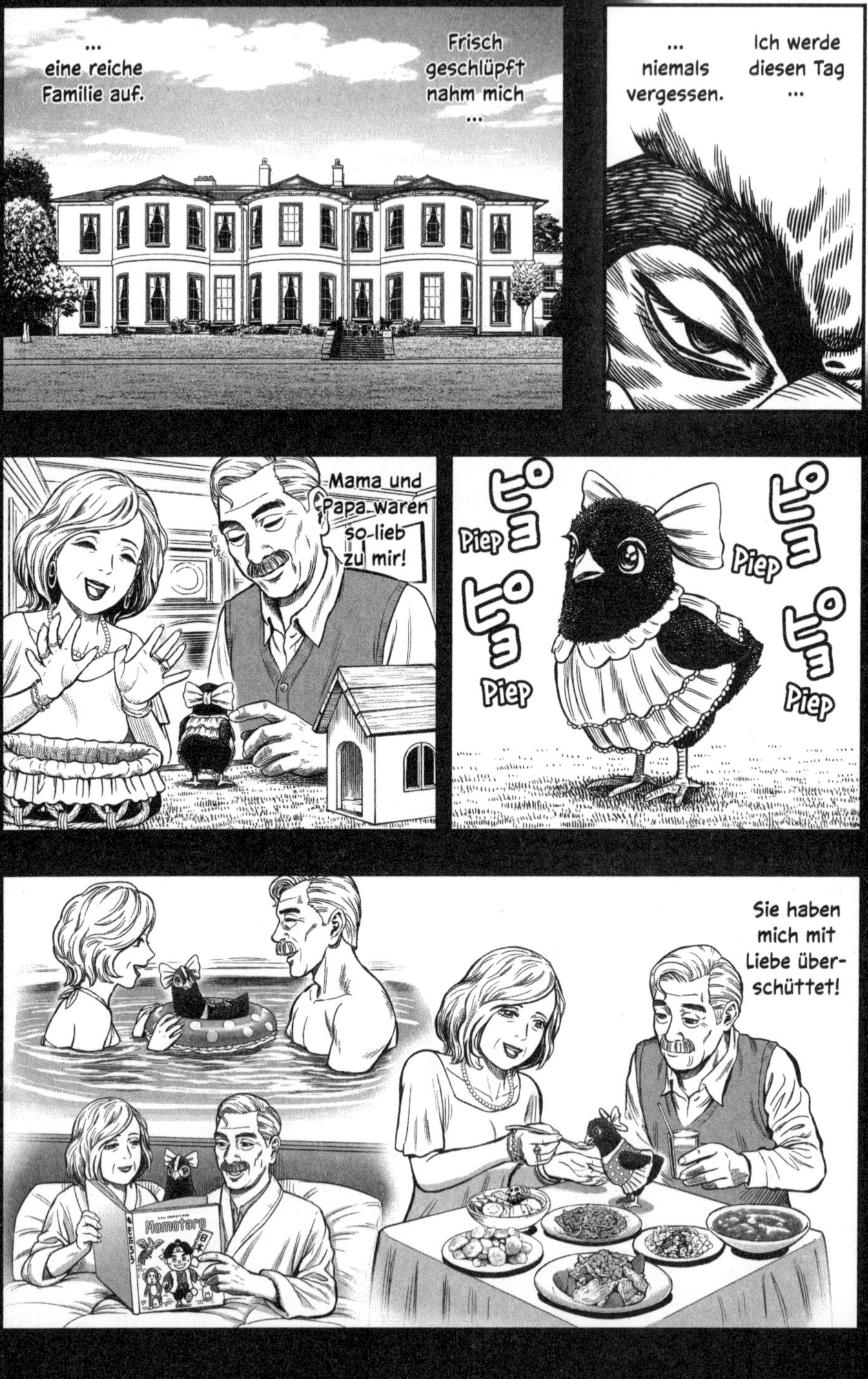
Ich werde diesen Tag ...
... niemals vergessen.
Frisch geschlüpft nahm mich ...
... eine reiche Familie auf.
ピヨ Piep
ピヨ Piep
ピヨ Piep
ピヨ Piep
Mama und Papa waren so lieb zu mir!
Sie haben mich mit Liebe überschüttet!
Momotaro

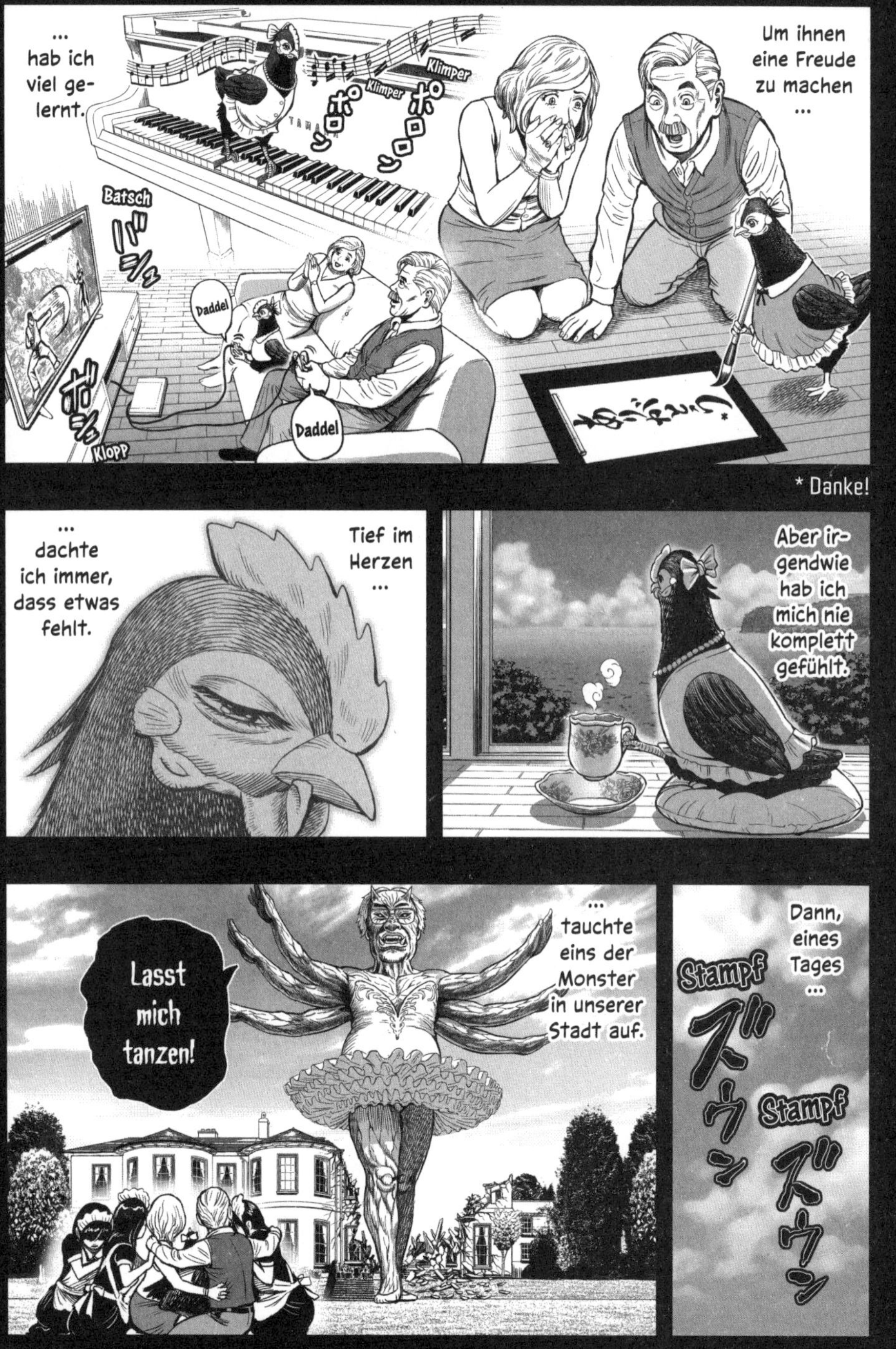

Um ihnen eine Freude zu machen ...
... hab ich viel gelernt.
Klimper
Klimper
Batsch
Daddel
Daddel
Klopp
* Danke!
Tief im Herzen ...
... dachte ich immer, dass etwas fehlt.
Aber irgendwie hab ich mich nie komplett gefühlt.
Dann, eines Tages ...
Stampf
Stampf
... tauchte eins der Monster in unserer Stadt auf.
Lasst mich tanzen!

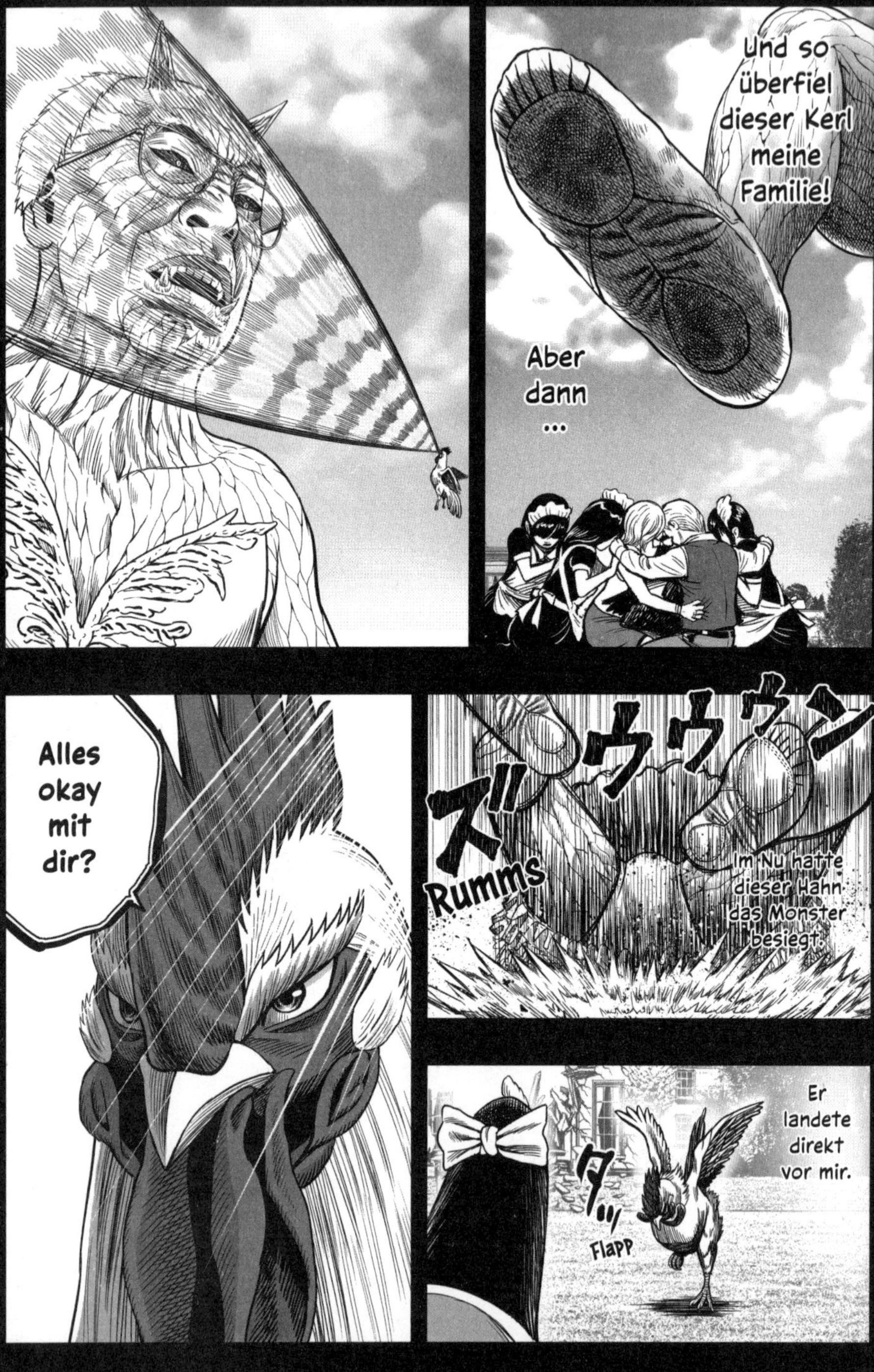
Und so überfiel dieser Kerl meine Familie!
Aber dann ...
ズウウウン
Rumms
Im Nu hatte dieser Hahn das Monster besiegt.
Er landete direkt vor mir.
タッ
Flapp
Alles okay mit dir?

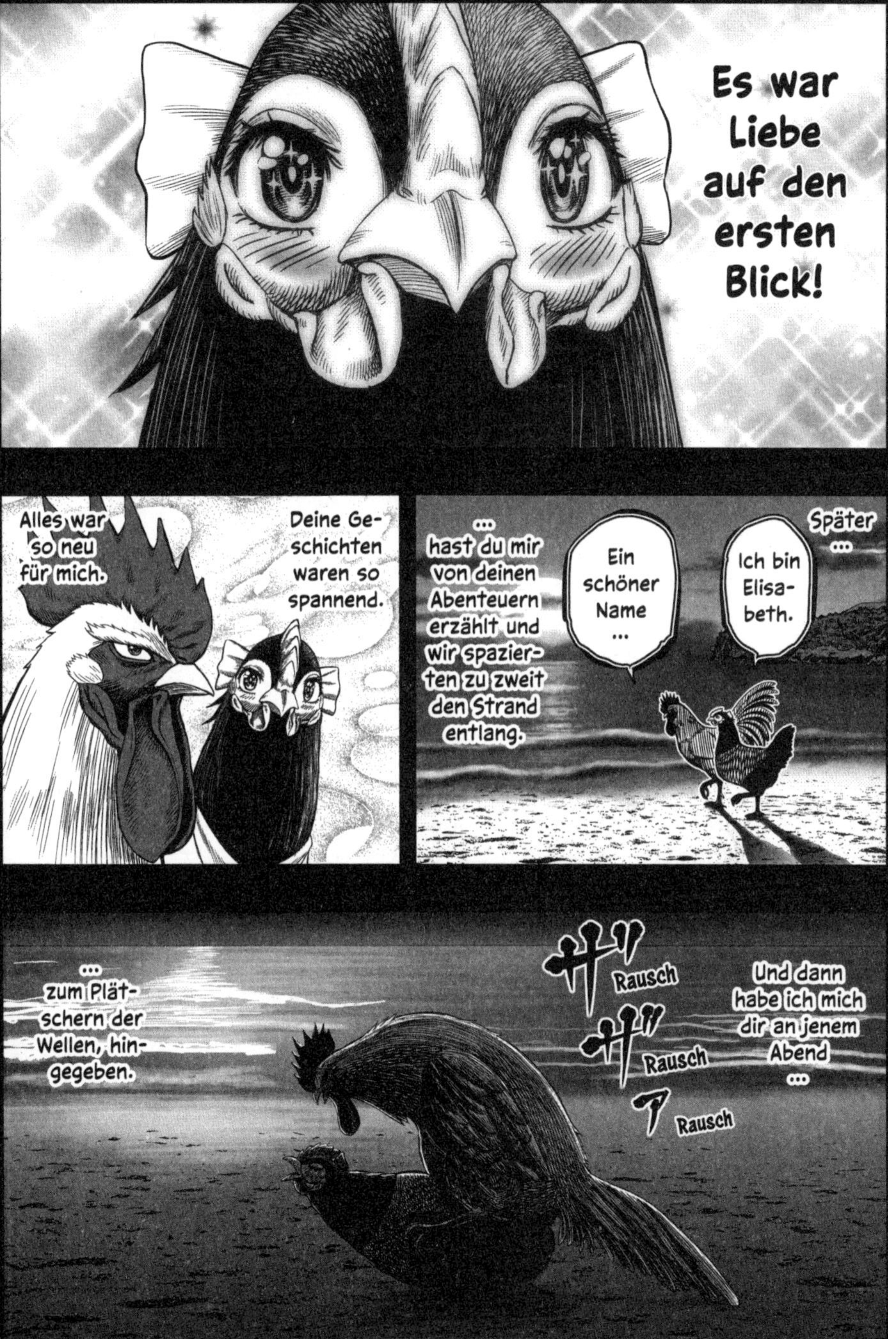

Es war Liebe auf den ersten Blick!
Später …
Ich bin Elisabeth.
Ein schöner Name …
… hast du mir von deinen Abenteuern erzählt und wir spazierten zu zweit den Strand entlang.
Deine Geschichten waren so spannend.
Alles war so neu für mich.
Und dann habe ich mich dir an jenem Abend …
Rausch
Rausch
Rausch
… zum Plätschern der Wellen, hingegeben.

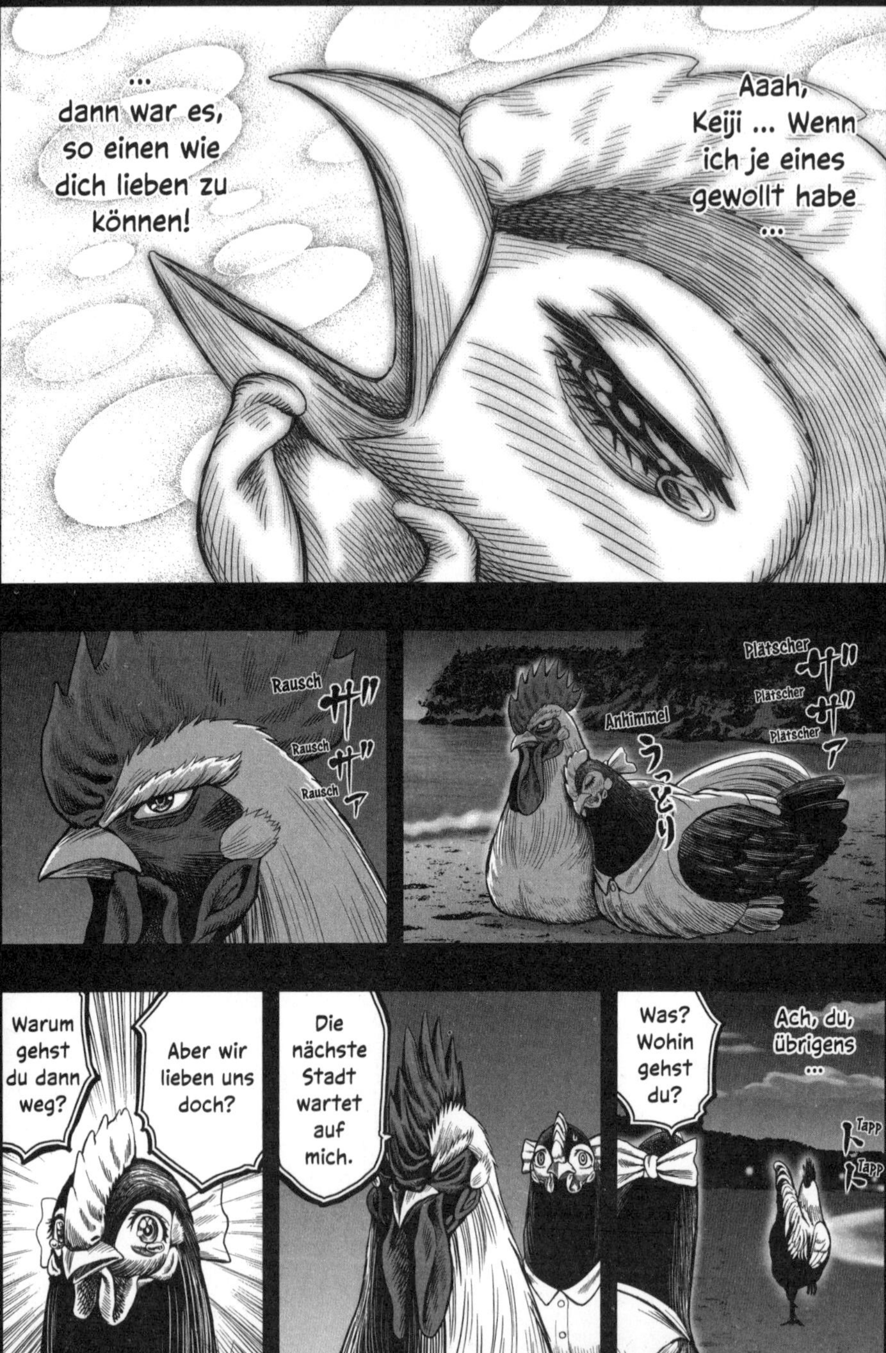

Aaah, Keiji ... Wenn ich je eines gewollt habe ...
... dann war es, so einen wie dich lieben zu können!
Plätscher
Plätscher
Plätscher
Anhimmel
Rausch
Rausch
Rausch
Ach, du, übrigens ...
Tapp
Tapp
Was? Wohin gehst du?
Die nächste Stadt wartet auf mich.
Aber wir lieben uns doch?
Warum gehst du dann weg?

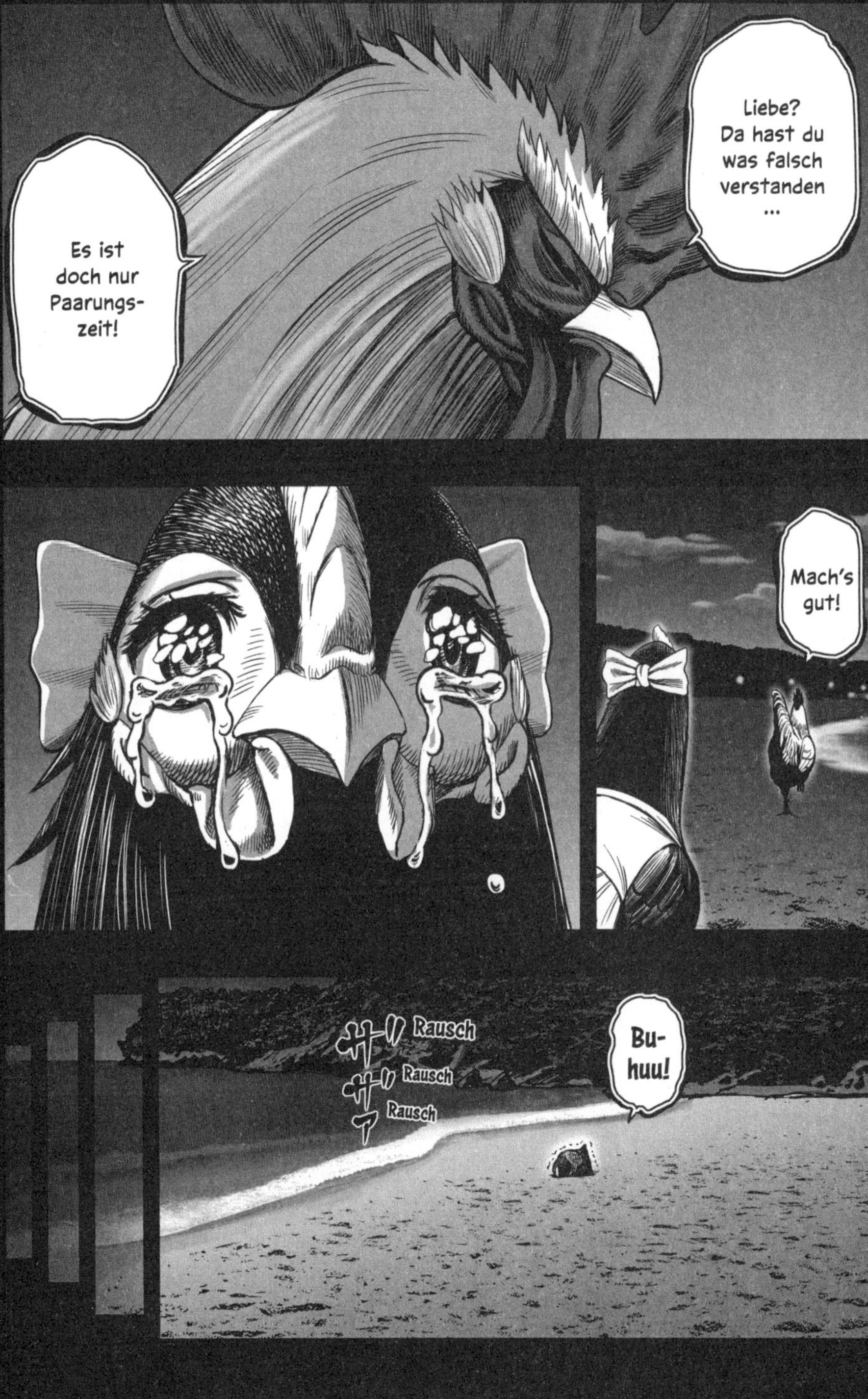
Liebe?
Da hast du was falsch verstanden ...
Es ist doch nur Paarungs-zeit!
Mach's gut!
Rausch
Rausch
Rausch
Bu-huu!

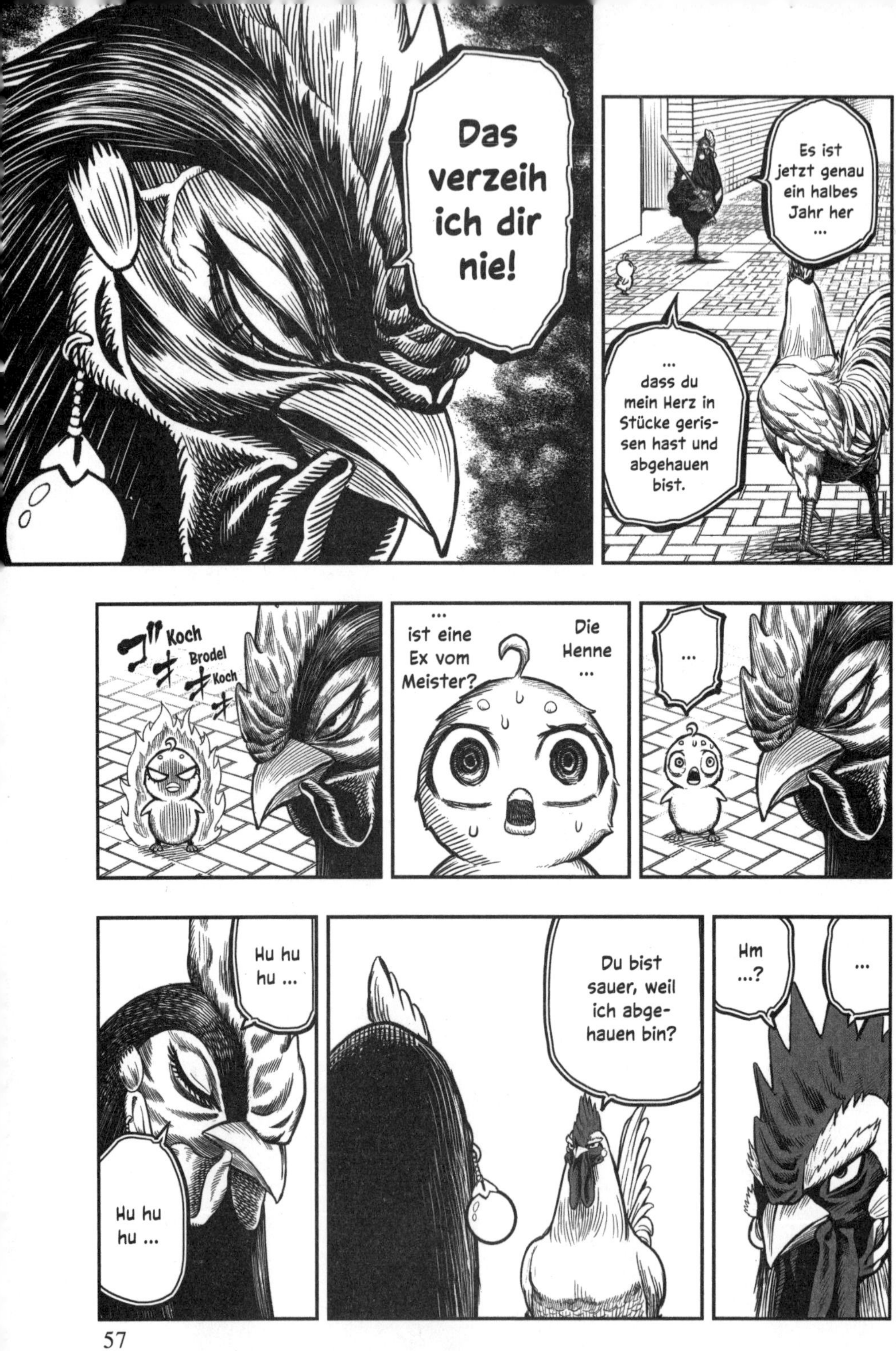

Es ist jetzt genau ein halbes Jahr her ...
... dass du mein Herz in Stücke gerissen hast und abgehauen bist.
Das verzeih ich dir nie!
...
Die Henne ...
... ist eine Ex vom Meister?
Koch
Brodel
Koch
...
Hm ...?
Du bist sauer, weil ich abgehauen bin?
Hu hu hu ...
Hu hu hu ...

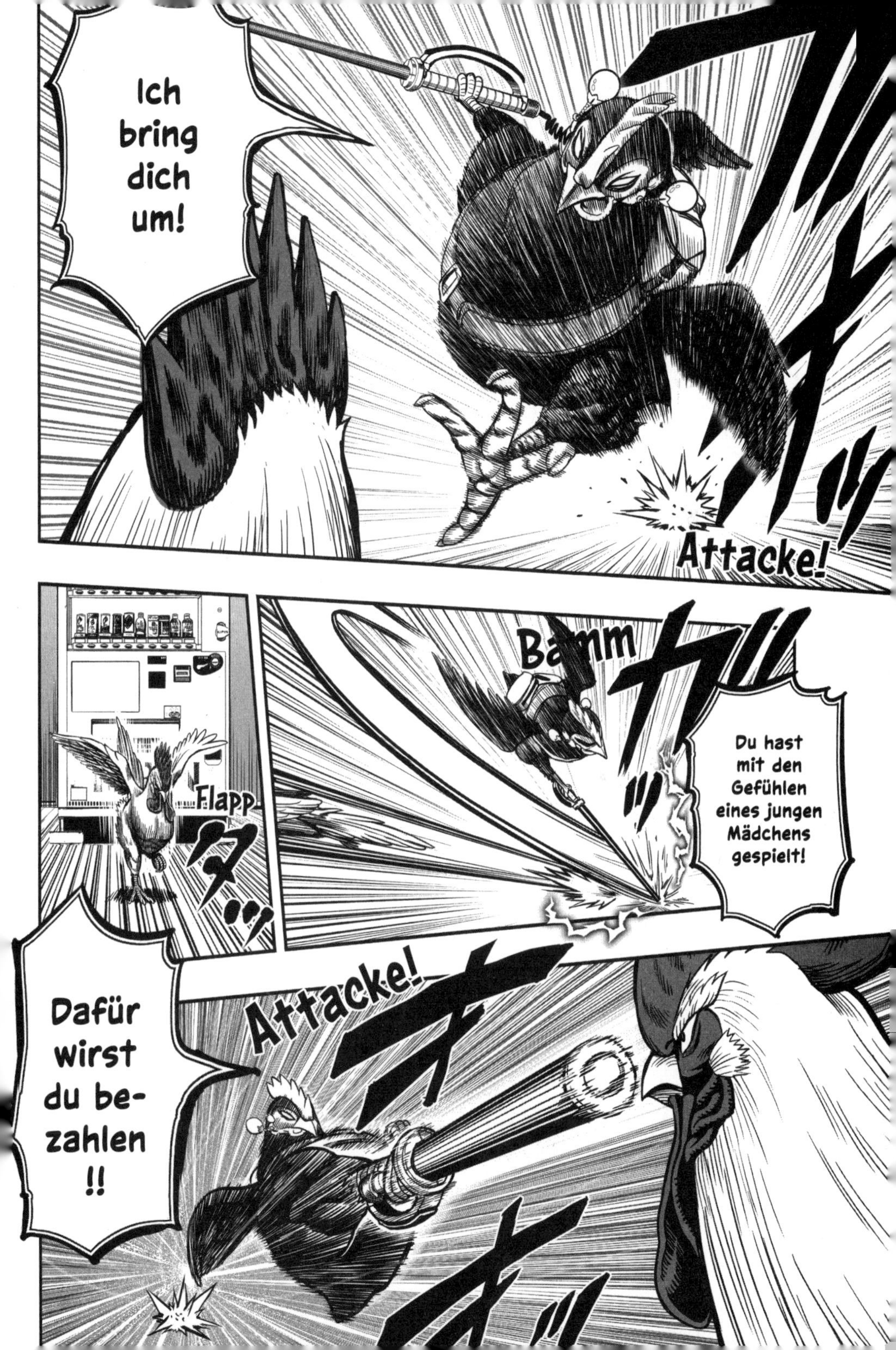

Ich bring dich um!
Attacke!
Bamm
Du hast mit den Gefühlen eines jungen Mädchens gespielt!
Flapp
Dafür wirst du be-zahlen !!
Attacke!

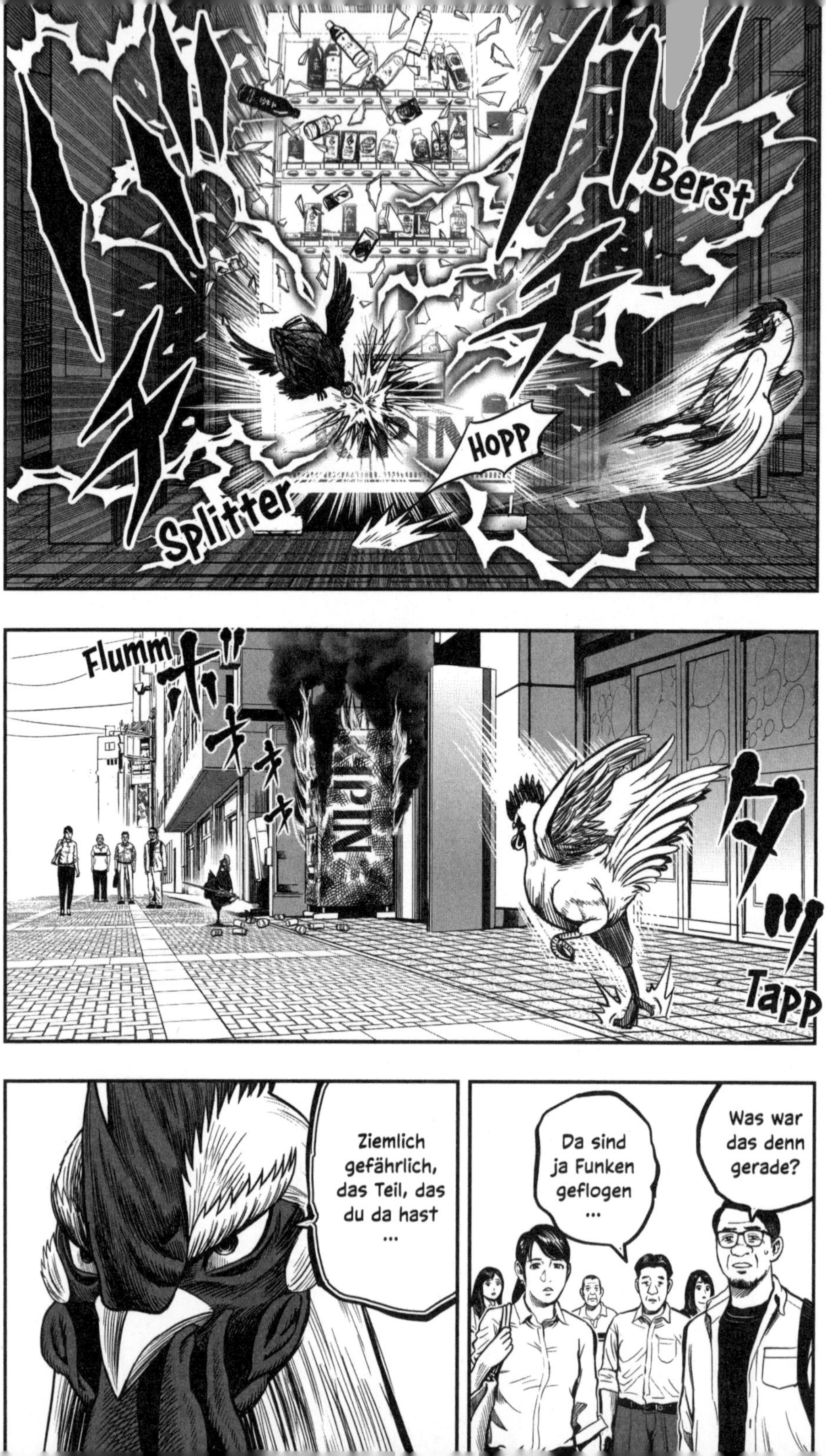
Berst
Hopp
Splitter
Flumm
Tapp
Was war das denn gerade?
Da sind ja Funken geflogen ...
Ziemlich gefährlich, das Teil, das du da hast ...

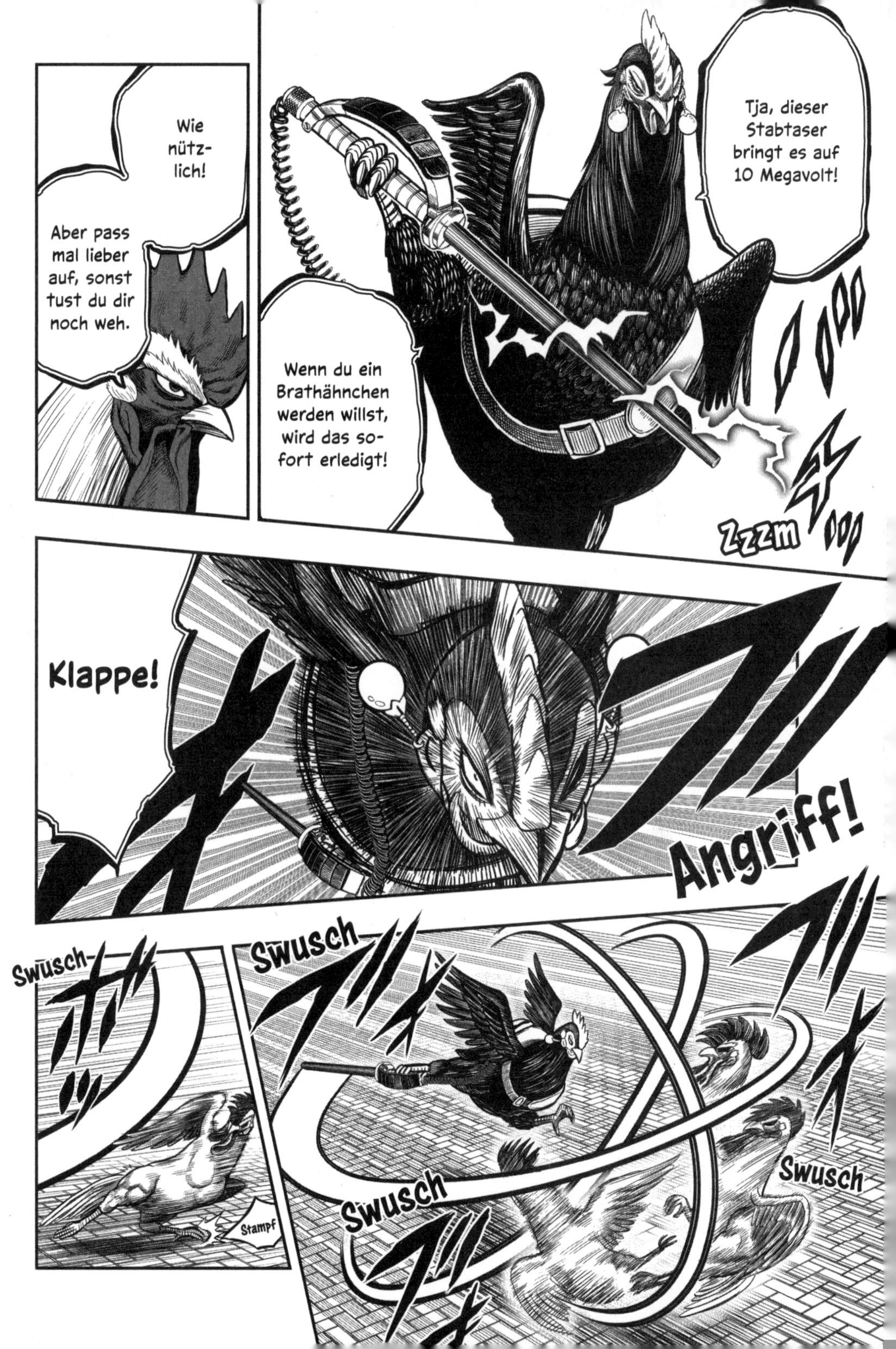
Tja, dieser Stabtaser bringt es auf 10 Megavolt!
Wie nütz-lich!
Aber pass mal lieber auf, sonst tust du dir noch weh.
Wenn du ein Brathähnchen werden willst, wird das so-fort erledigt!
Zzzm
Klappe!
Angriff!
Swusch
Swusch-
Swusch
Swusch
Stampf

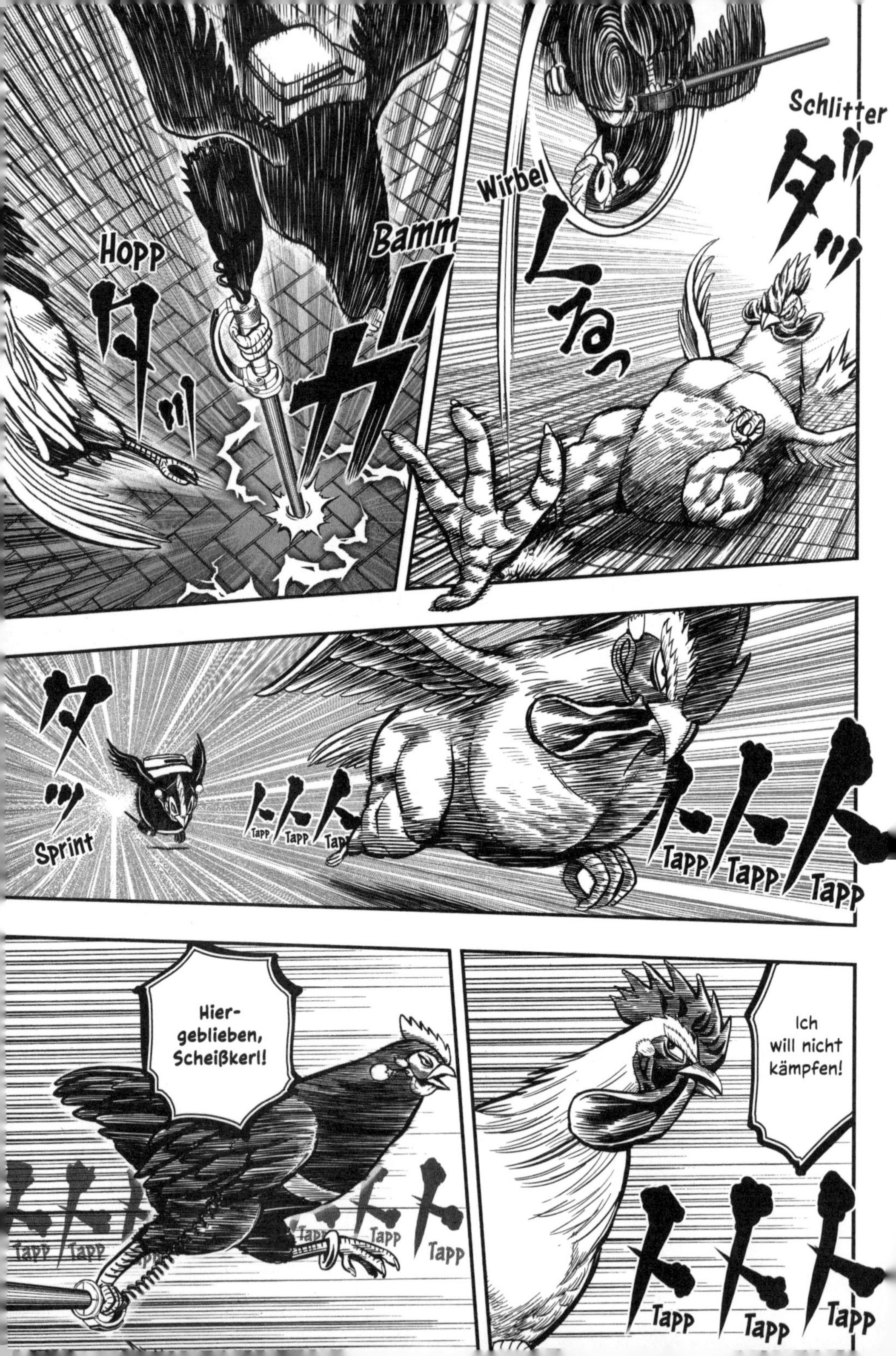
Schlitter
Wirbel
Bamm
Hopp
Tapp Tapp Tapp
Tapp Tapp Tapp
Sprint
Ich will nicht kämpfen!
Tapp Tapp Tapp
Hier-geblieben, Scheißkerl!
Tapp Tapp
Tapp Tapp

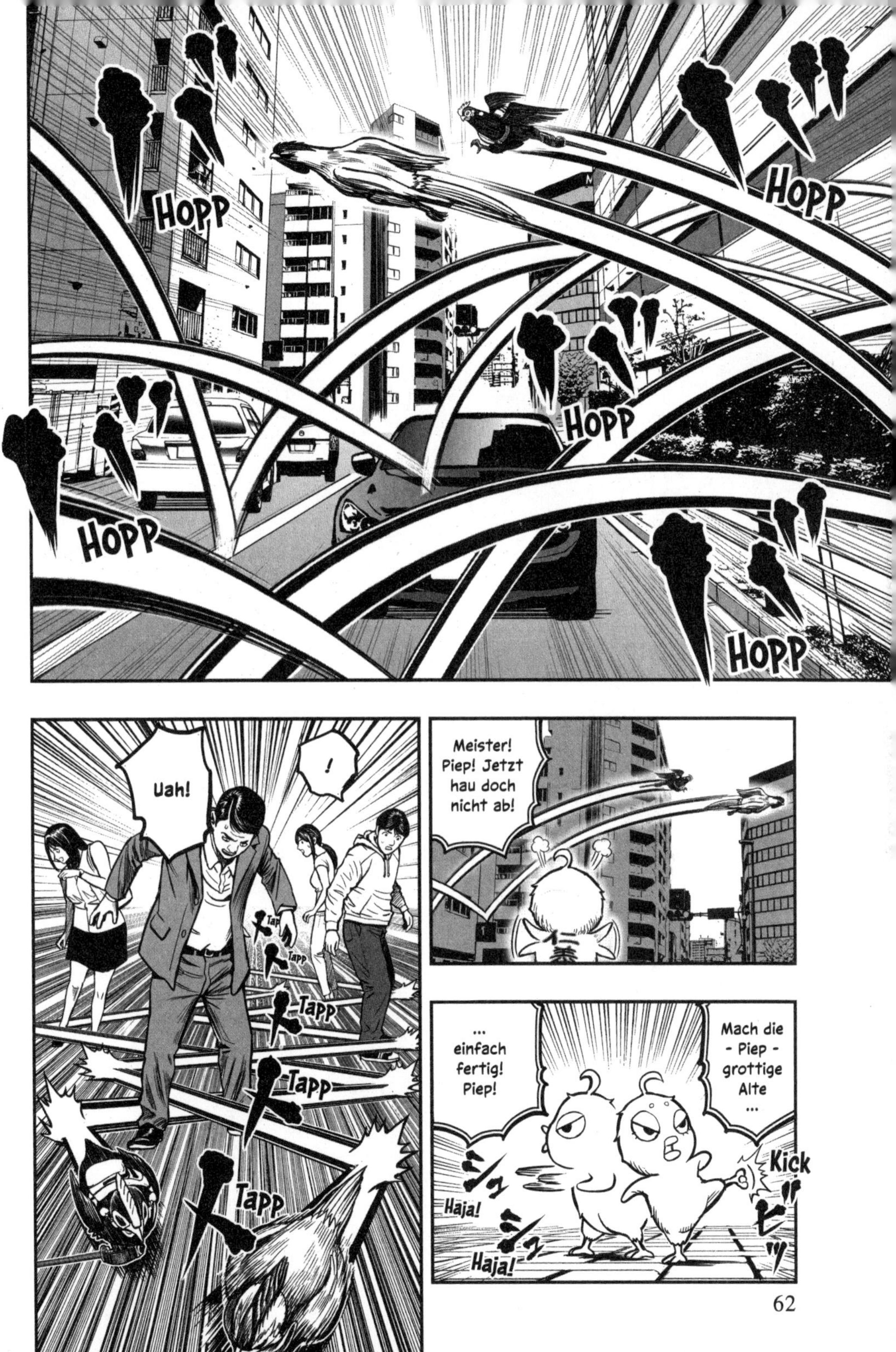
HOPP
HOPP
HOPP
HOPP
HOPP
Uah!
!
Tapp
Tapp
Tapp
Tapp
Tapp
Meister! Piep! Jetzt hau doch nicht ab!
Mach die - Piep - grottige Alte ...
... einfach fertig! Piep!
Kick
Haja!
Haja!

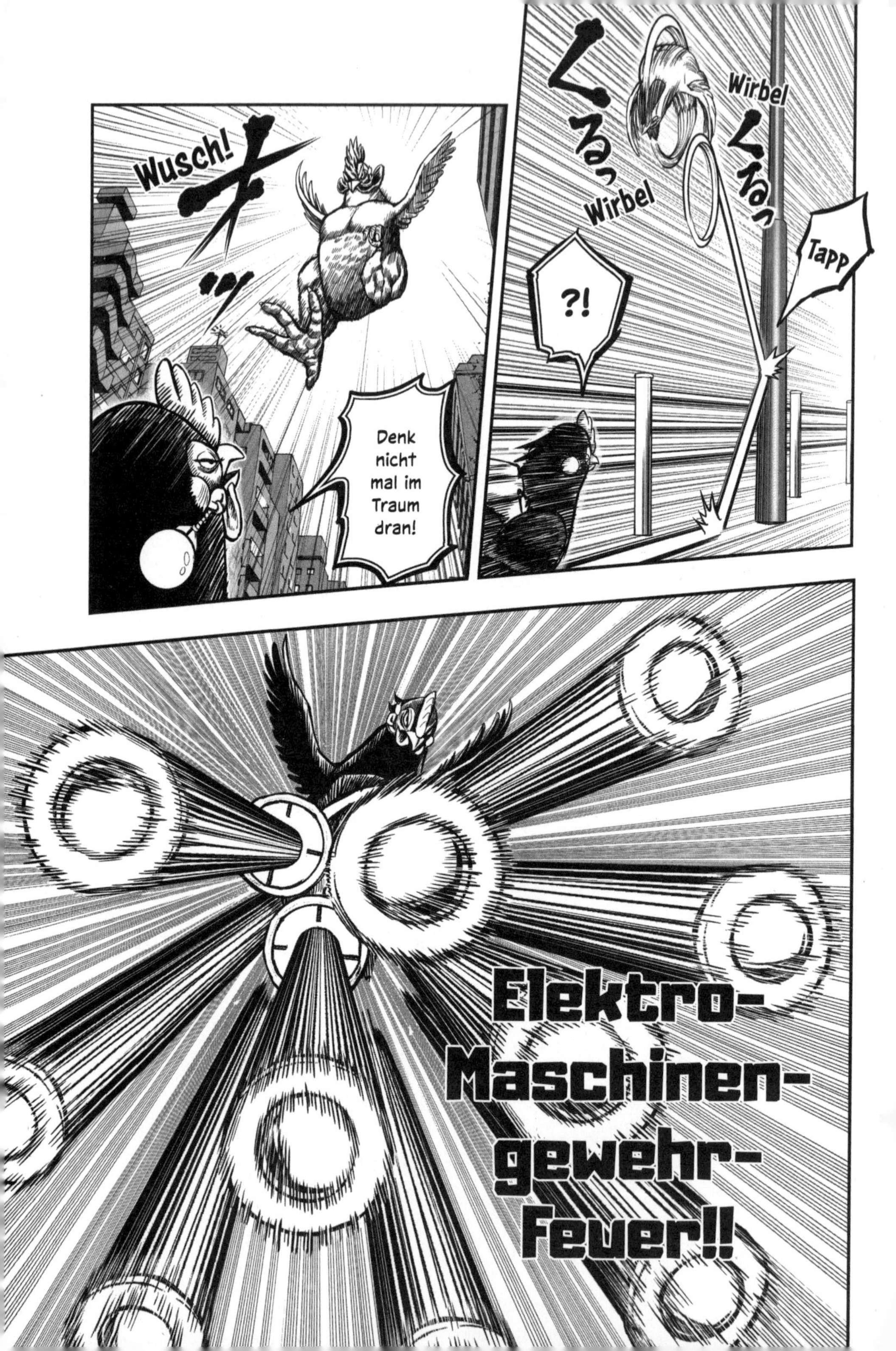

Wirbel
くるっ
Wirbel
くるっ
Tapp
?!
Wusch!
Denk nicht mal im Traum dran!
Elektro-Maschinen-gewehr-Feuer!!

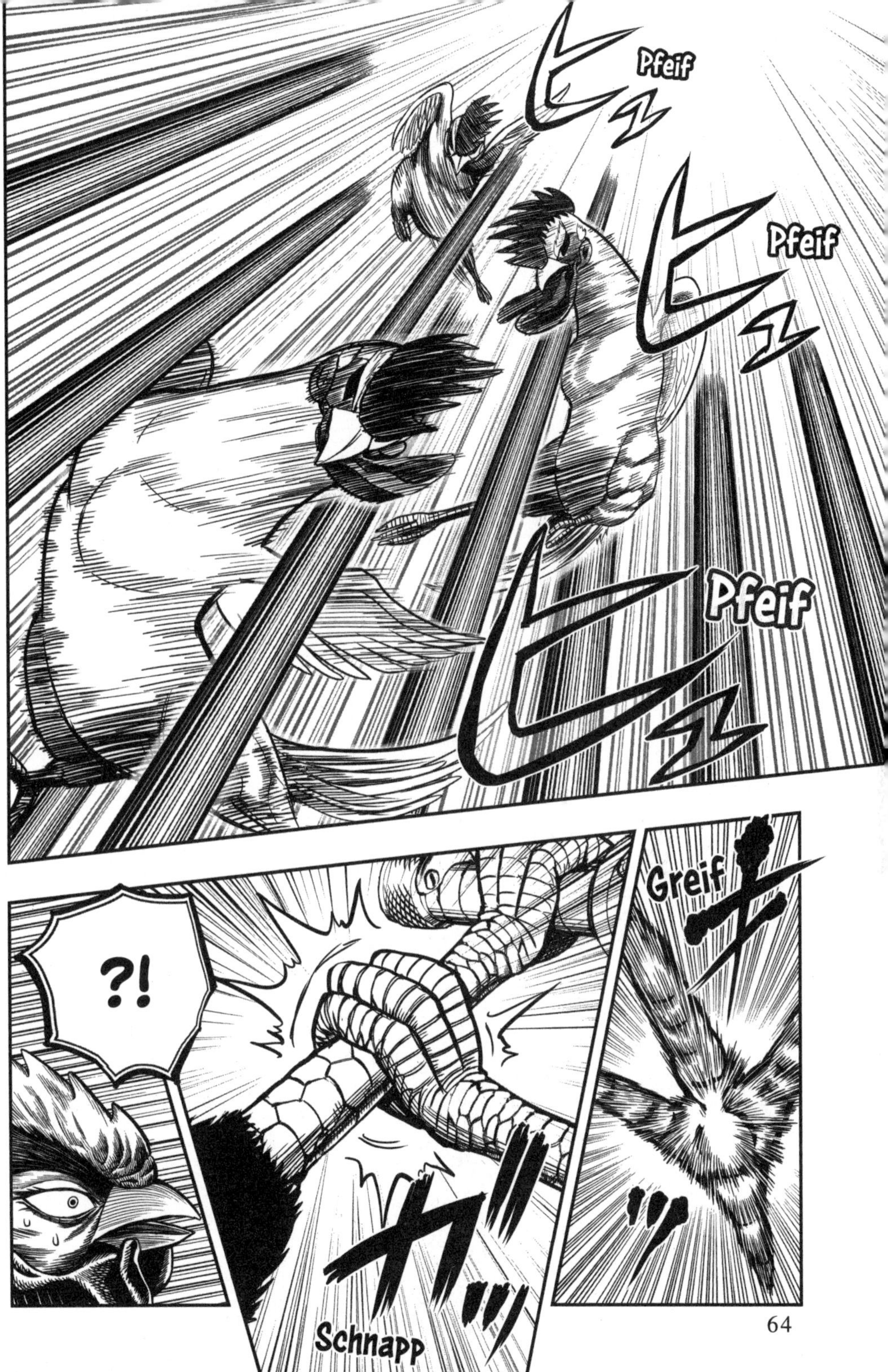
Pfeif
Pfeif
Pfeif
Greif
?!
Schnapp

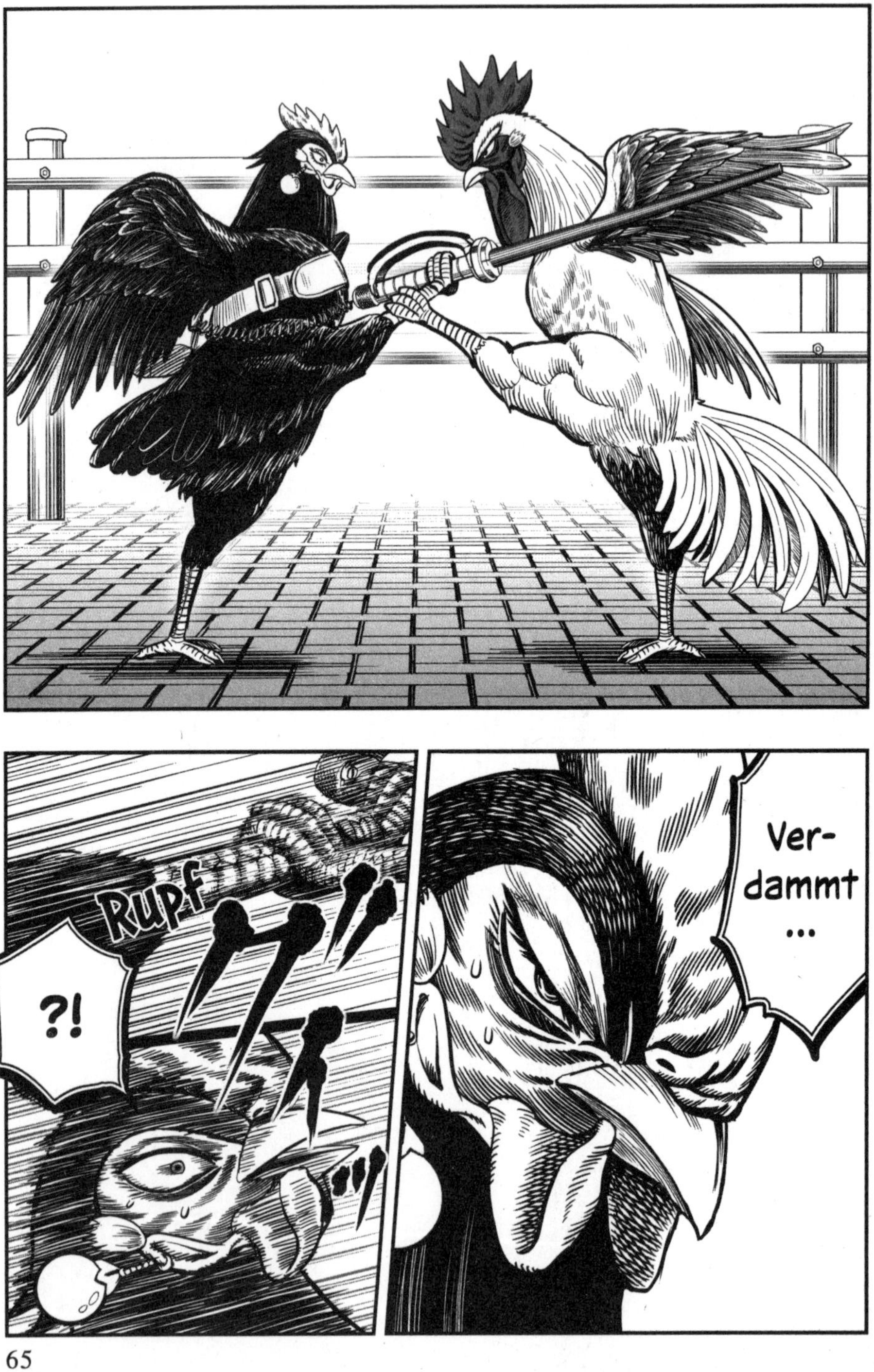
Ver-
dammt
...
Rupf
?!

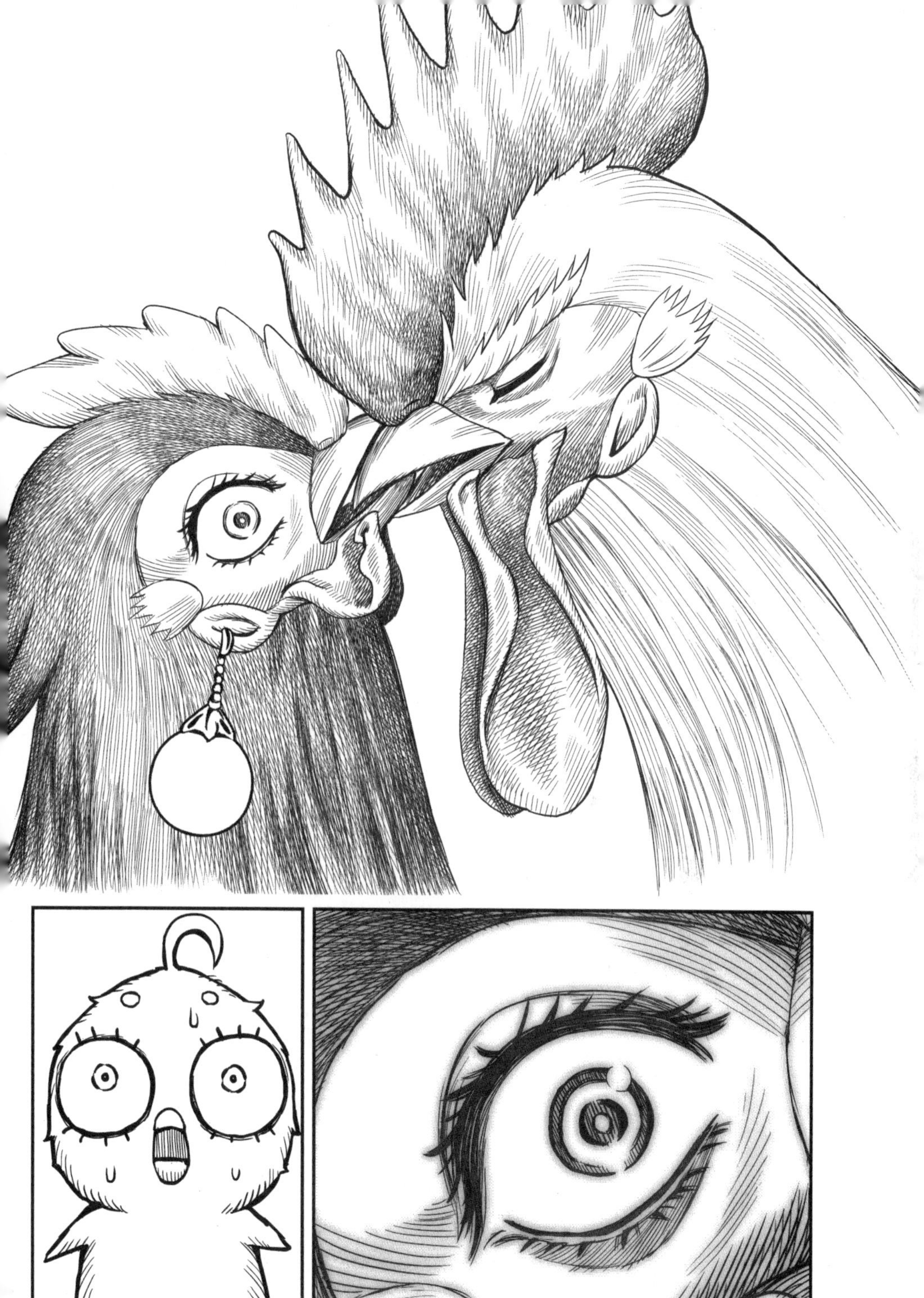

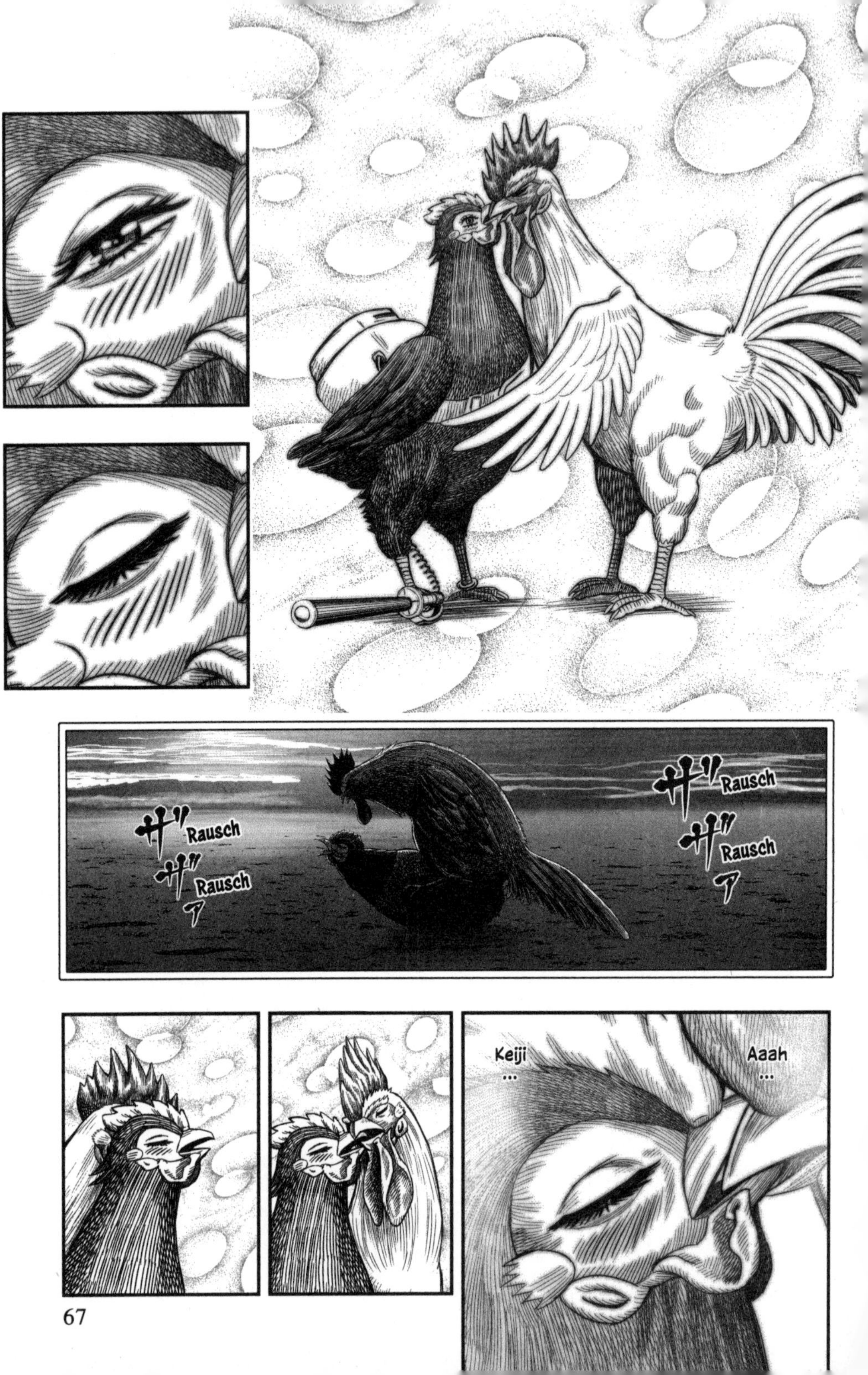

ザ Rausch
ザ Rausch
ア
ザ Rausch
ザ Rausch
ア
Keiji ...
Aaah ...

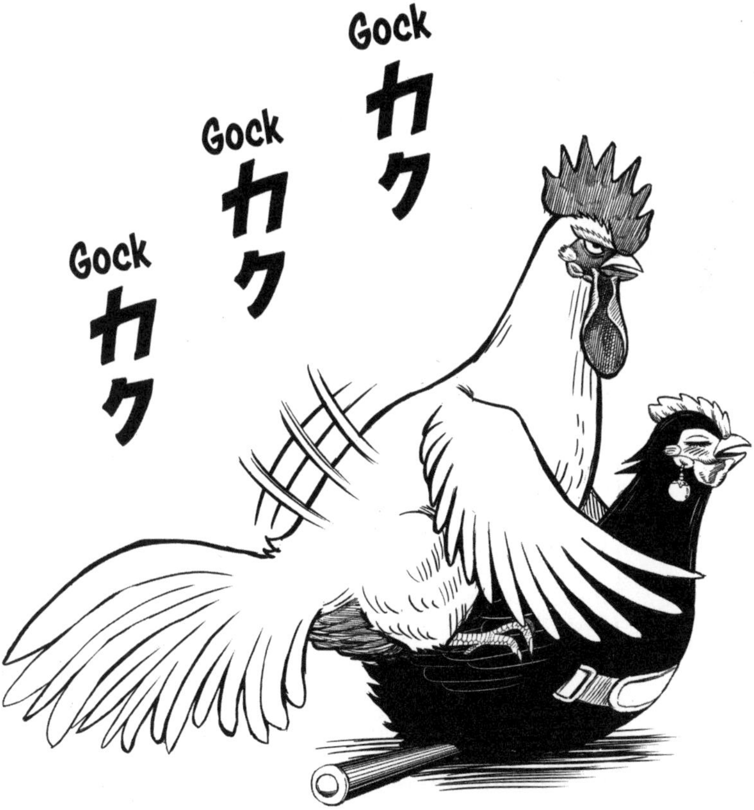
Gock
カク
Gock
カク
Gock
カク

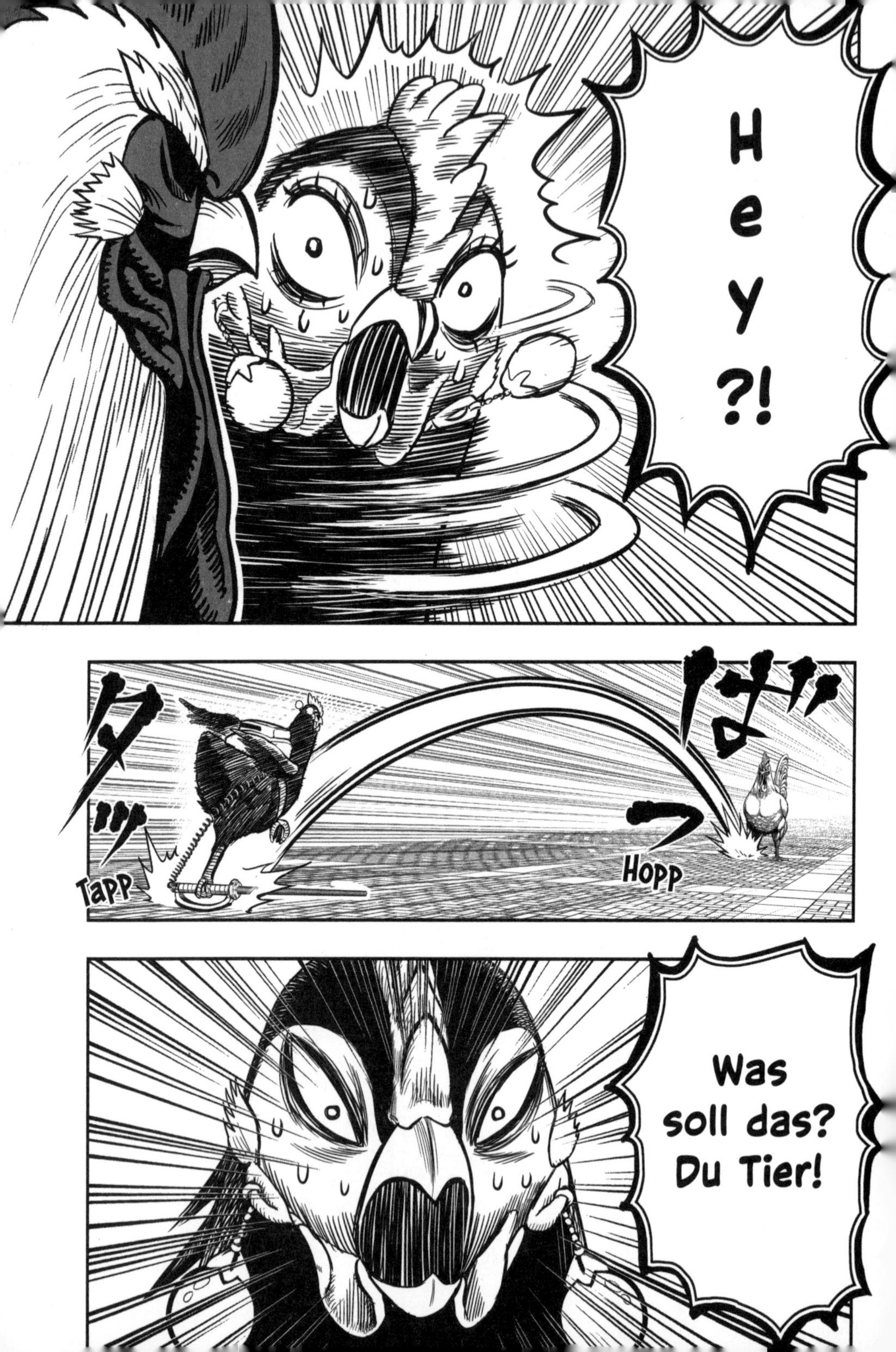
Hey?!
Hopp
Tapp
Was soll das? Du Tier!

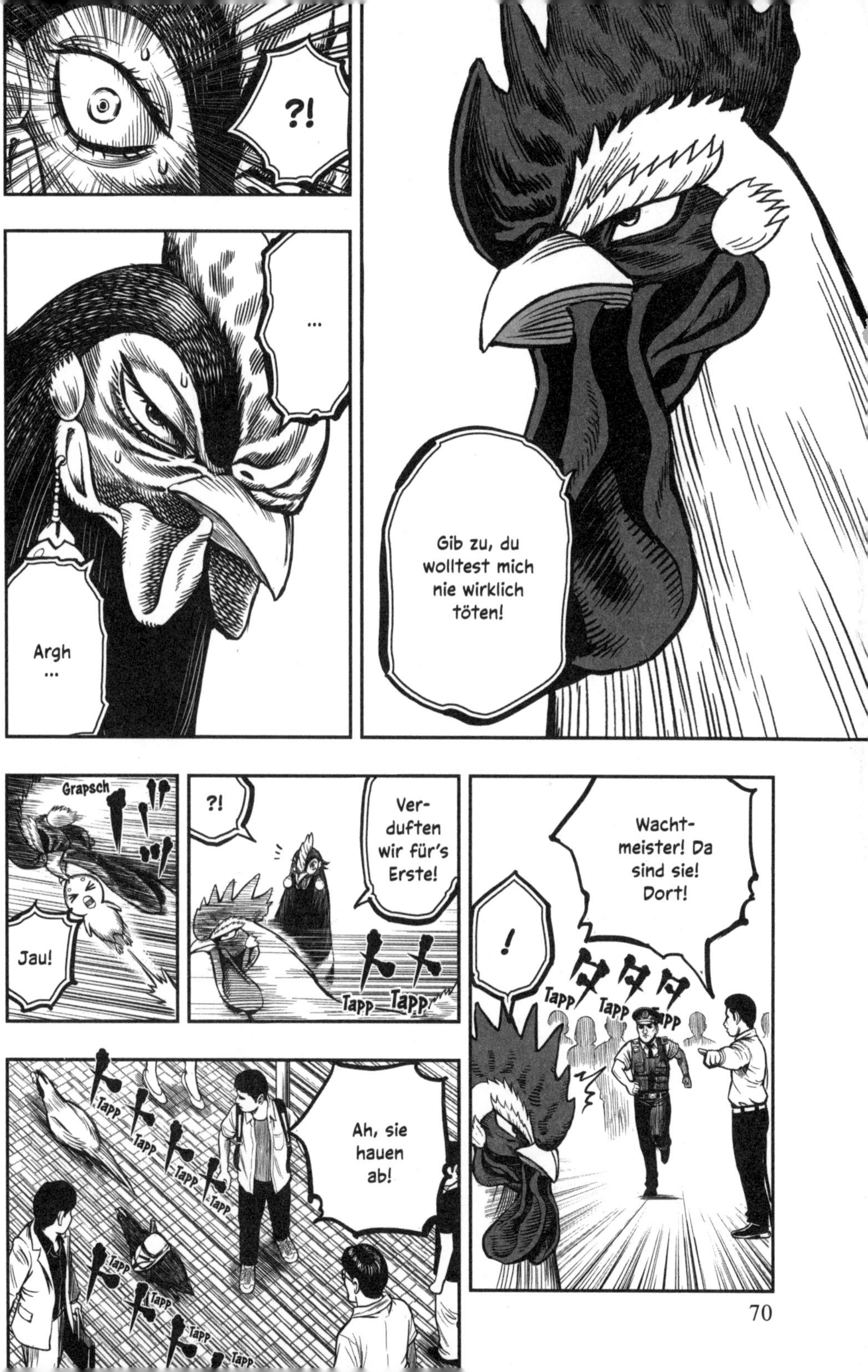

Gib zu, du wolltest mich nie wirklich töten!
?!
...
Argh ...
Wacht-meister! Da sind sie! Dort!
!
Tapp Tapp Tapp
Ver-duften wir für's Erste!
?!
Tapp Tapp
Grapsch
Jau!
Ah, sie hauen ab!
Tapp Tapp Tapp Tapp Tapp Tapp Tapp Tapp

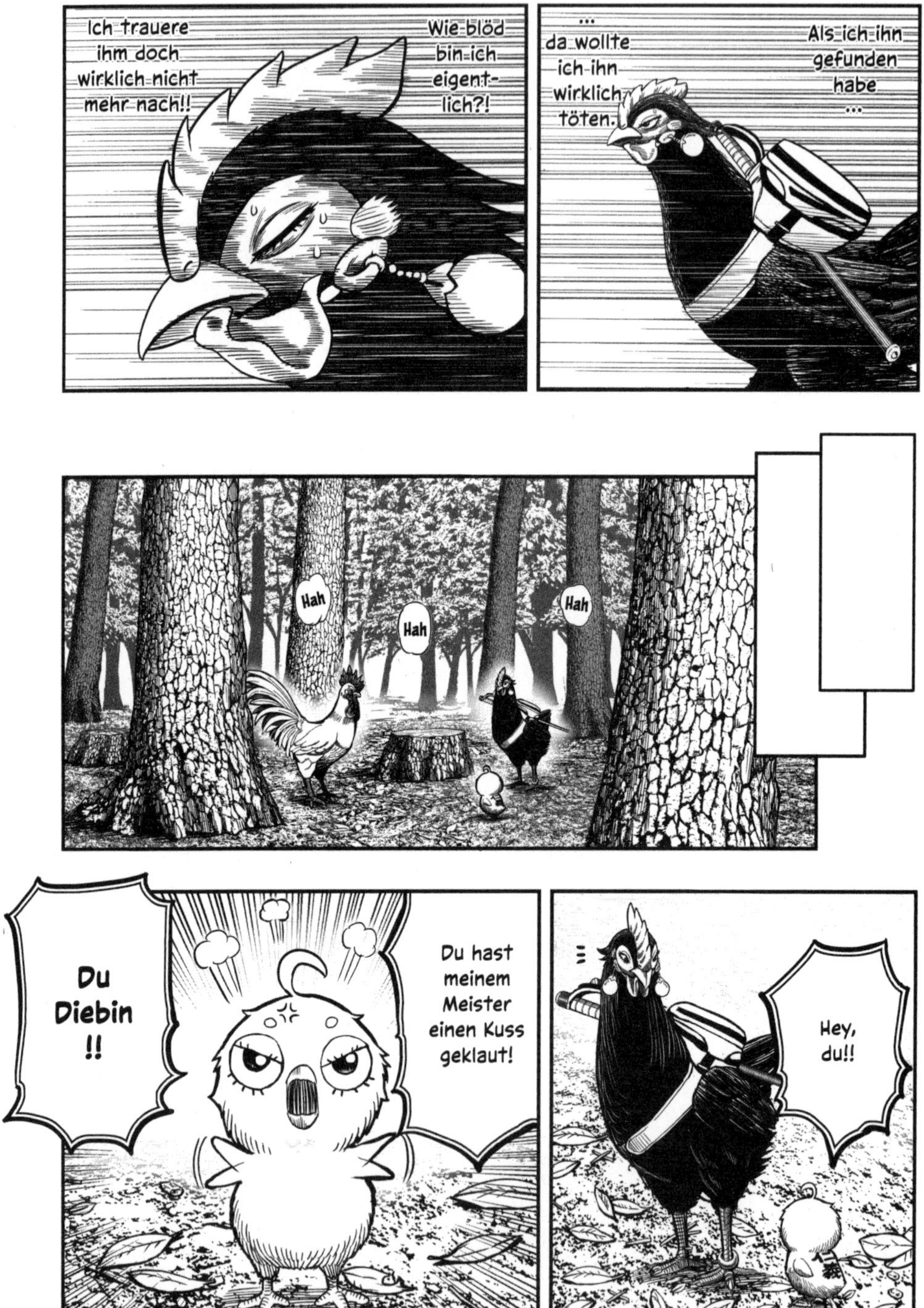
Als ich ihn gefunden habe …
… da wollte ich ihn wirklich töten.
Wie blöd bin ich eigentlich?!
Ich trauere ihm doch wirklich nicht mehr nach!!
Hah
Hah
Hah
Hey, du!!
Du hast meinem Meister einen Kuss geklaut!
Du Diebin !!

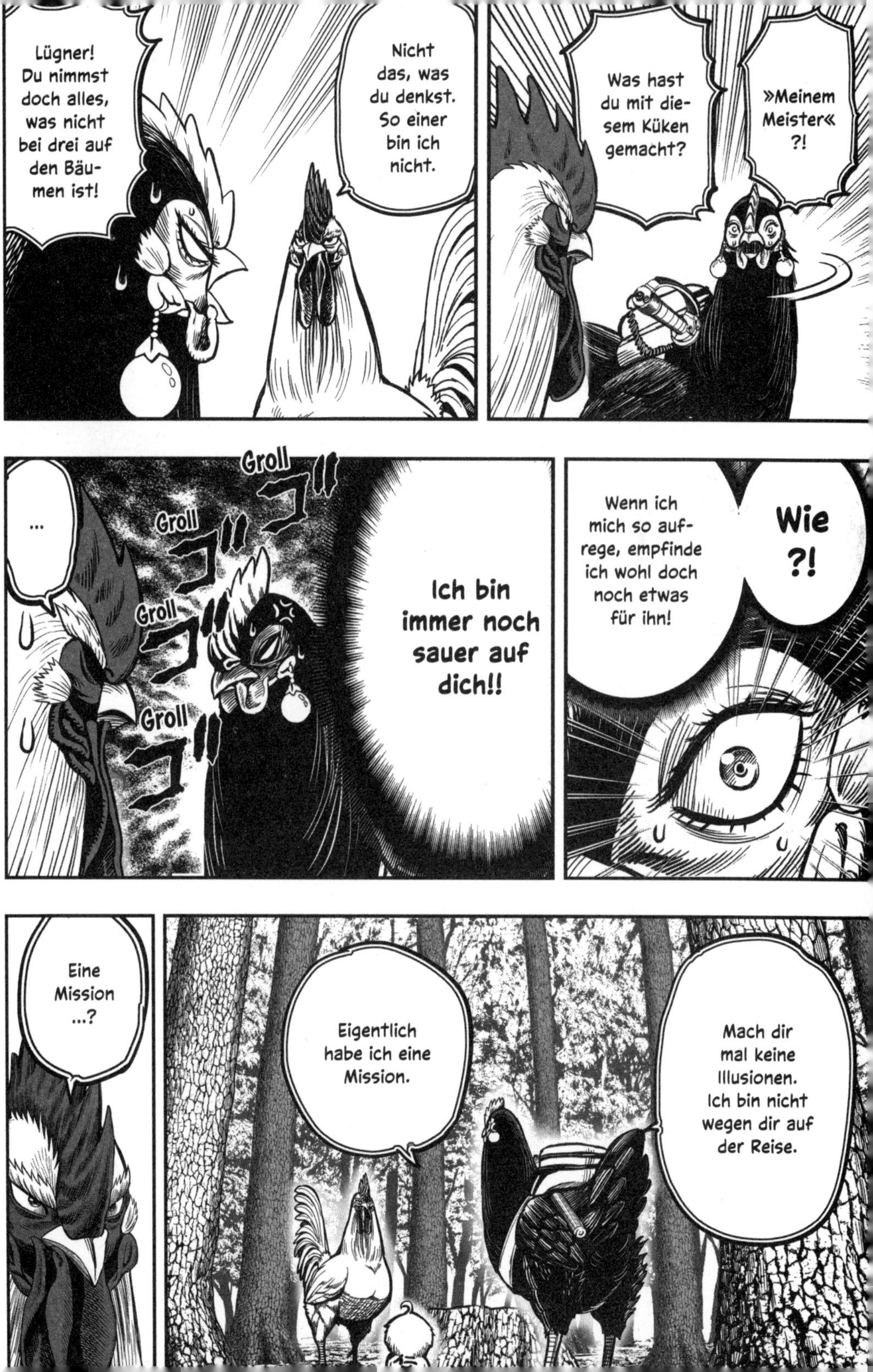
Nicht das, was du denkst. So einer bin ich nicht.
Lügner! Du nimmst doch alles, was nicht bei drei auf den Bäumen ist!
»Meinem Meister« ?!
Was hast du mit diesem Küken gemacht?
Wie ?!
Wenn ich mich so aufrege, empfinde ich wohl doch noch etwas für ihn!
Ich bin immer noch sauer auf dich!!
Groll
Groll
Groll
Groll
...
Mach dir mal keine Illusionen. Ich bin nicht wegen dir auf der Reise.
Eigentlich habe ich eine Mission.
Eine Mission ...?

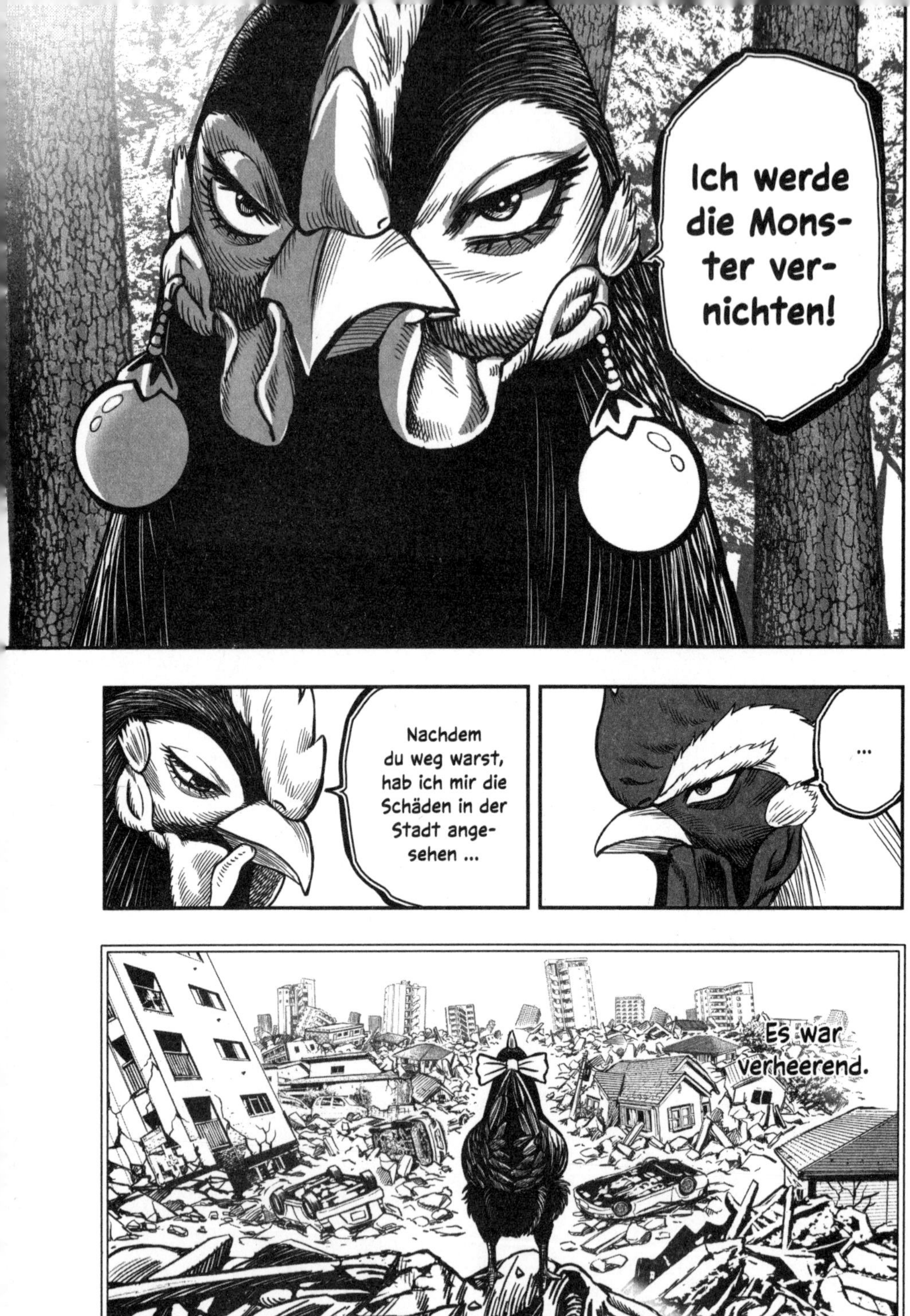

Ich werde die Monster vernichten!
Nachdem du weg warst, hab ich mir die Schäden in der Stadt angesehen ...
...
Es war verheerend.

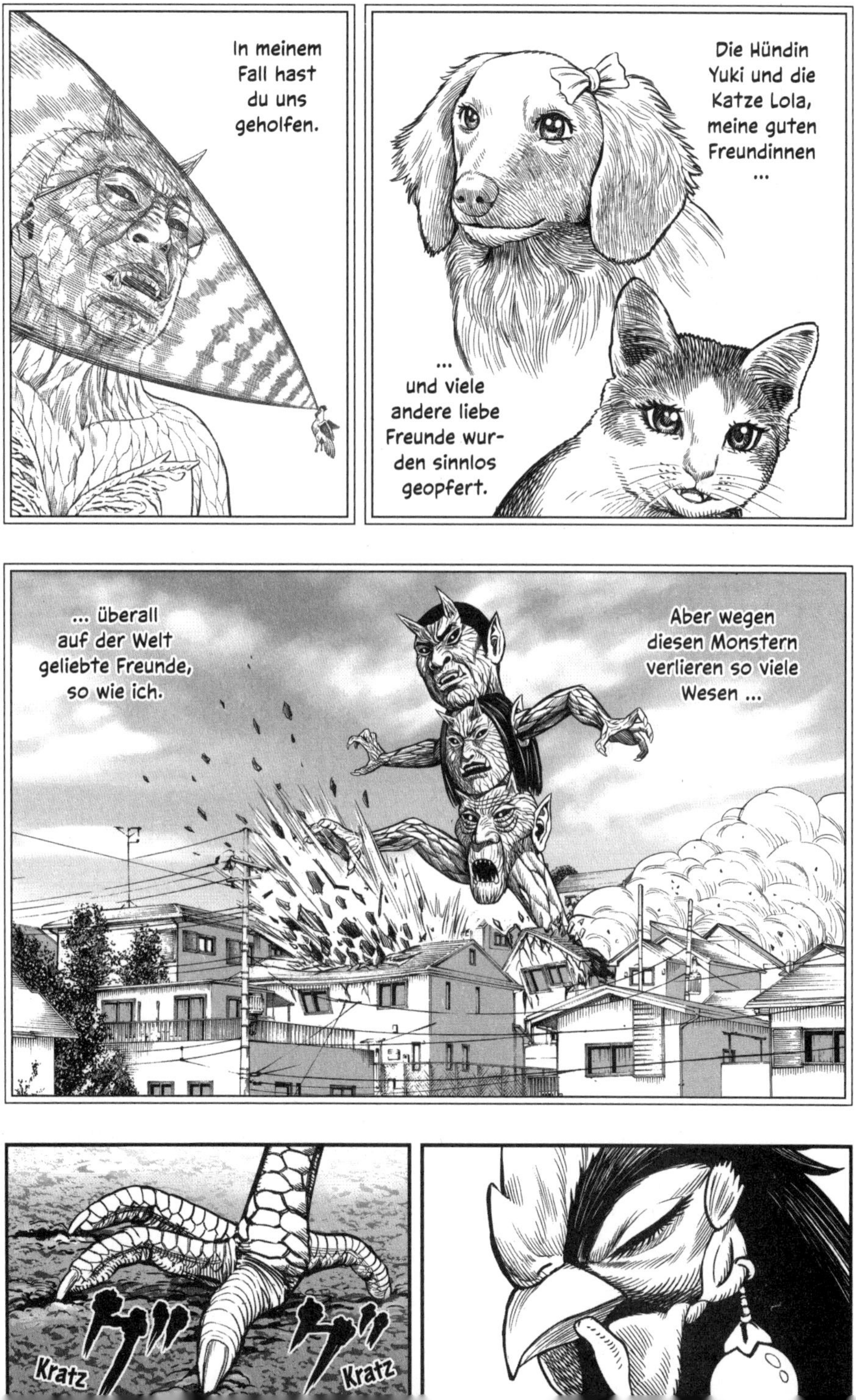
In meinem Fall hast du uns geholfen.
Die Hündin Yuki und die Katze Lola, meine guten Freundinnen ...
... und viele andere liebe Freunde wurden sinnlos geopfert.
Aber wegen diesen Monstern verlieren so viele Wesen ...
... überall auf der Welt geliebte Freunde, so wie ich.
Kratz
Kratz

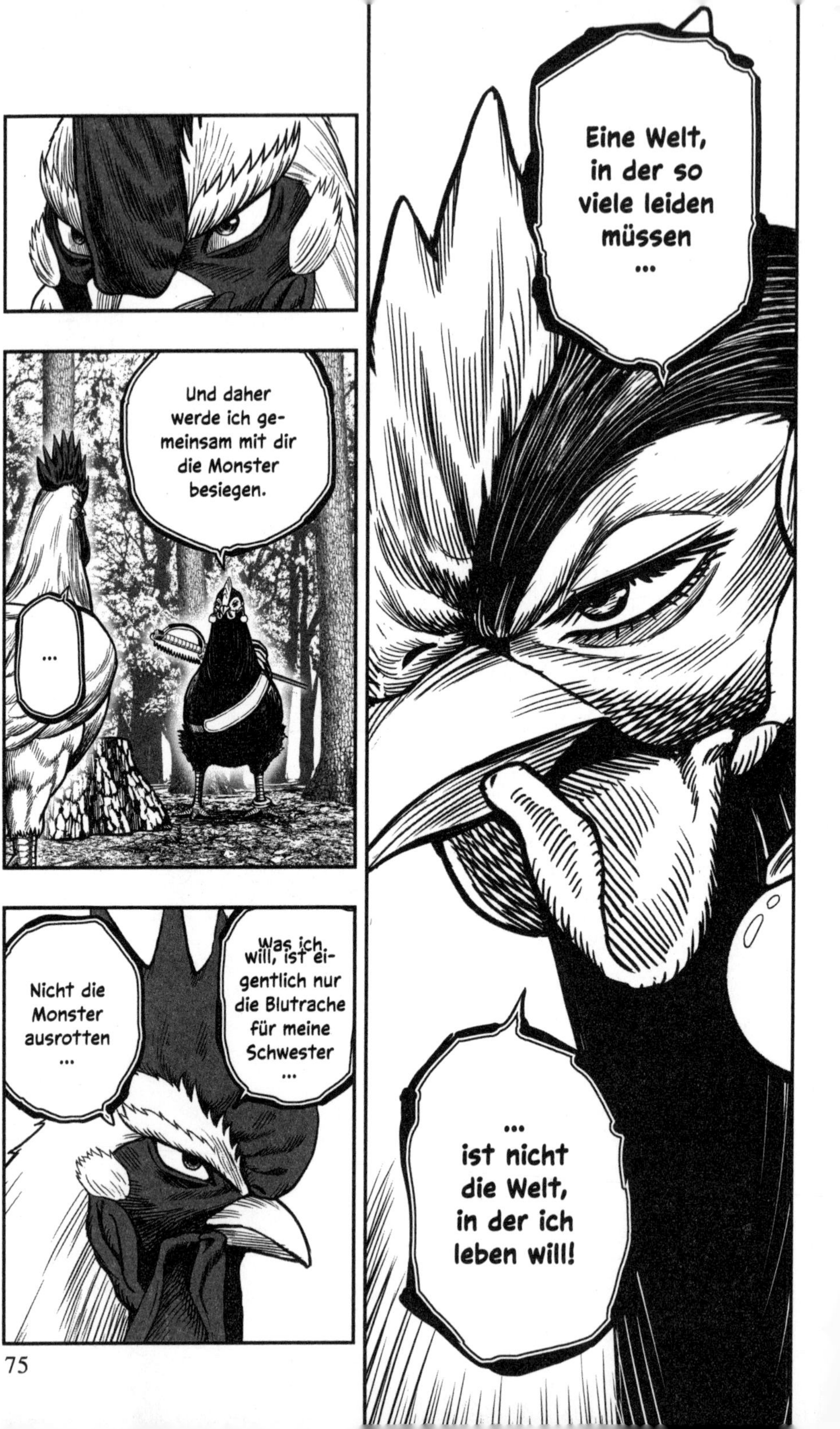
Eine Welt, in der so viele leiden müssen ...
... ist nicht die Welt, in der ich leben will!
Und daher werde ich gemeinsam mit dir die Monster besiegen.
...
Was ich will, ist eigentlich nur die Blutrache für meine Schwester ...
Nicht die Monster ausrotten ...

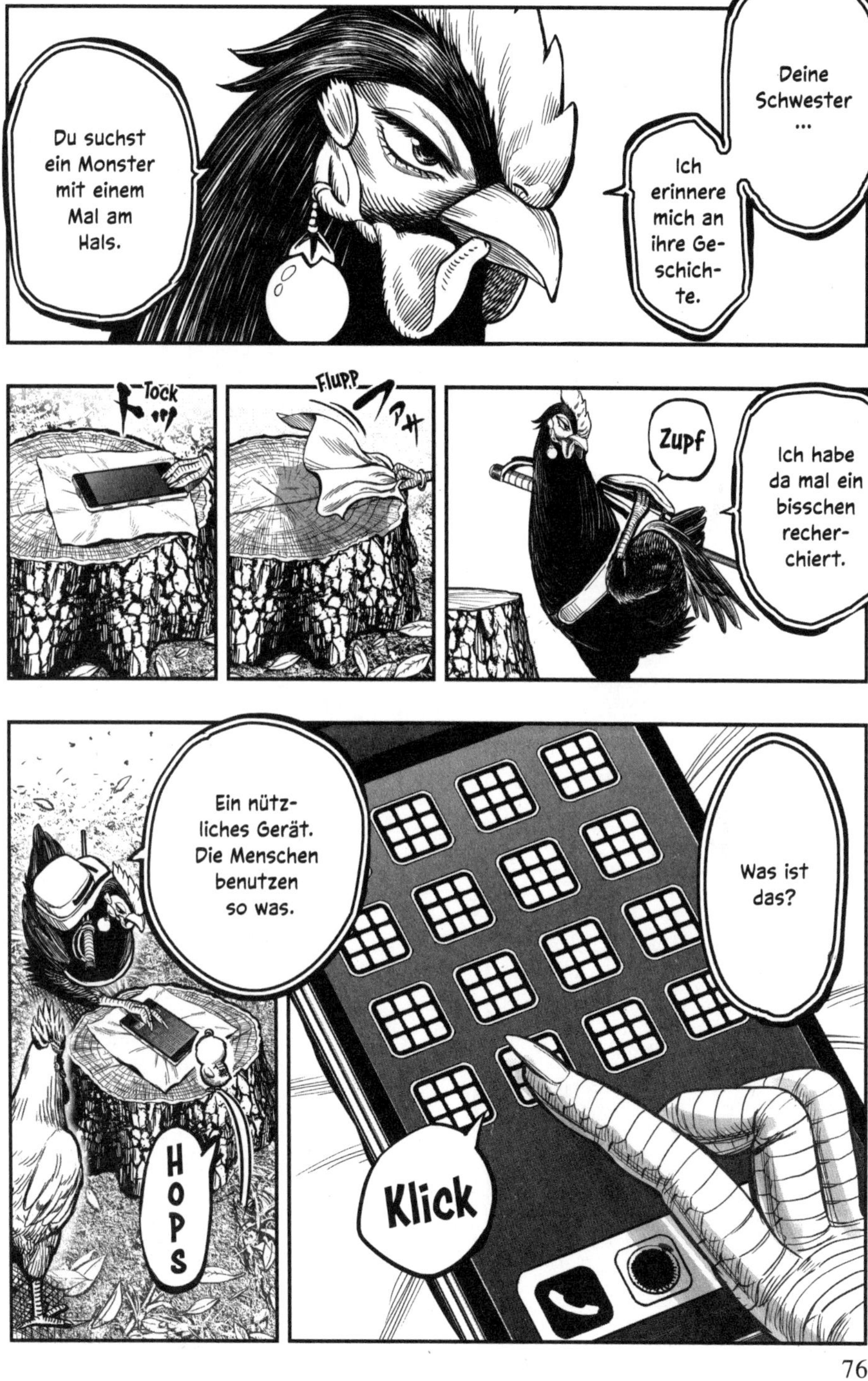
Deine Schwester ...
Ich erinnere mich an ihre Geschichte.
Du suchst ein Monster mit einem Mal am Hals.
Zupf
Ich habe da mal ein bisschen recherchiert.
FLUPP
Tock
Was ist das?
Klick
Ein nützliches Gerät. Die Menschen benutzen so was.
HOPS

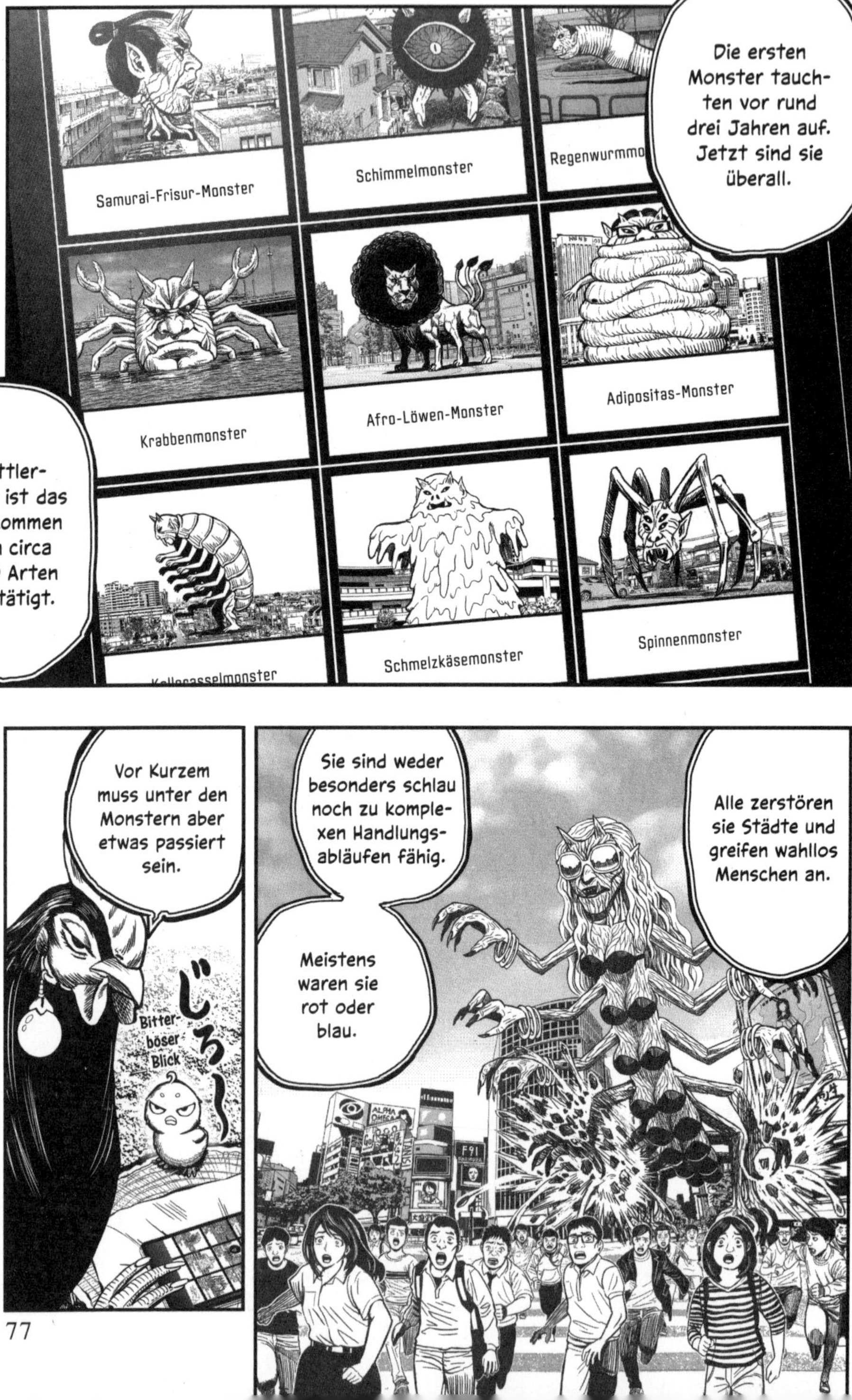
Die ersten Monster tauchten vor rund drei Jahren auf. Jetzt sind sie überall.
Regenwurmmo
Schimmelmonster
Samurai-Frisur-Monster
Adipositas-Monster
Afro-Löwen-Monster
Krabbenmonster
Spinnenmonster
Schmelzkäsemonster
Kellerasselmonster
Mittlerweile ist das Vorkommen von circa 500 Arten bestätigt.
Alle zerstören sie Städte und greifen wahllos Menschen an.
Sie sind weder besonders schlau noch zu komplexen Handlungsabläufen fähig.
Meistens waren sie rot oder blau.
Vor Kurzem muss unter den Monstern aber etwas passiert sein.
じろ～
Bitterböser Blick

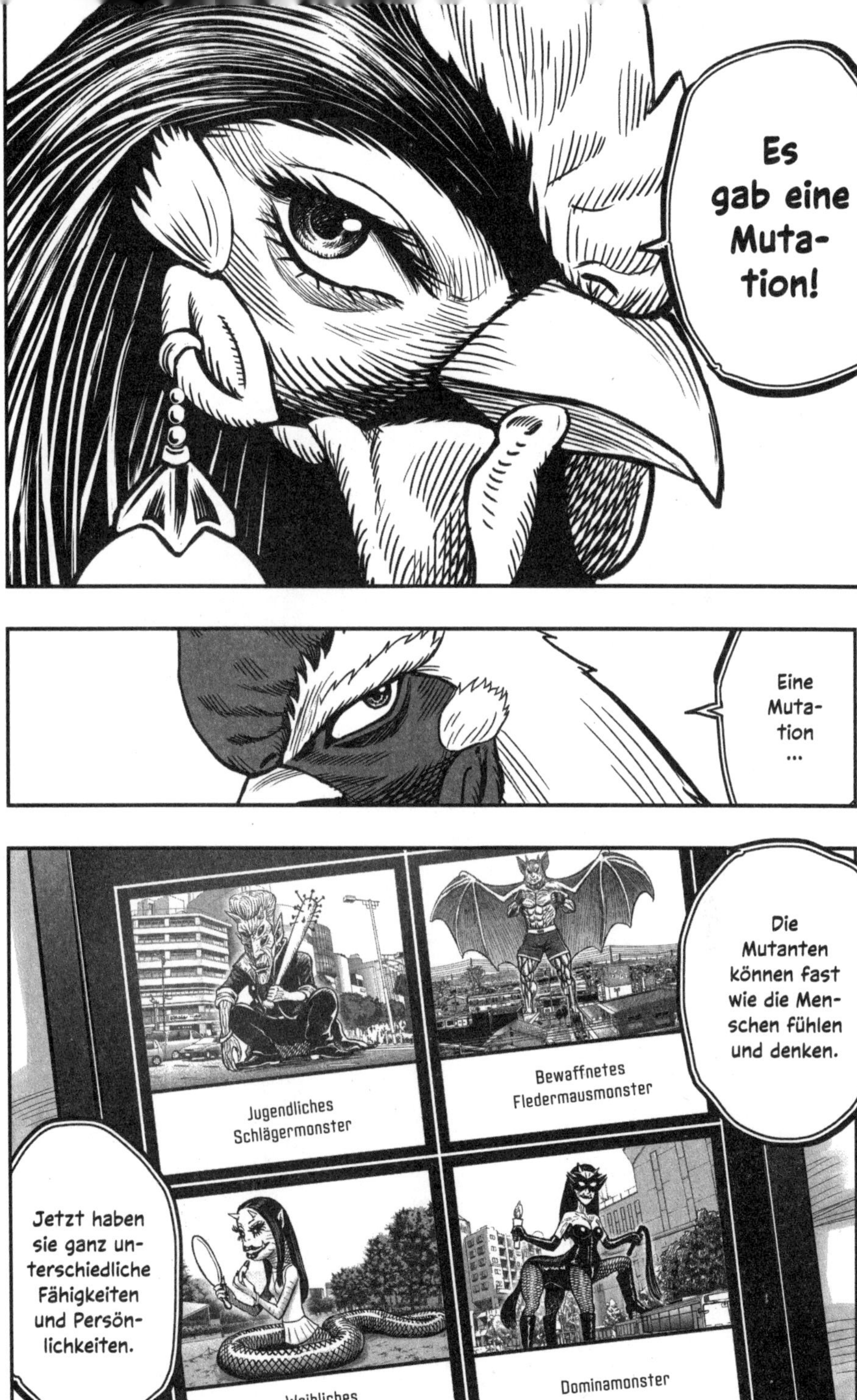
Es gab eine Muta-tion!
Eine Muta-tion ...
Die Mutanten können fast wie die Men-schen fühlen und denken.
Bewaffnetes Fledermausmonster
Jugendliches Schlägermonster
Jetzt haben sie ganz un-terschiedliche Fähigkeiten und Persön-lichkeiten.
Dominamonster
Weibliches

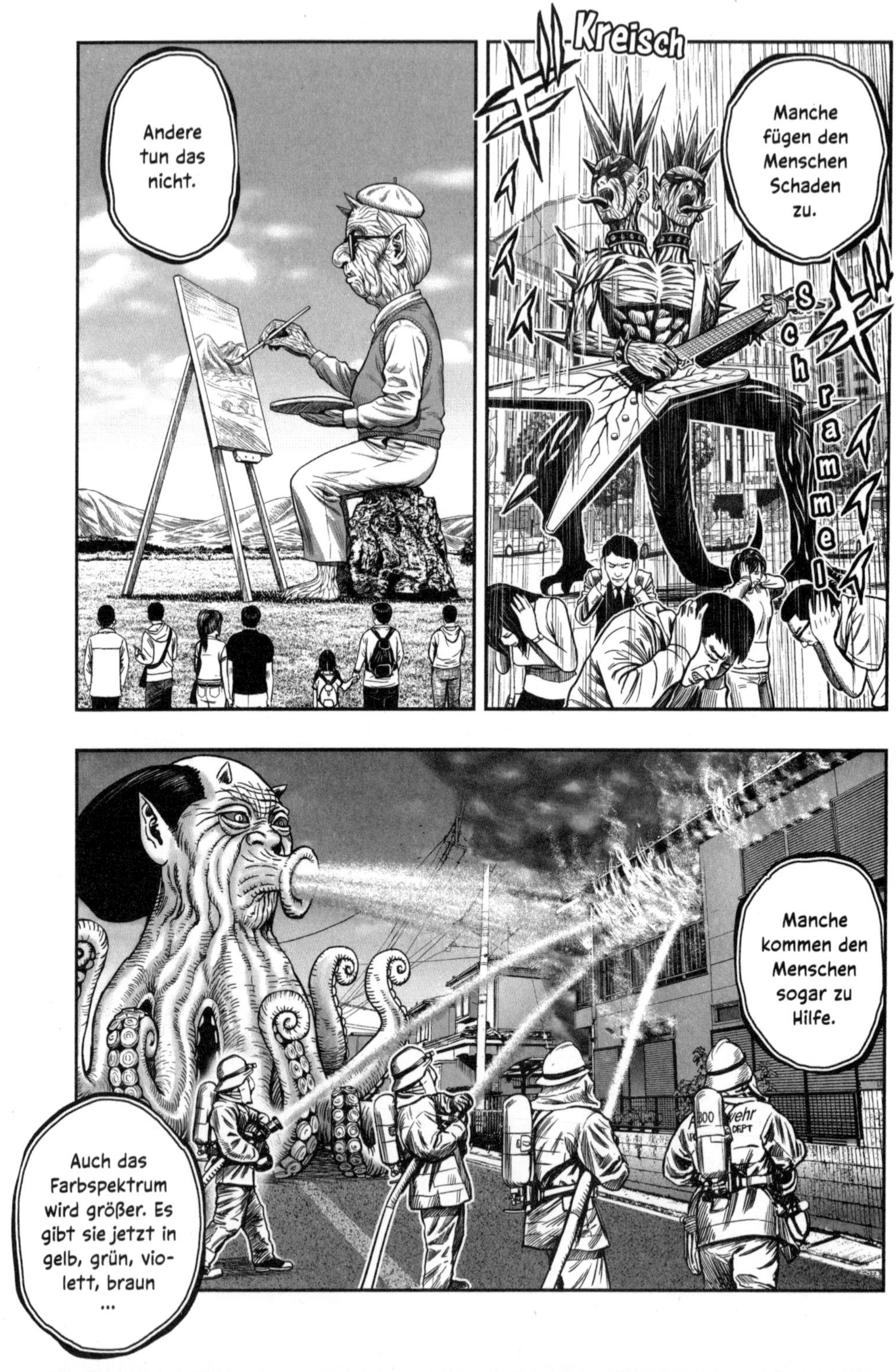
Kreisch
Manche fügen den Menschen Schaden zu.
Schrammel
Andere tun das nicht.
Manche kommen den Menschen sogar zu Hilfe.
Auch das Farbspektrum wird größer. Es gibt sie jetzt in gelb, grün, violett, braun ...

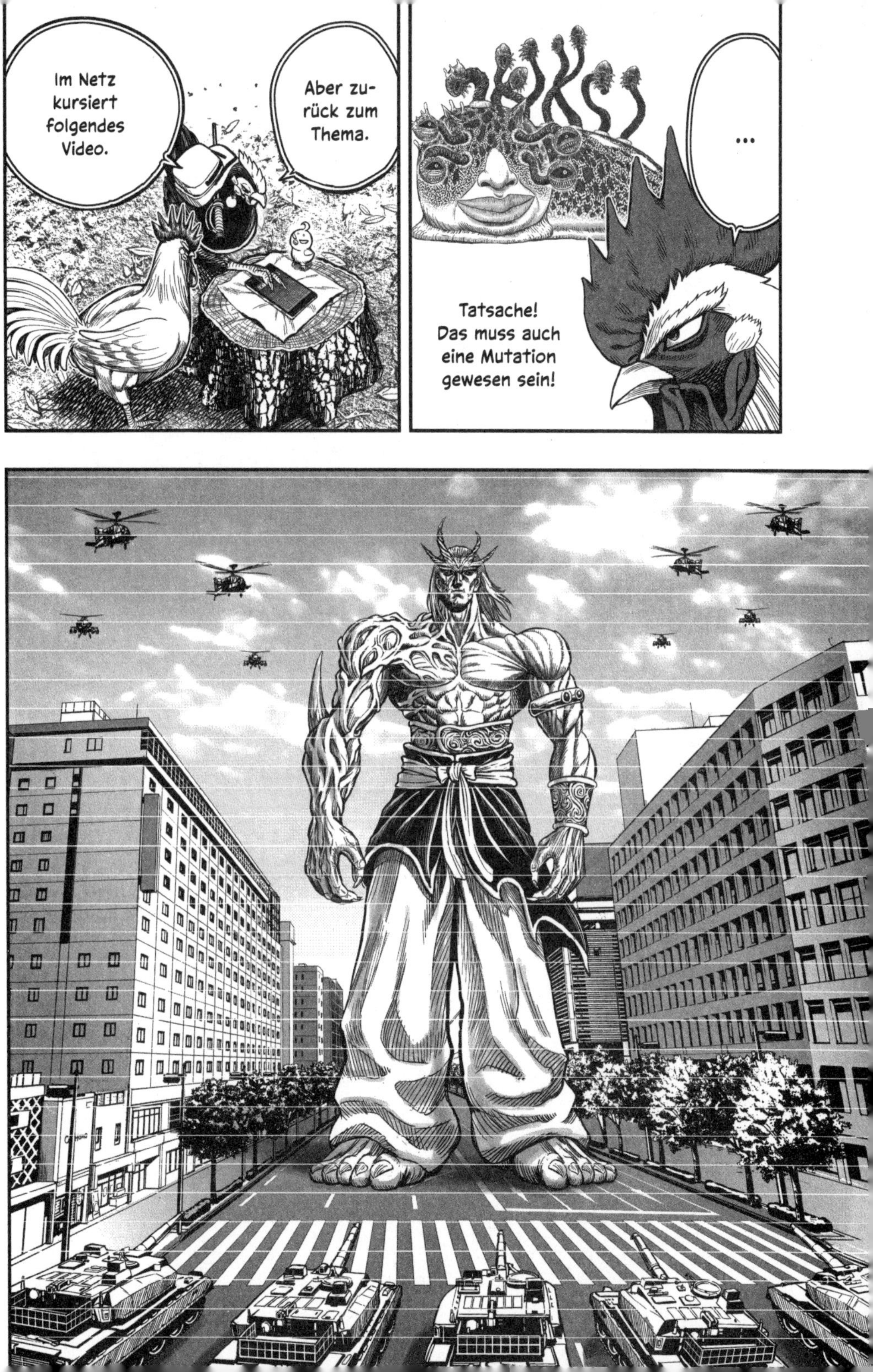
Tatsache! Das muss auch eine Mutation gewesen sein!
...
Aber zurück zum Thema.
Im Netz kursiert folgendes Video.

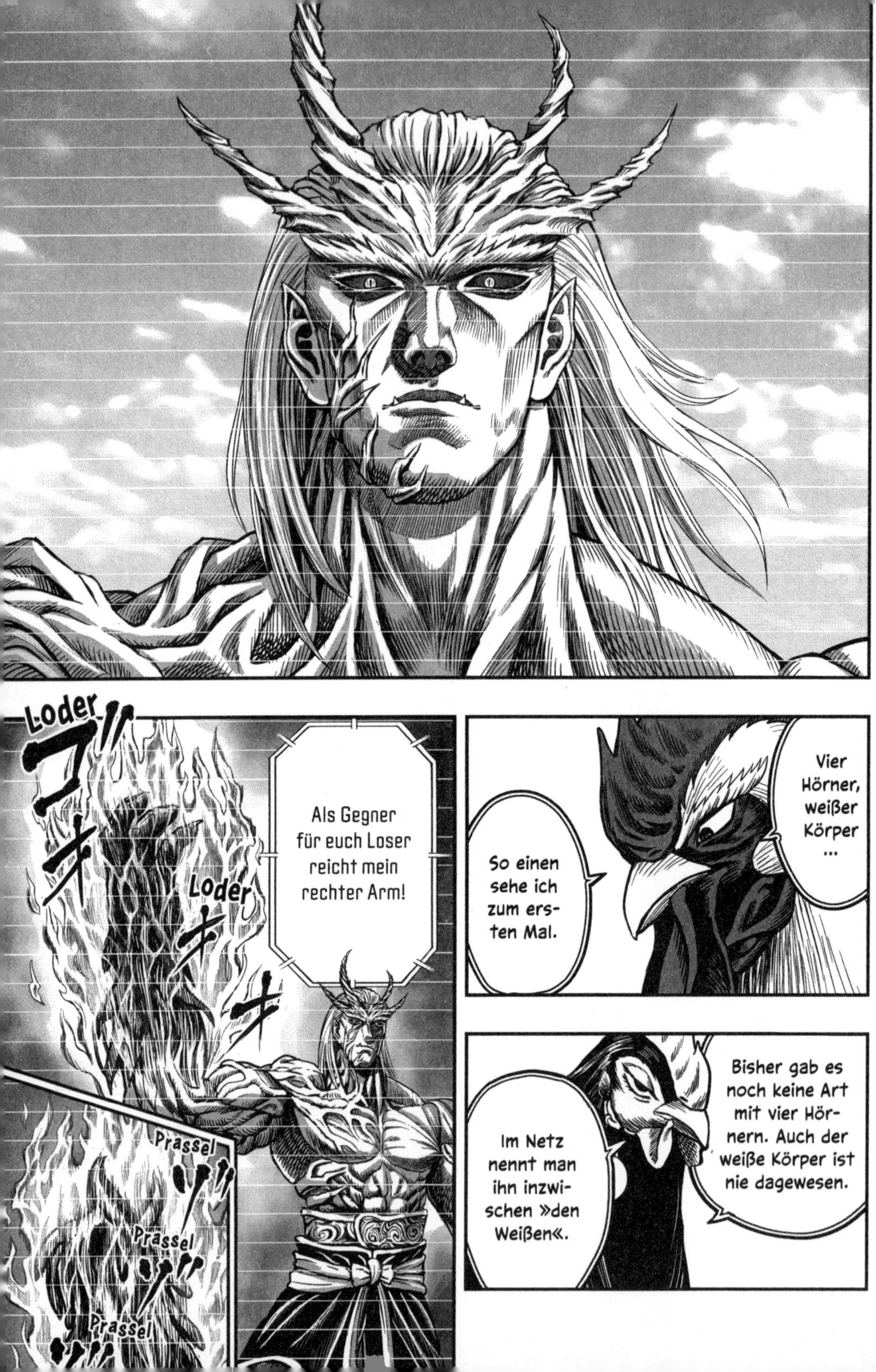

Vier Hörner, weißer Körper …
So einen sehe ich zum ersten Mal.
Bisher gab es noch keine Art mit vier Hörnern. Auch der weiße Körper ist nie dagewesen.
Im Netz nennt man ihn inzwischen »den Weißen«.
Loder
Loder
Als Gegner für euch Loser reicht mein rechter Arm!
Prassel
Prassel
Prassel

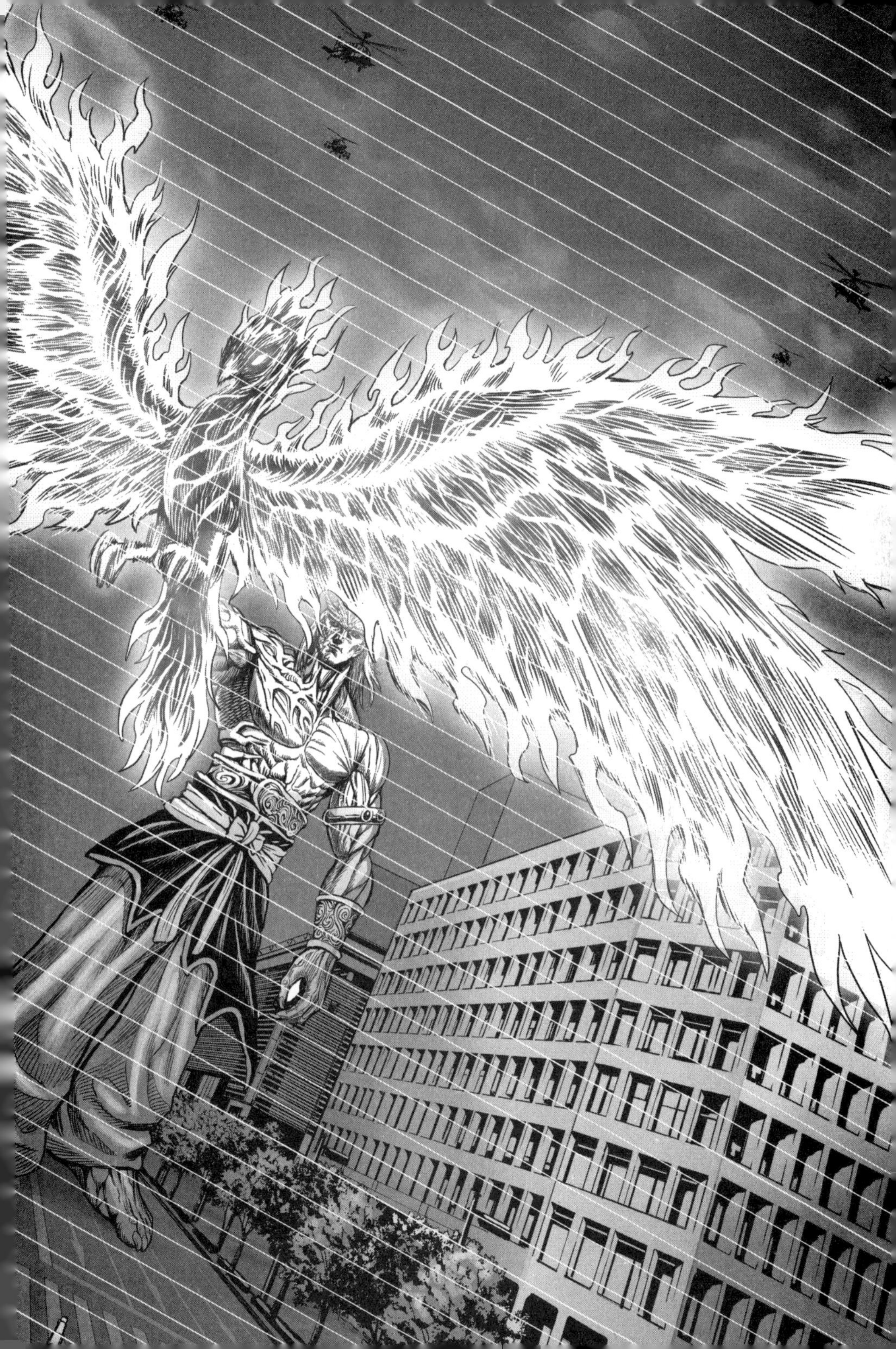

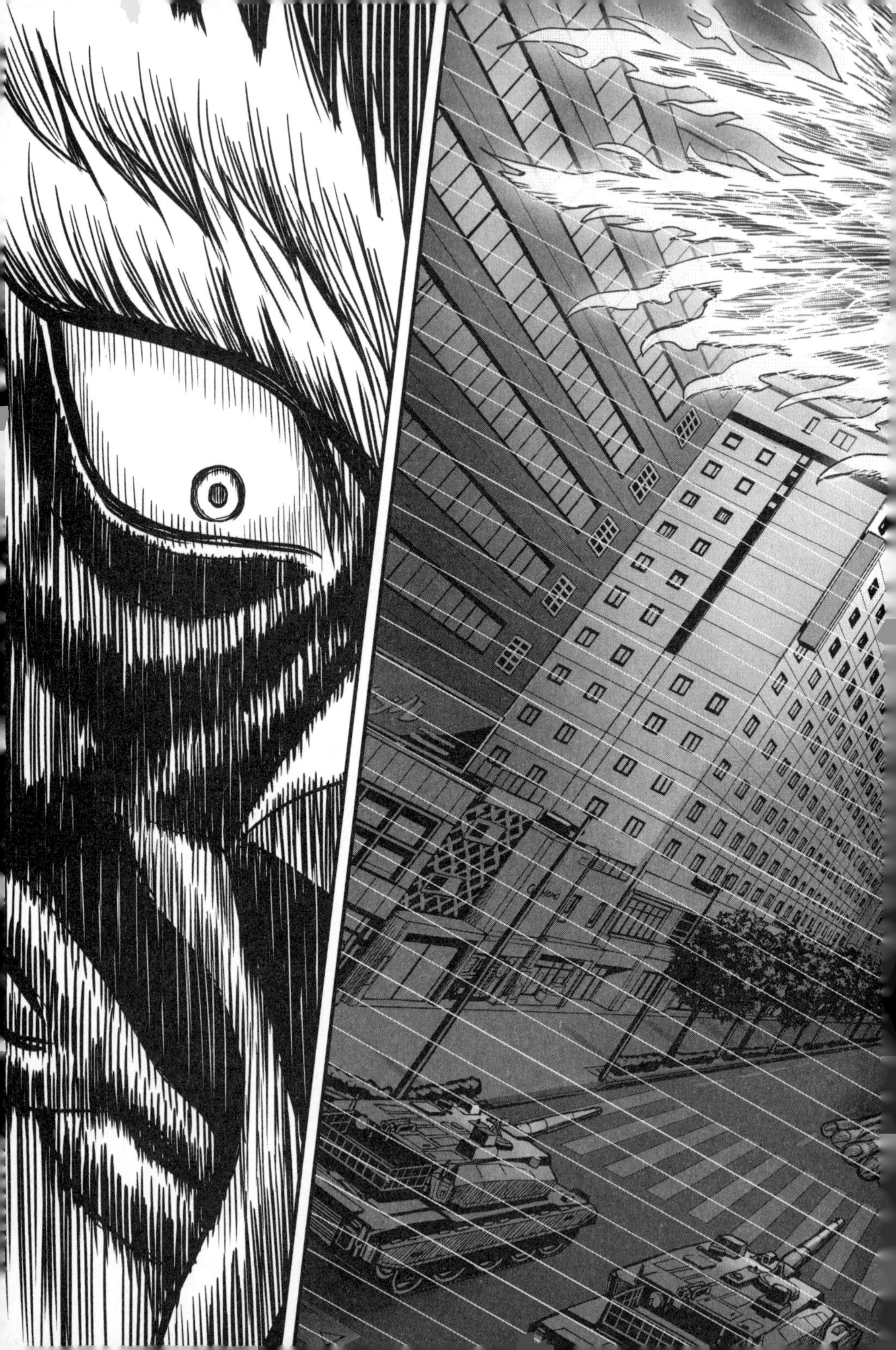

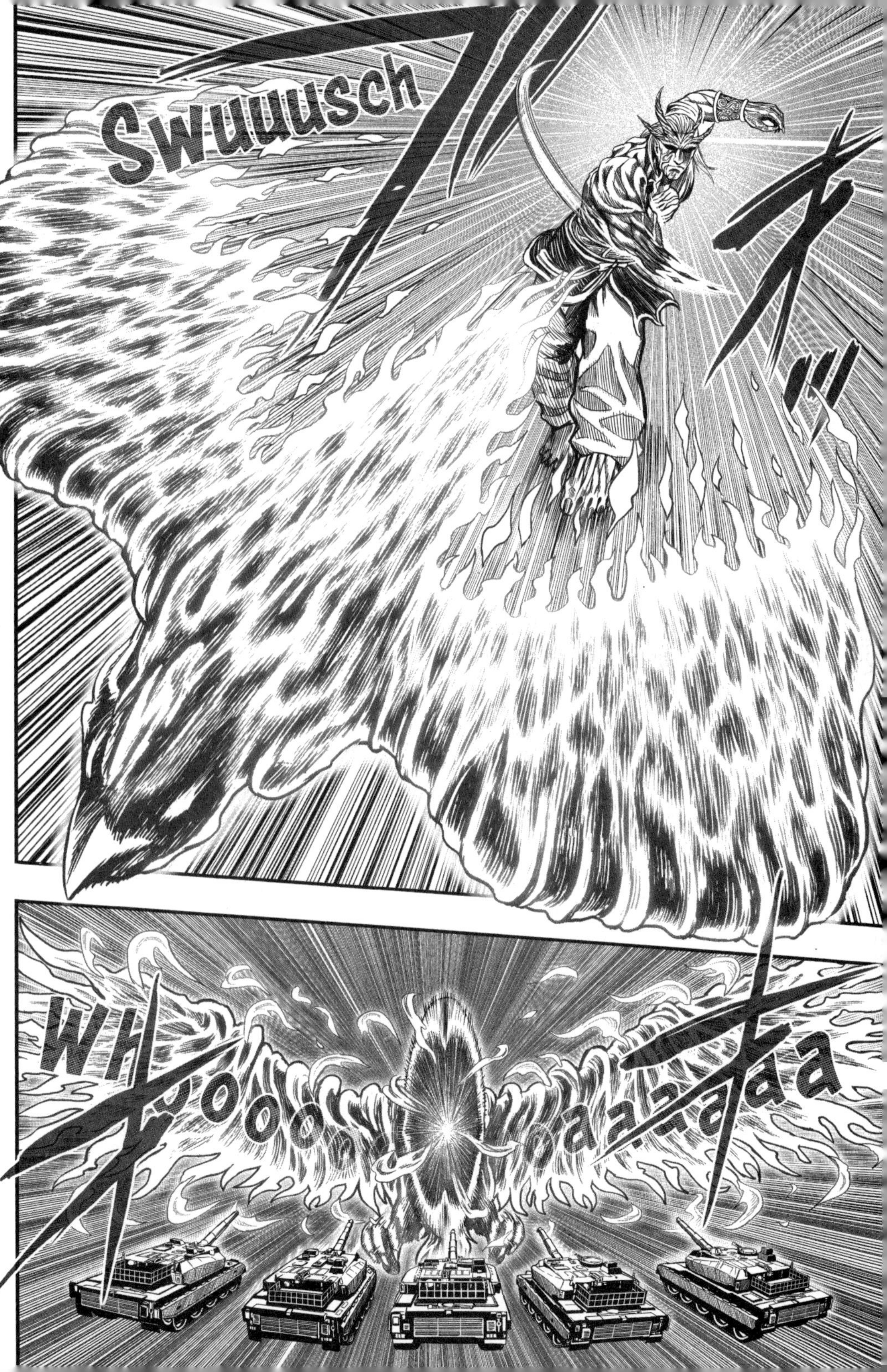
Swuuusch

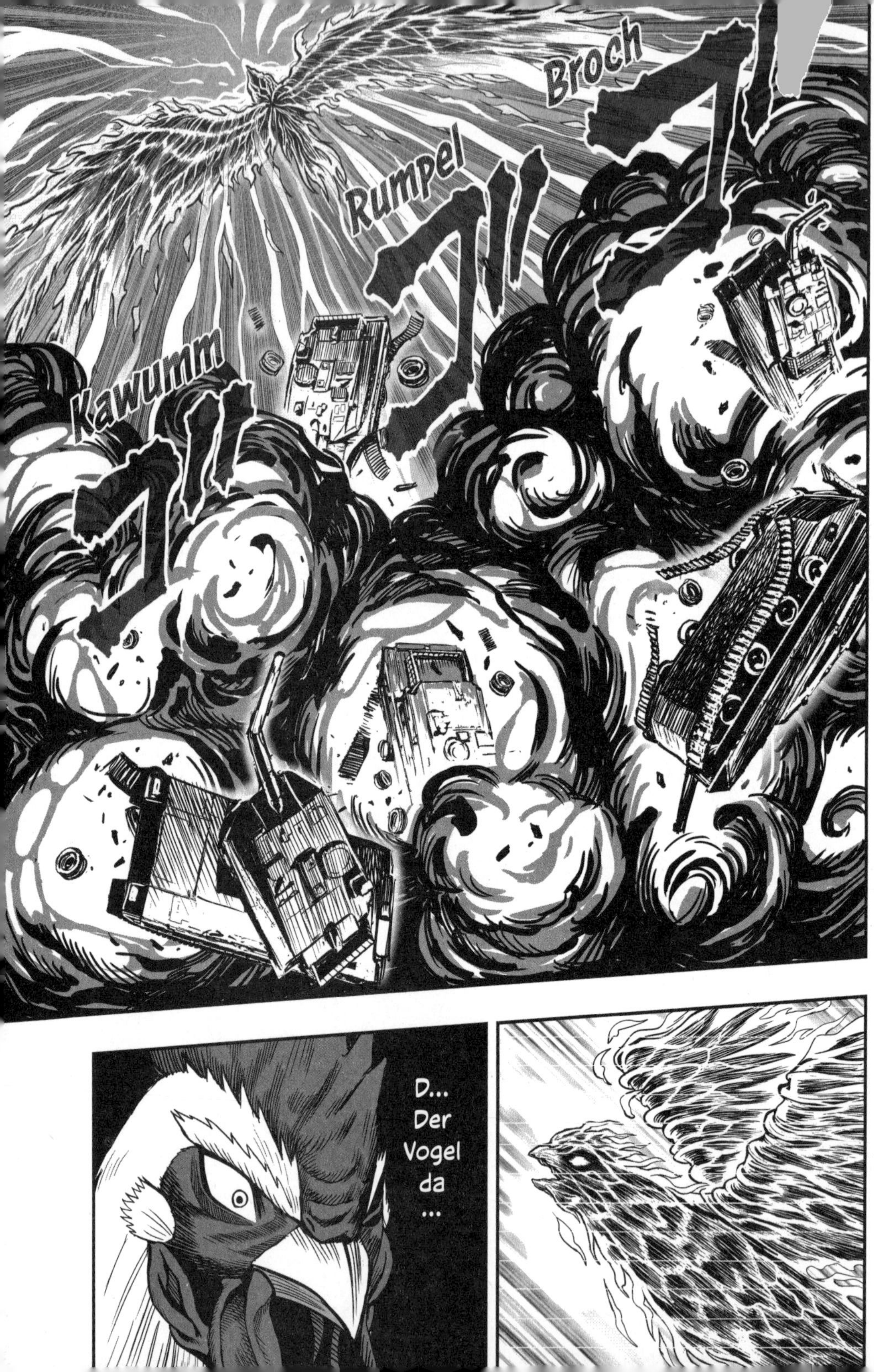
Broch
Rumpel
Kawumm
D... Der Vogel da ...

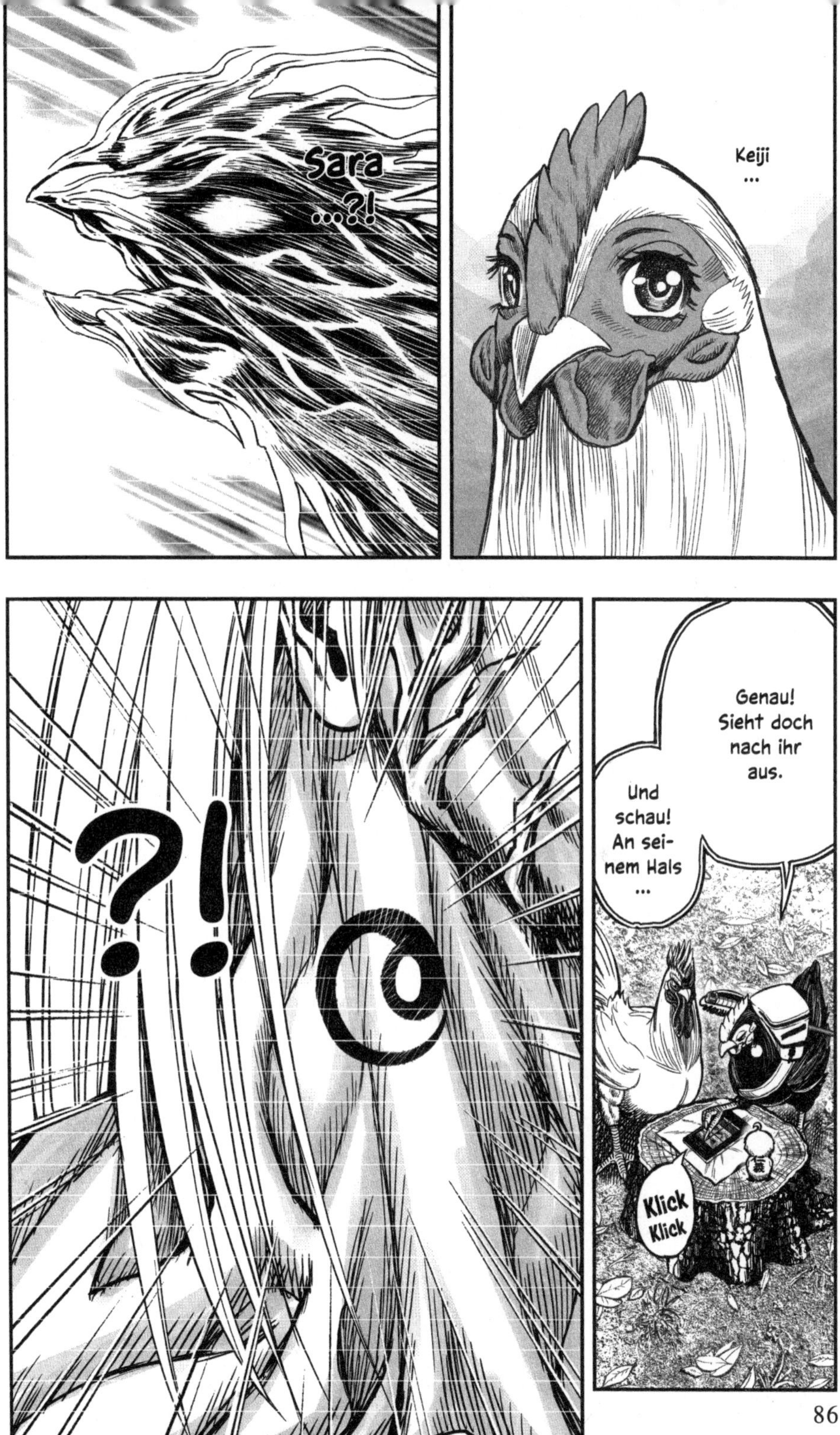

Keiji …
Sara …?!
Genau! Sieht doch nach ihr aus.
Und schau! An seinem Hals …
Klick Klick
?!

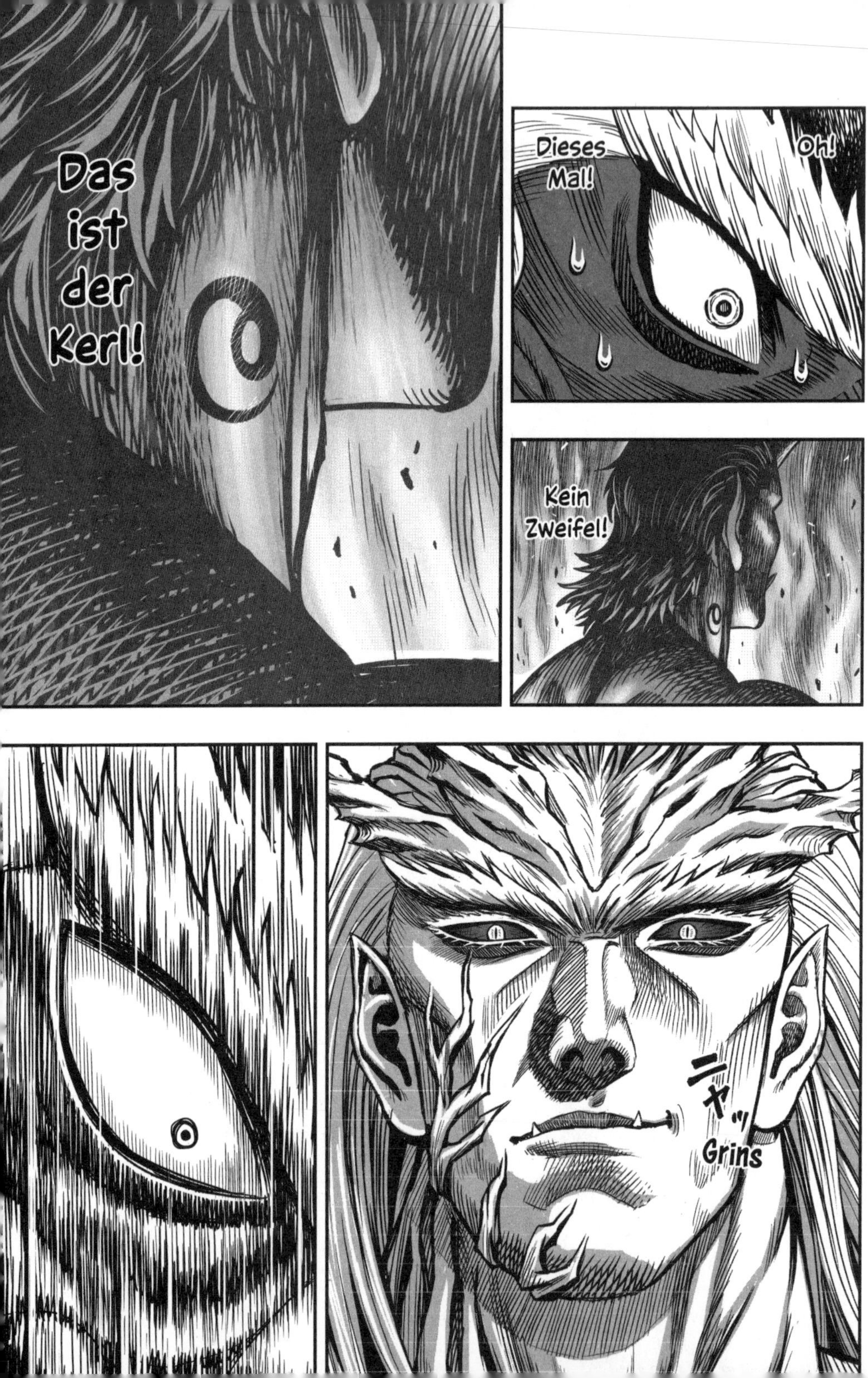
Oh!
Dieses Mal!
Das ist der Kerl!
Kein Zweifel!
ニヤッ
Grins

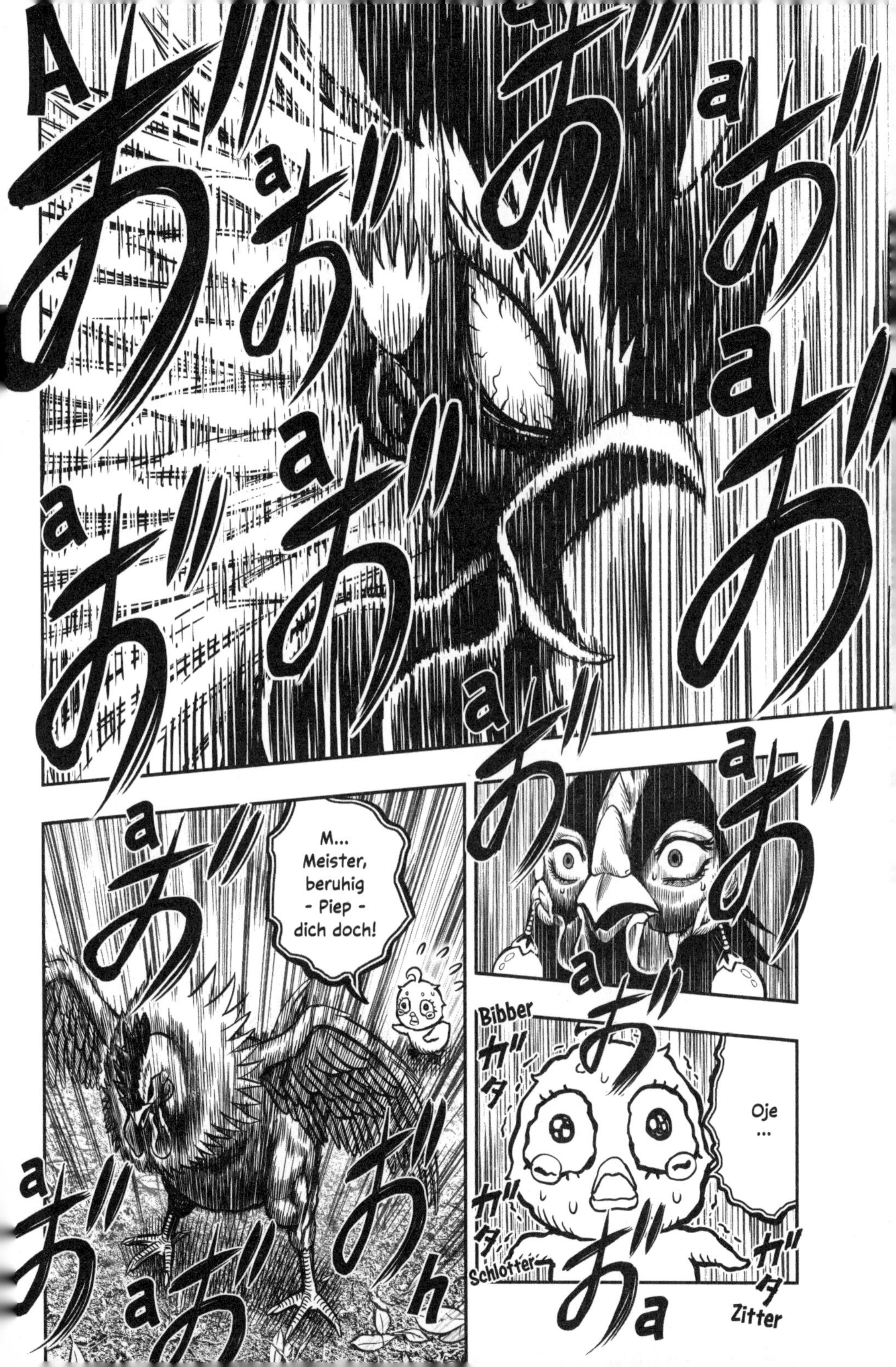
A
M...
Meister,
beruhig
- Piep -
dich doch!
Bibber
Schlotter
Oje
...
Zitter

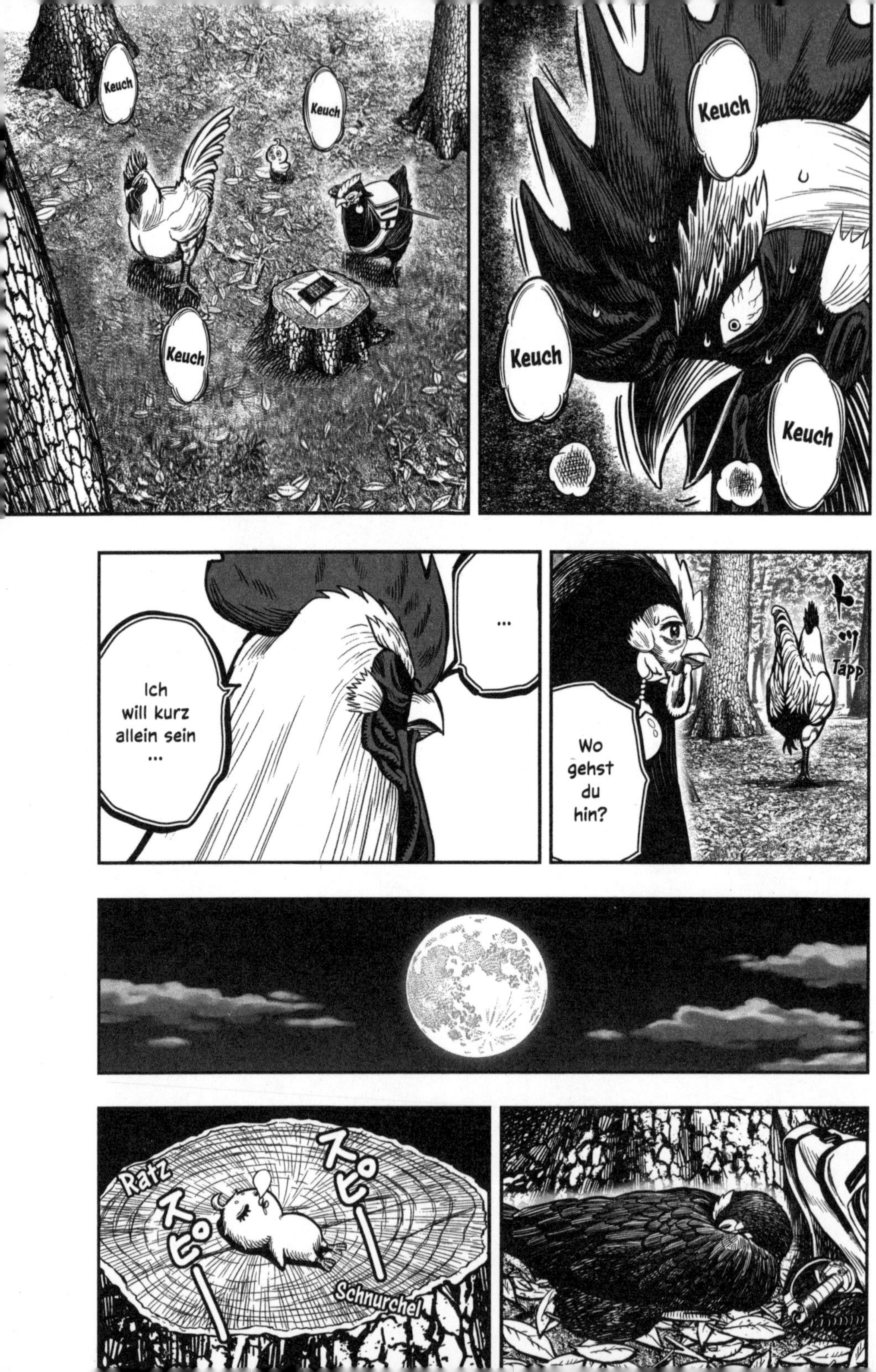
Keuch
Keuch
Keuch
Keuch
Keuch
Keuch
...
Ich will kurz allein sein ...
Tapp
Wo gehst du hin?
スピー
Ratz
スピー
Schnurchel

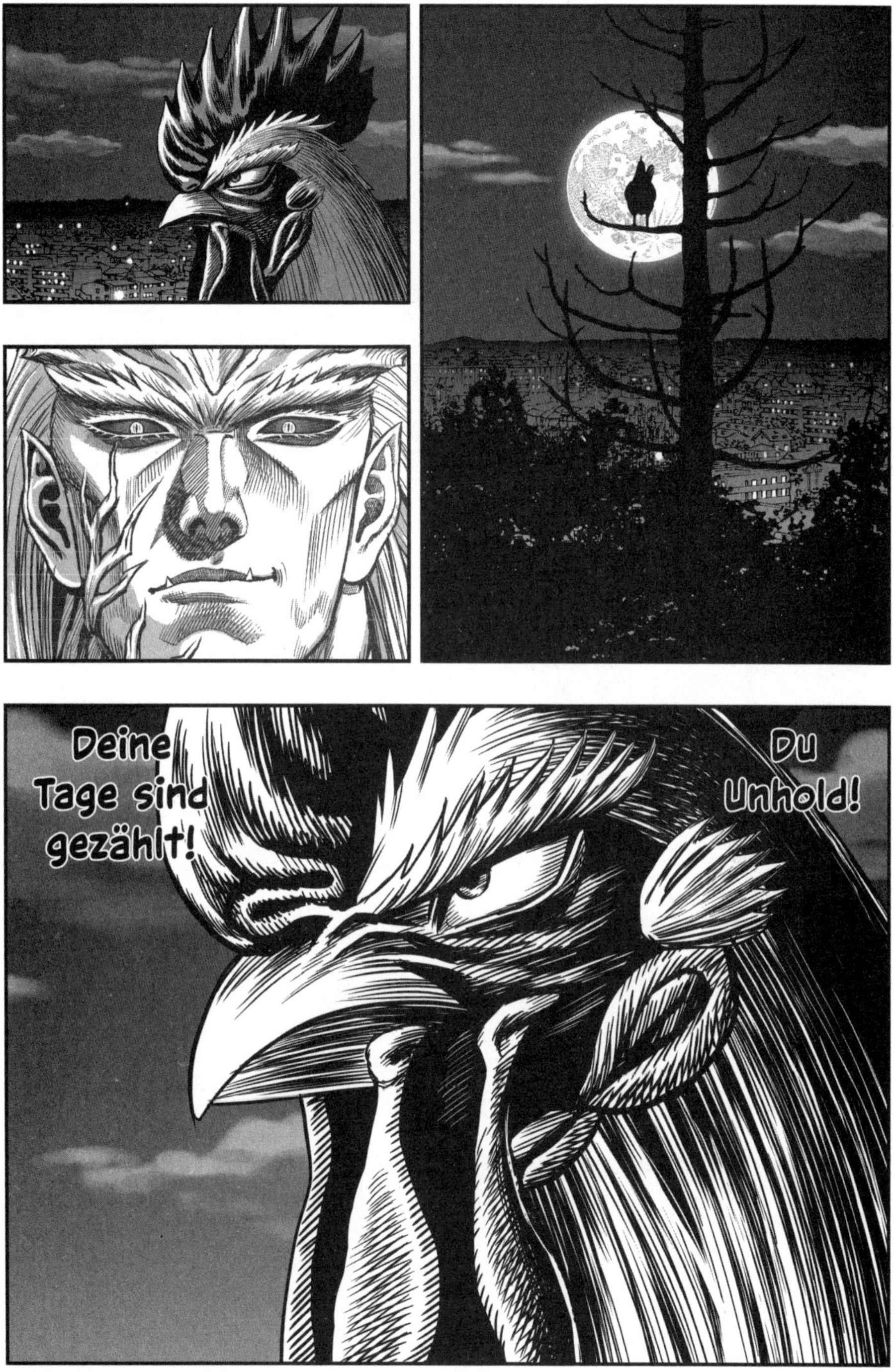

RUNDE #7 Ende

RUNDE #8 Badetag

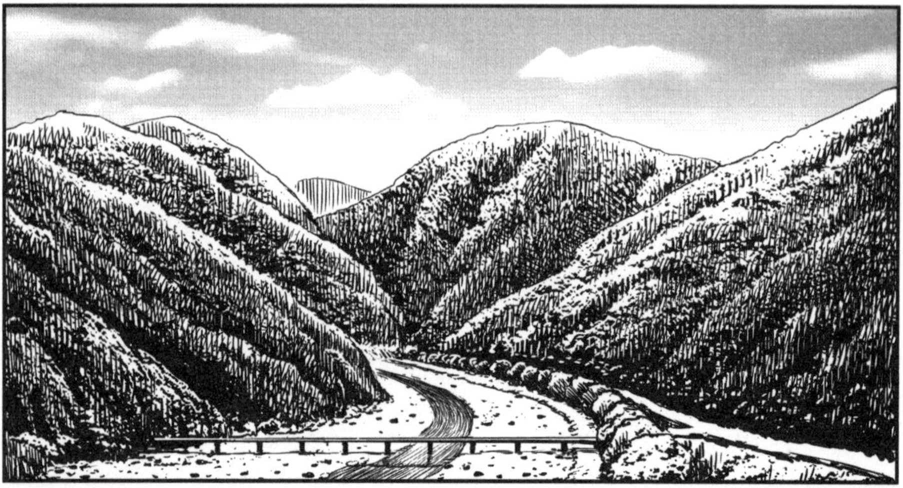

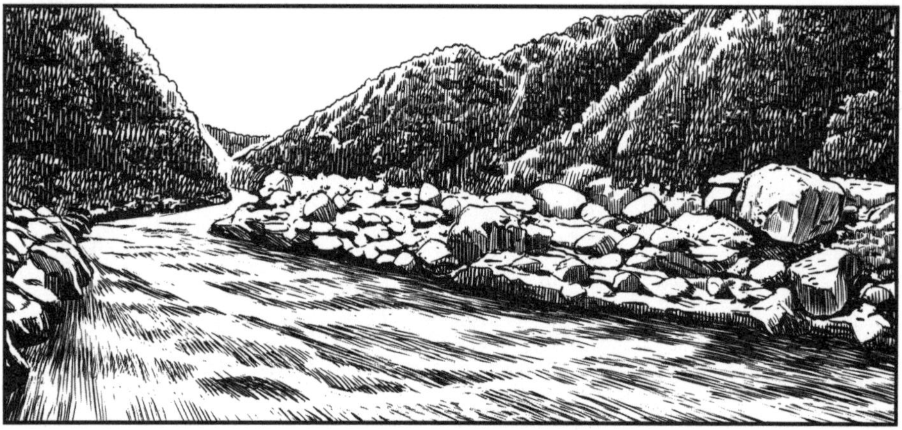

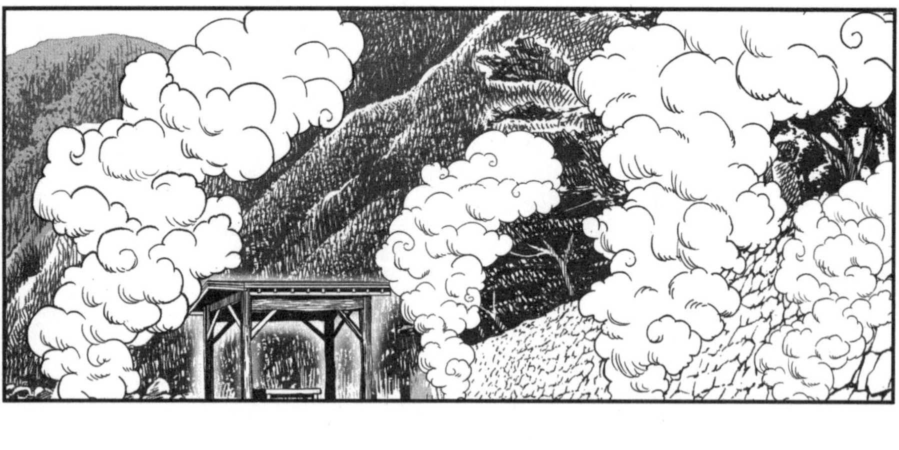

RUNDE #8

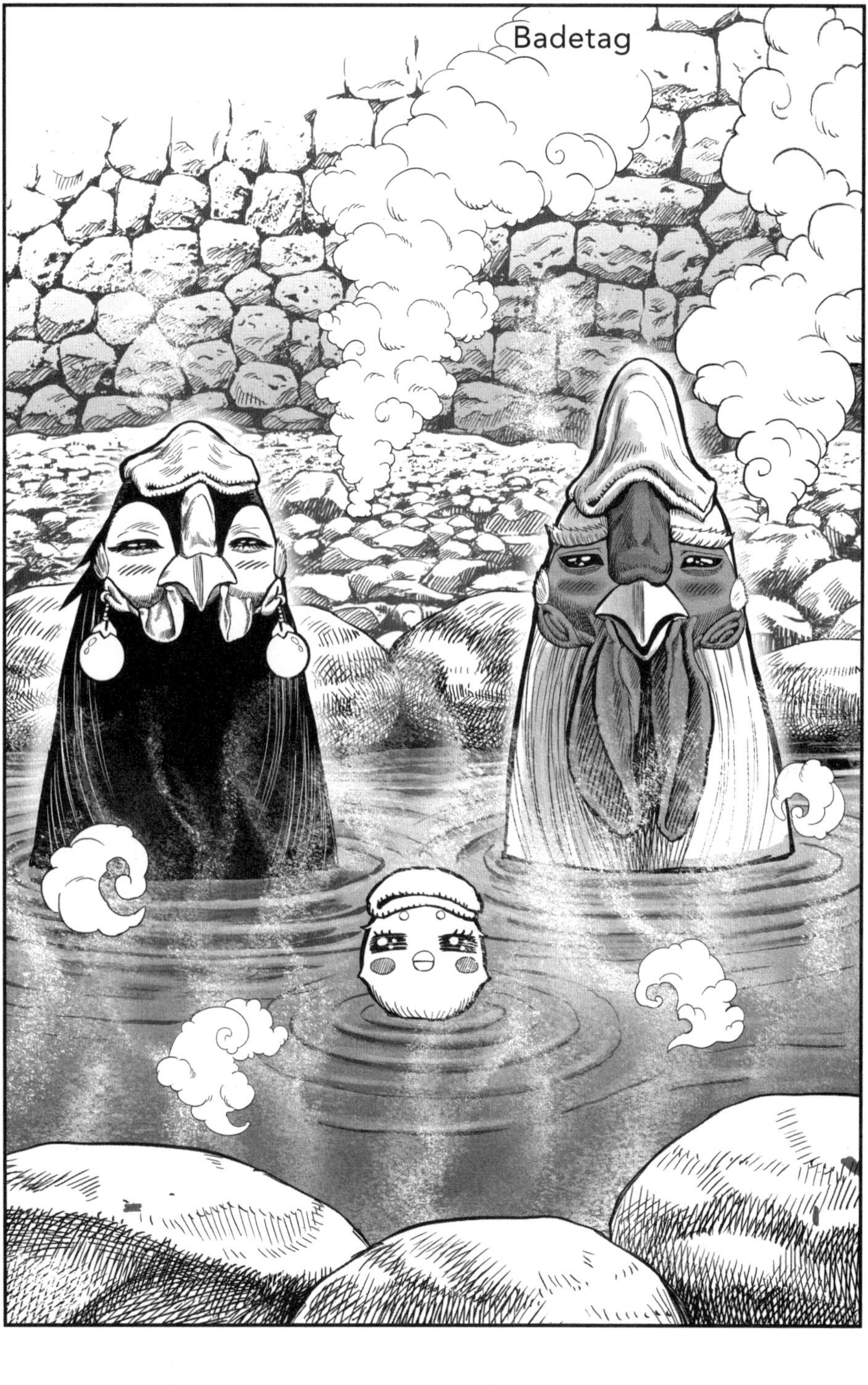

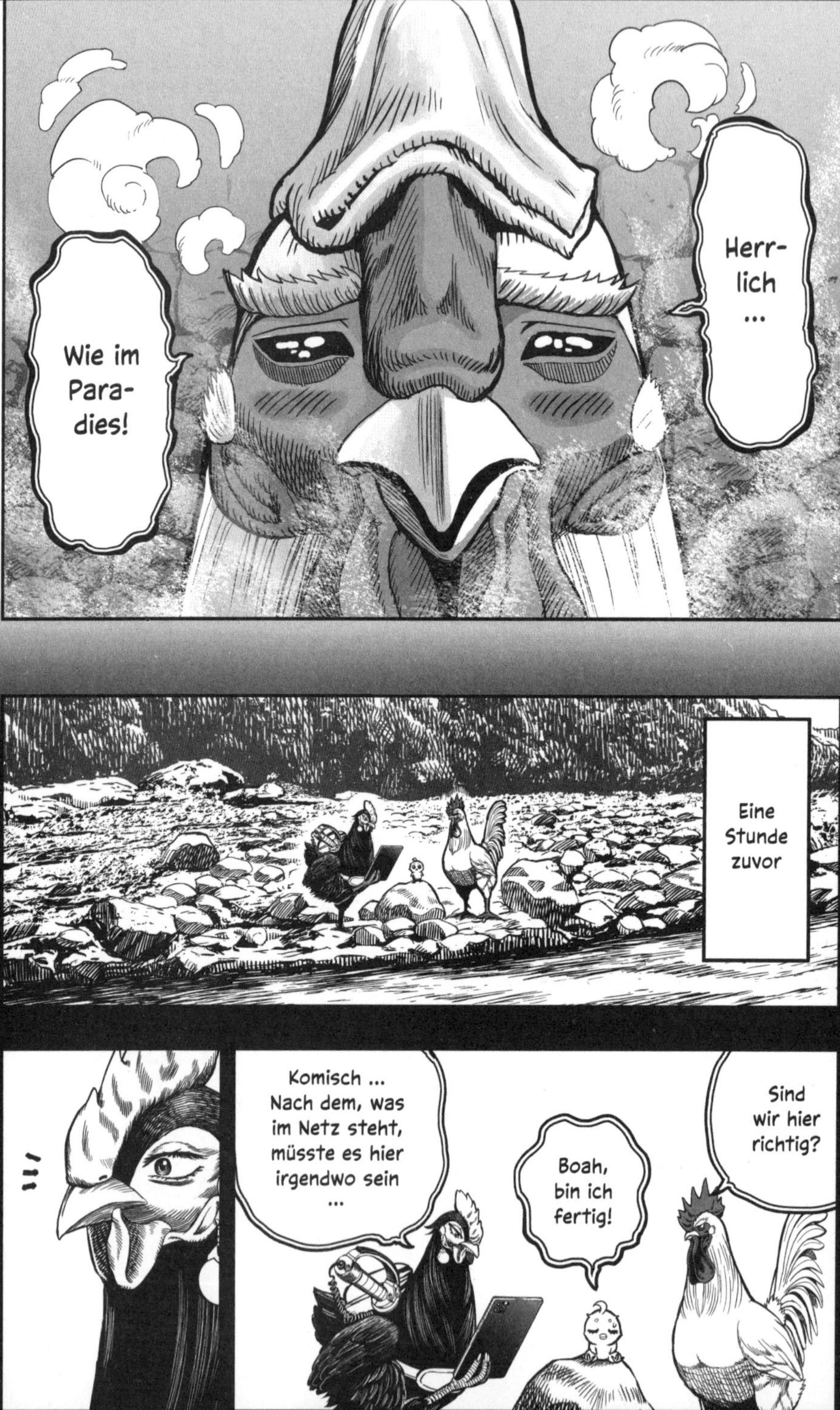
Herrlich ...
Wie im Paradies!
Eine Stunde zuvor
Sind wir hier richtig?
Boah, bin ich fertig!
Komisch ... Nach dem, was im Netz steht, müsste es hier irgendwo sein ...

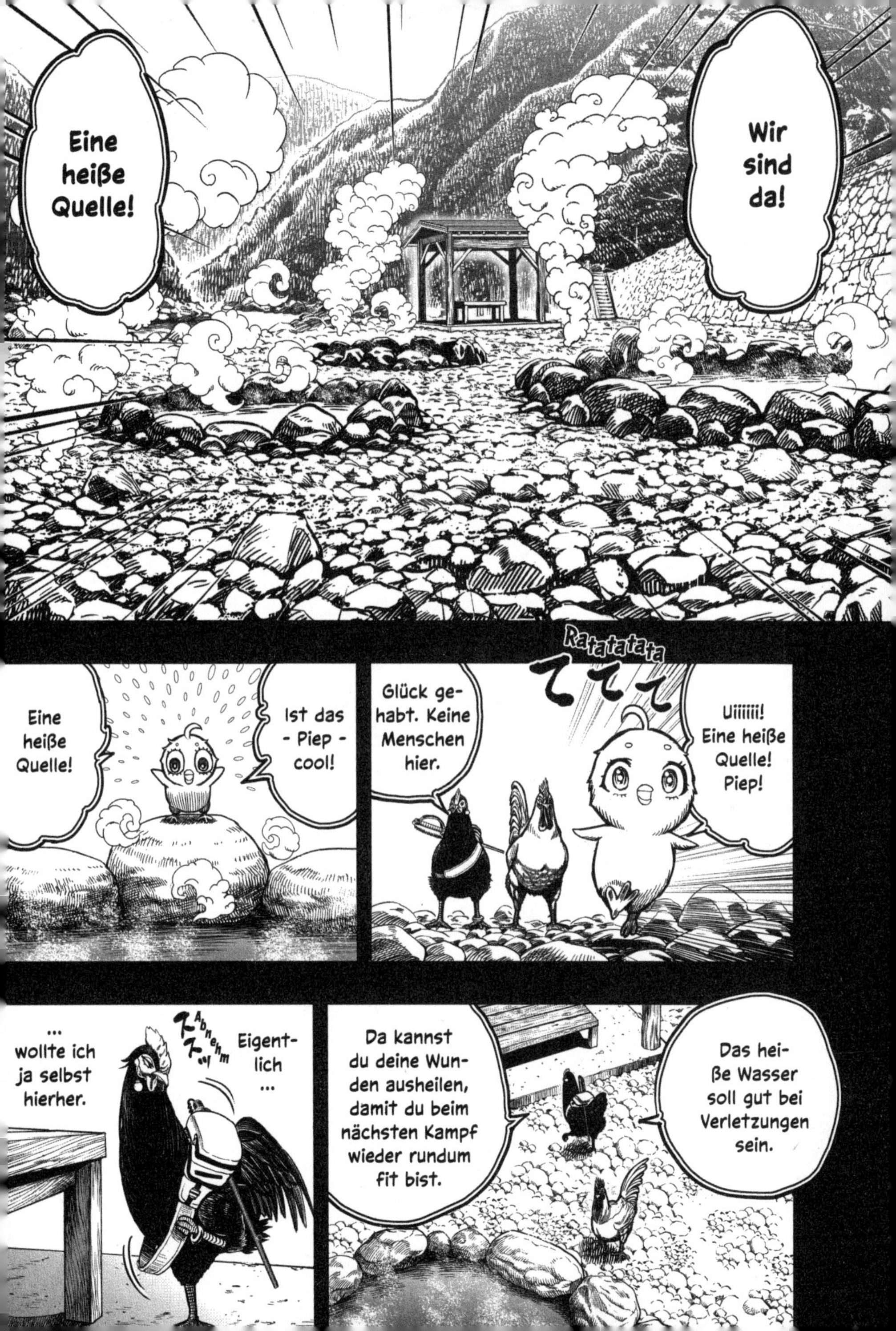
Wir sind da!
Eine heiße Quelle!
Ratatatata
Uiiiiii! Eine heiße Quelle! Piep!
Glück gehabt. Keine Menschen hier.
Ist das - Piep - cool!
Eine heiße Quelle!
Das heiße Wasser soll gut bei Verletzungen sein.
Da kannst du deine Wunden ausheilen, damit du beim nächsten Kampf wieder rundum fit bist.
Eigentlich ...
Abnehm
... wollte ich ja selbst hierher.

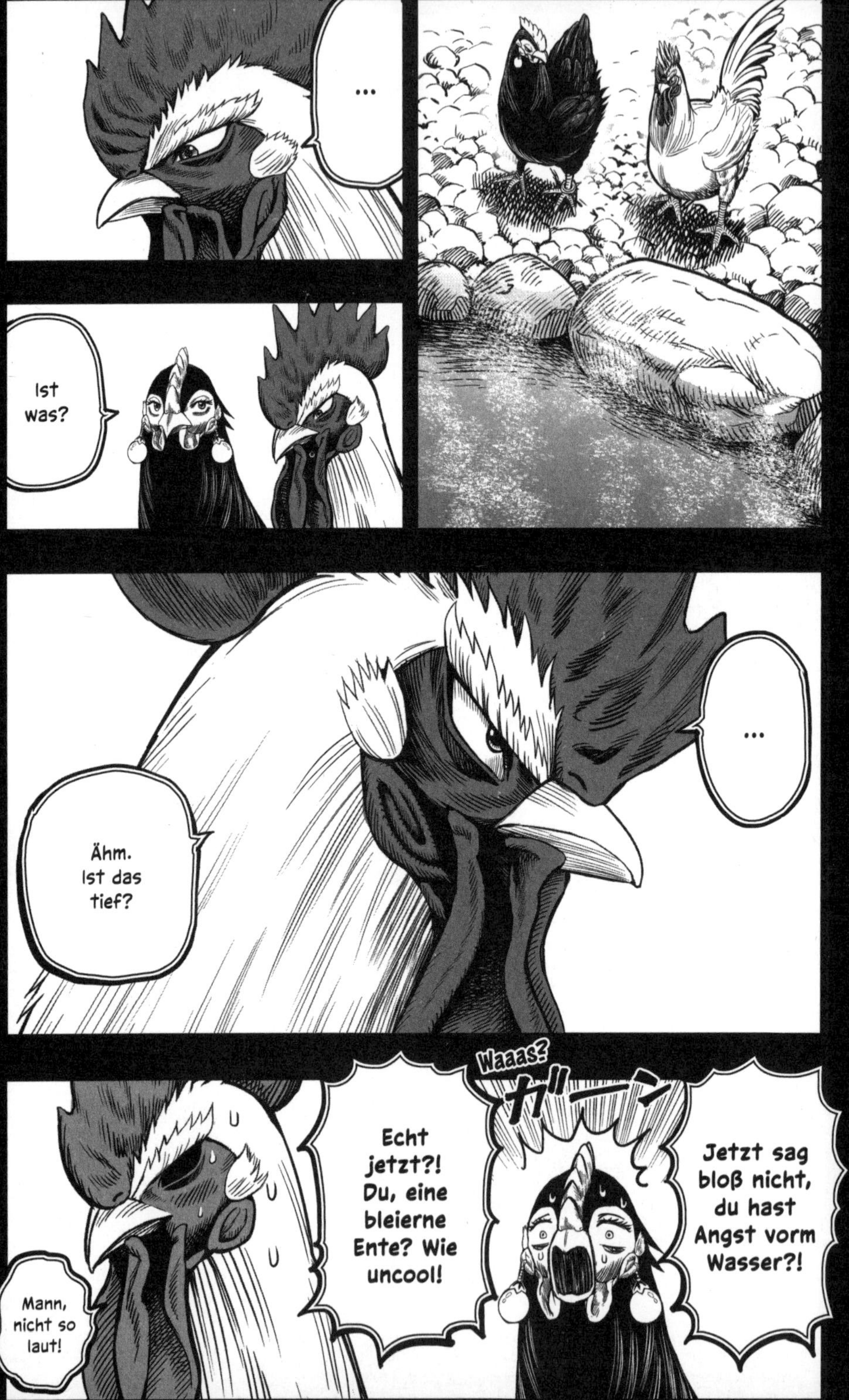

...
Ist was?
...
Ähm. Ist das tief?
Waaas?
Jetzt sag bloß nicht, du hast Angst vorm Wasser?!
Echt jetzt?! Du, eine bleierne Ente? Wie uncool!
Mann, nicht so laut!

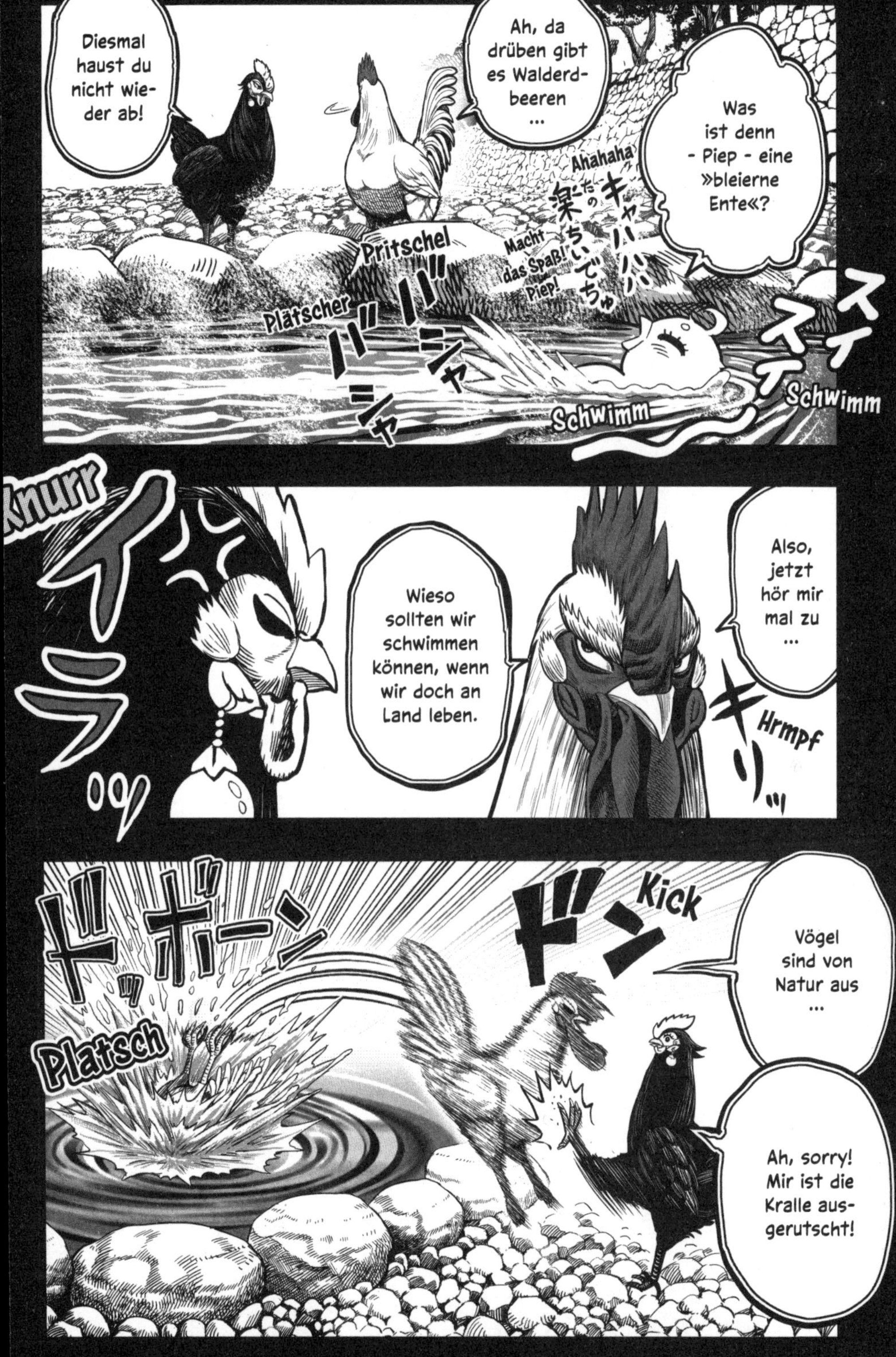

Was ist denn - Piep - eine »bleierne Ente«?
Schwimm
Schwimm
Ahahaha
キャハハハ
Macht das Spaß! Piep!
楽しいでちゅ
Ah, da drüben gibt es Walderdbeeren ...
Pritschel
Plätscher
Diesmal haust du nicht wieder ab!
Also, jetzt hör mir mal zu ...
Hrmpf
Wieso sollten wir schwimmen können, wenn wir doch an Land leben.
Knurr
Vögel sind von Natur aus ...
Ah, sorry! Mir ist die Kralle ausgerutscht!
Kick
Platsch

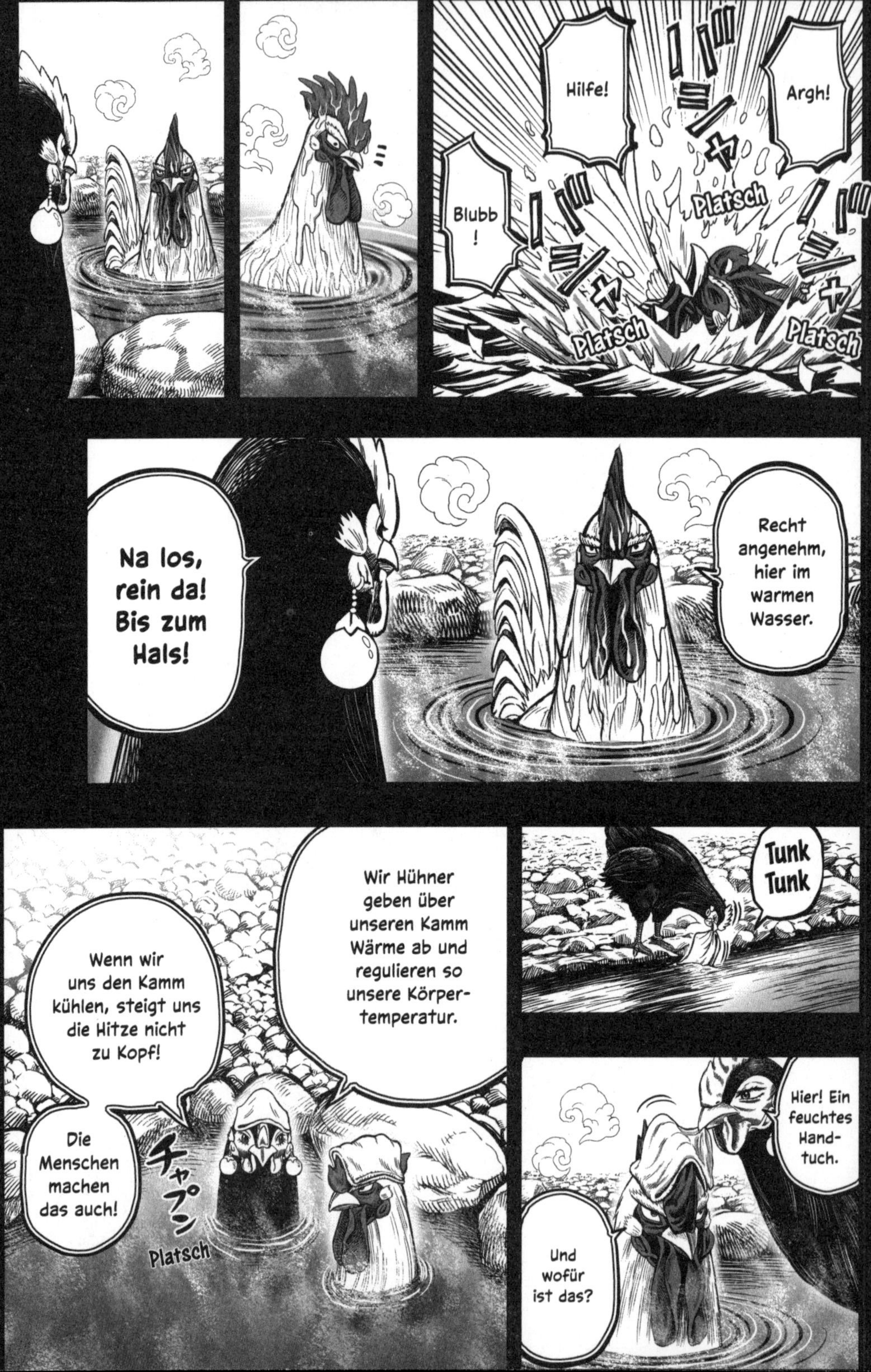
Argh!
Hilfe!
Blubb!
Platsch
Platsch
Platsch
Recht angenehm, hier im warmen Wasser.
Na los, rein da! Bis zum Hals!
Tunk Tunk
Hier! Ein feuchtes Hand-tuch.
Und wofür ist das?
Wir Hühner geben über unseren Kamm Wärme ab und regulieren so unsere Körper-temperatur.
Wenn wir uns den Kamm kühlen, steigt uns die Hitze nicht zu Kopf!
Die Menschen machen das auch!
チャプン
Platsch

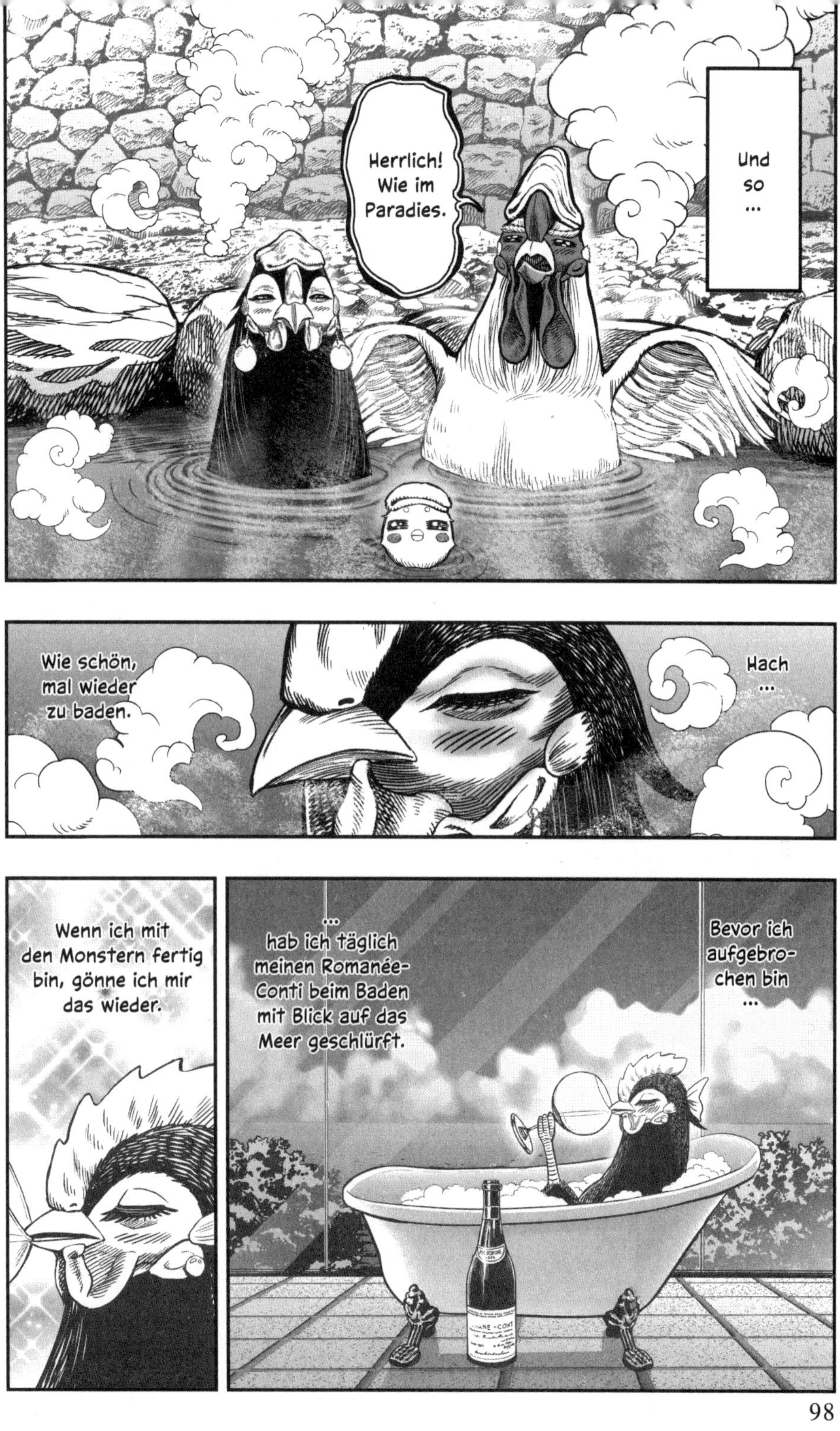
Und so ...
Herrlich! Wie im Paradies.
Hach ...
Wie schön, mal wieder zu baden.
Bevor ich aufgebrochen bin ...
... hab ich täglich meinen Romanée-Conti beim Baden mit Blick auf das Meer geschlürft.
Wenn ich mit den Monstern fertig bin, gönne ich mir das wieder.

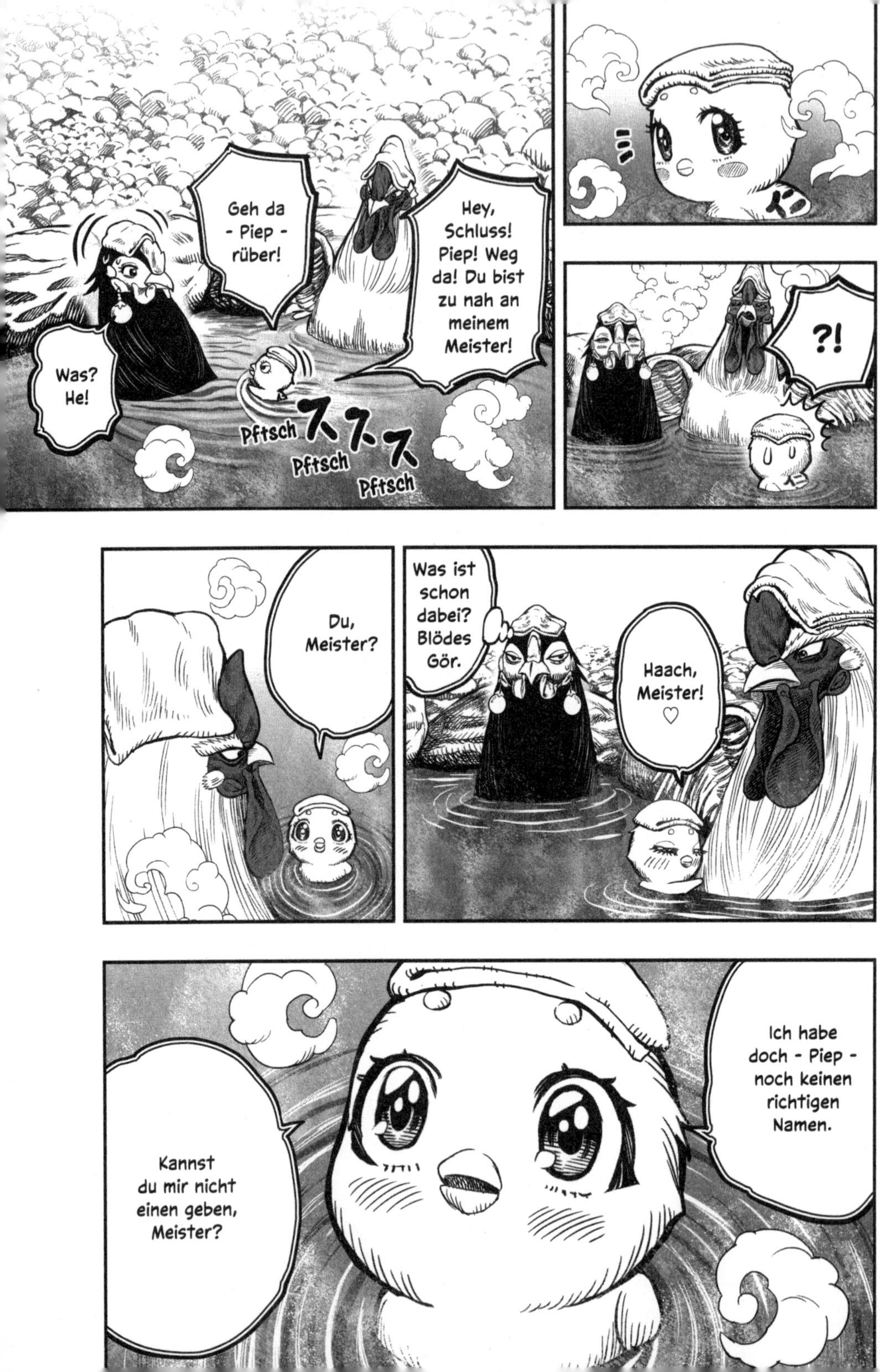

Hey, Schluss! Piep! Weg da! Du bist zu nah an meinem Meister!
Geh da - Piep - rüber!
Was? He!
Pftsch
Pftsch
Pftsch
?!
Was ist schon dabei? Blödes Gör.
Haach, Meister! ♡
Du, Meister?
Ich habe doch - Piep - noch keinen richtigen Namen.
Kannst du mir nicht einen geben, Meister?

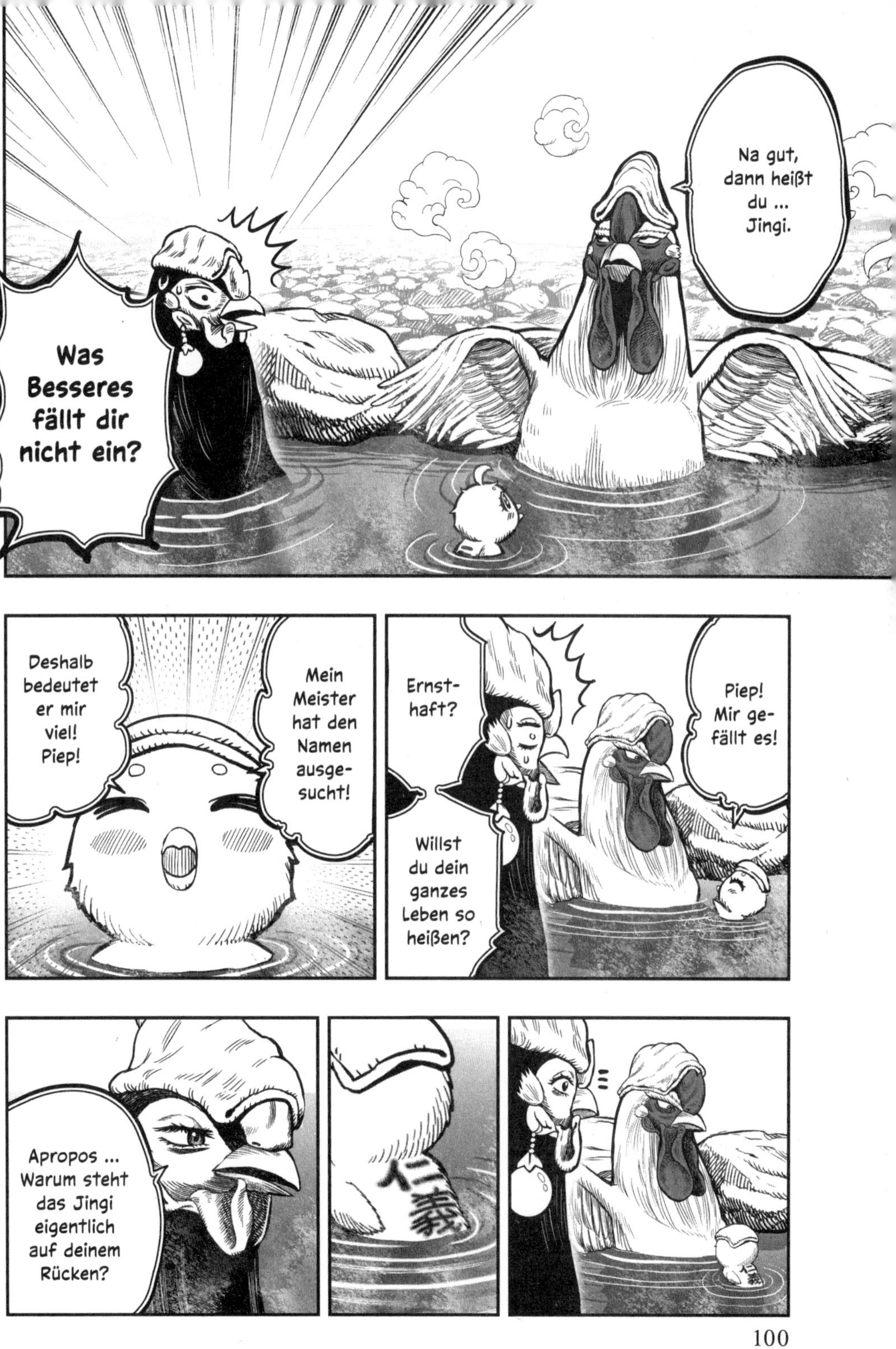
Na gut, dann heißt du ... Jingi.
Was Besseres fällt dir nicht ein?
Piep! Mir ge-fällt es!
Ernst-haft?
Willst du dein ganzes Leben so heißen?
Mein Meister hat den Namen ausge-sucht!
Deshalb bedeutet er mir viel! Piep!
仁義
Apropos ... Warum steht das Jingi eigentlich auf deinem Rücken?

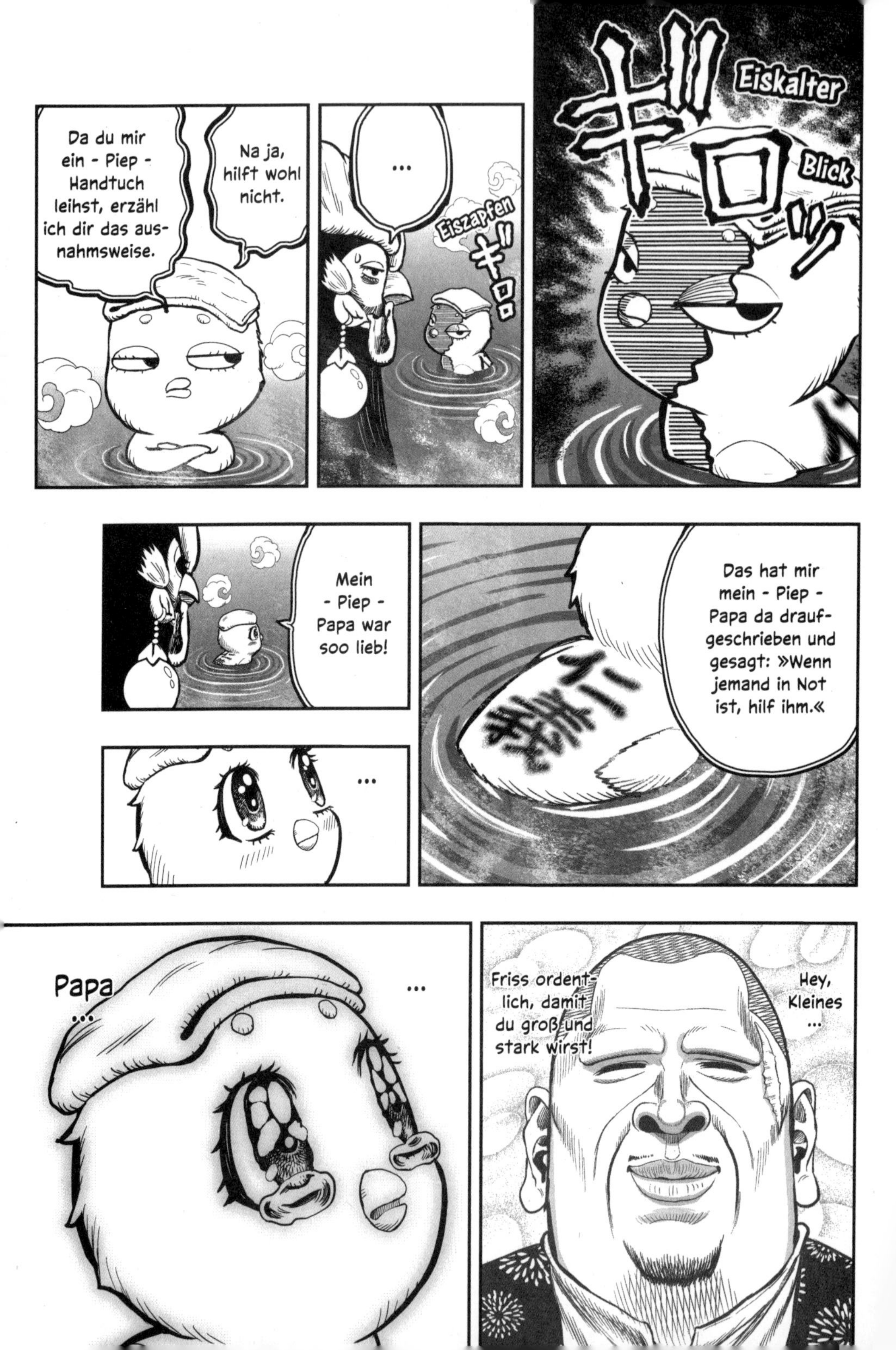

ギロッ
Eiskalter Blick
...
ギロ
Eiszapfen
Na ja, hilft wohl nicht.
Da du mir ein - Piep - Handtuch leihst, erzähl ich dir das ausnahmsweise.
Das hat mir mein - Piep - Papa da draufgeschrieben und gesagt: »Wenn jemand in Not ist, hilf ihm.«
Mein - Piep - Papa war soo lieb!
...
Hey, Kleines ...
Friss ordentlich, damit du groß und stark wirst!
...
Papa ...

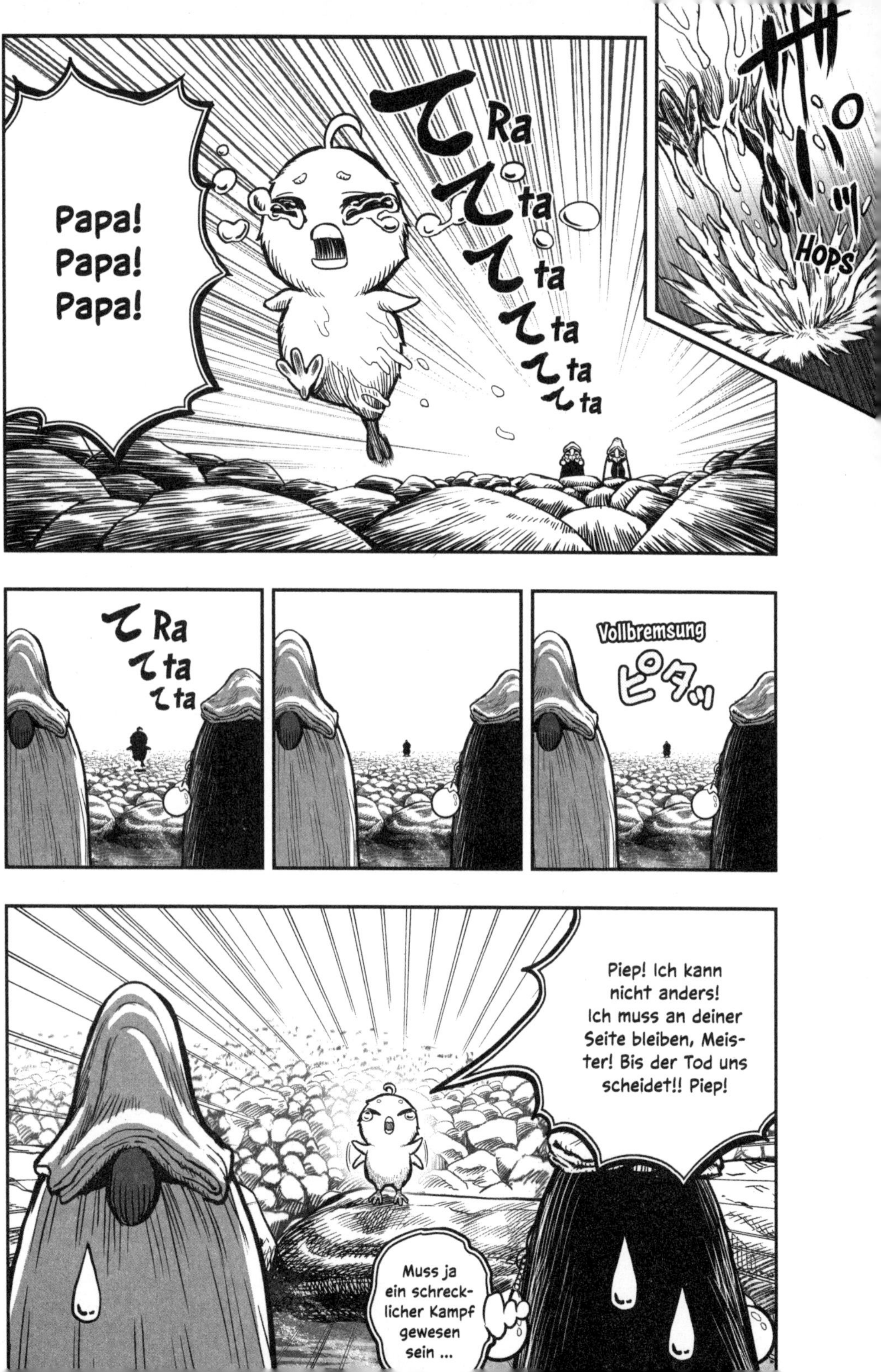
Hops
Ra ta ta ta ta ta
Papa! Papa! Papa!
Vollbremsung
Ra ta ta
Piep! Ich kann nicht anders! Ich muss an deiner Seite bleiben, Meister! Bis der Tod uns scheidet!! Piep!
Muss ja ein schrecklicher Kampf gewesen sein ...

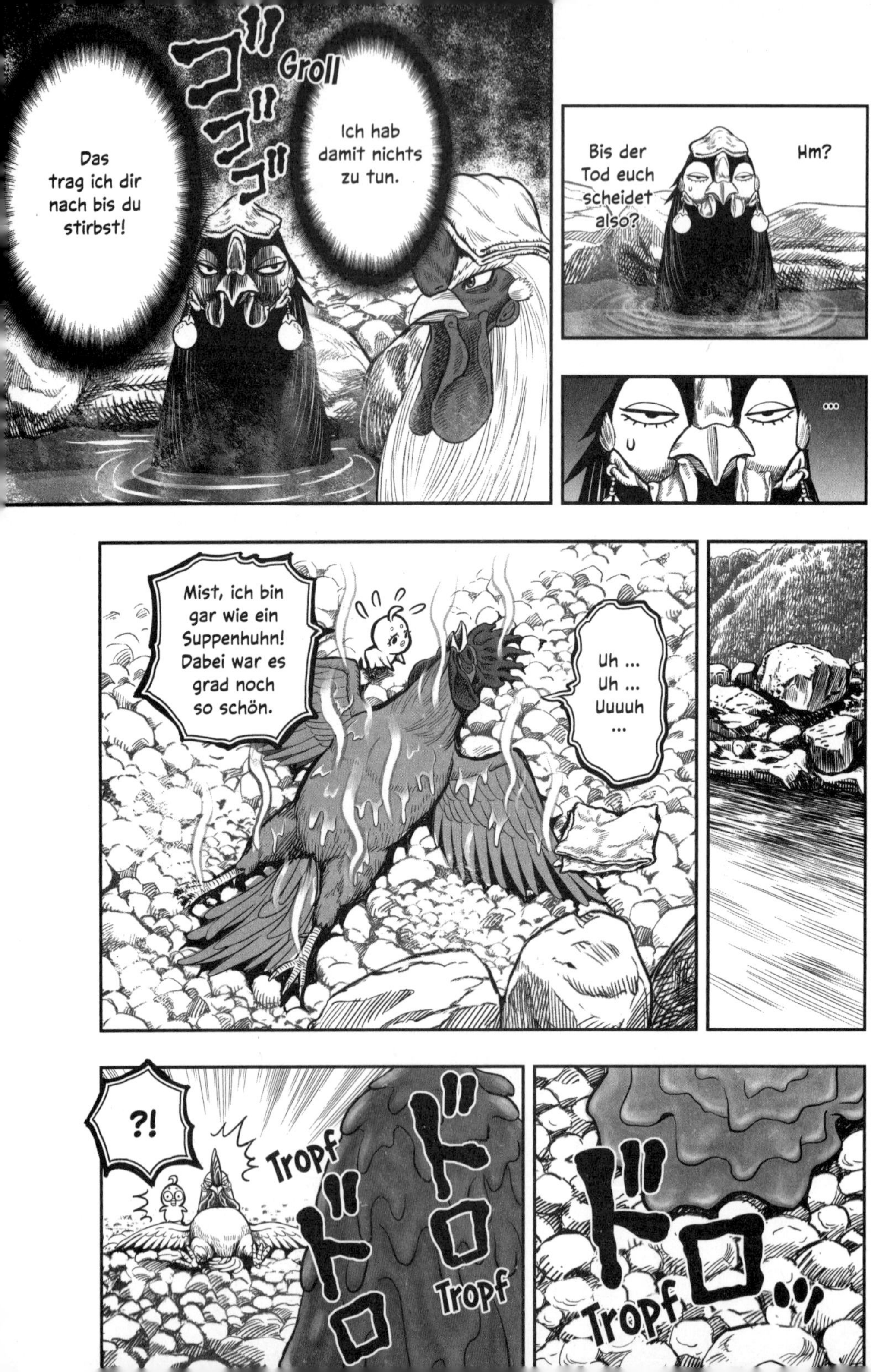

Groll
Ich hab damit nichts zu tun.
Das trag ich dir nach bis du stirbst!
Hm?
Bis der Tod euch scheidet also?
...
Uh ... Uh ... Uuuuh ...
Mist, ich bin gar wie ein Suppenhuhn! Dabei war es grad noch so schön.
?!
Tropf
Tropf
Tropf

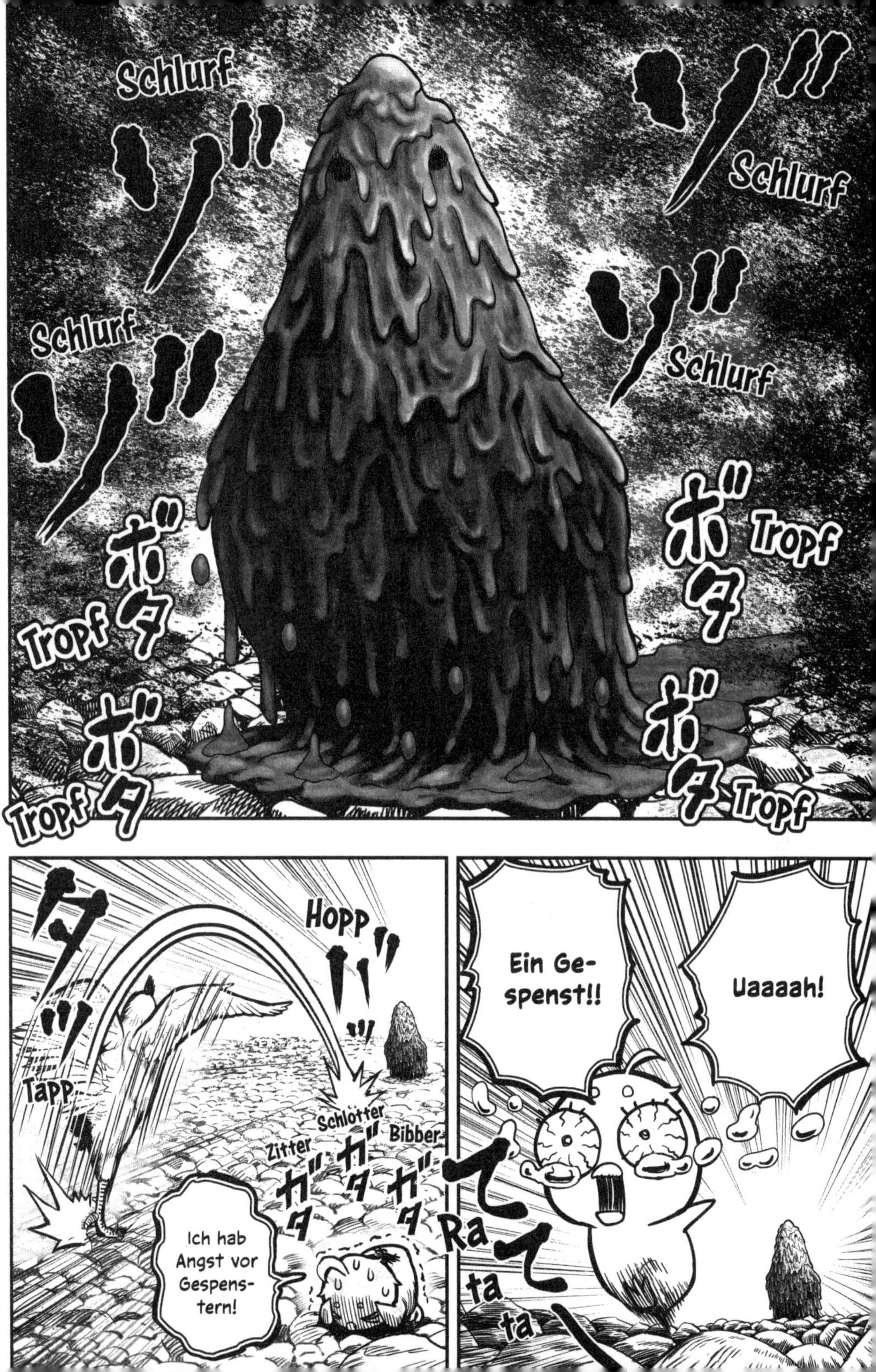
Schlurf
Schlurf
Schlurf
Schlurf
Tropf
Tropf
Tropf
Tropf
Uaaaah!
Ein Gespenst!!
Hopp
Tapp
Schlotter
Zitter
Bibber
Ratata
Ich hab Angst vor Gespenstern!

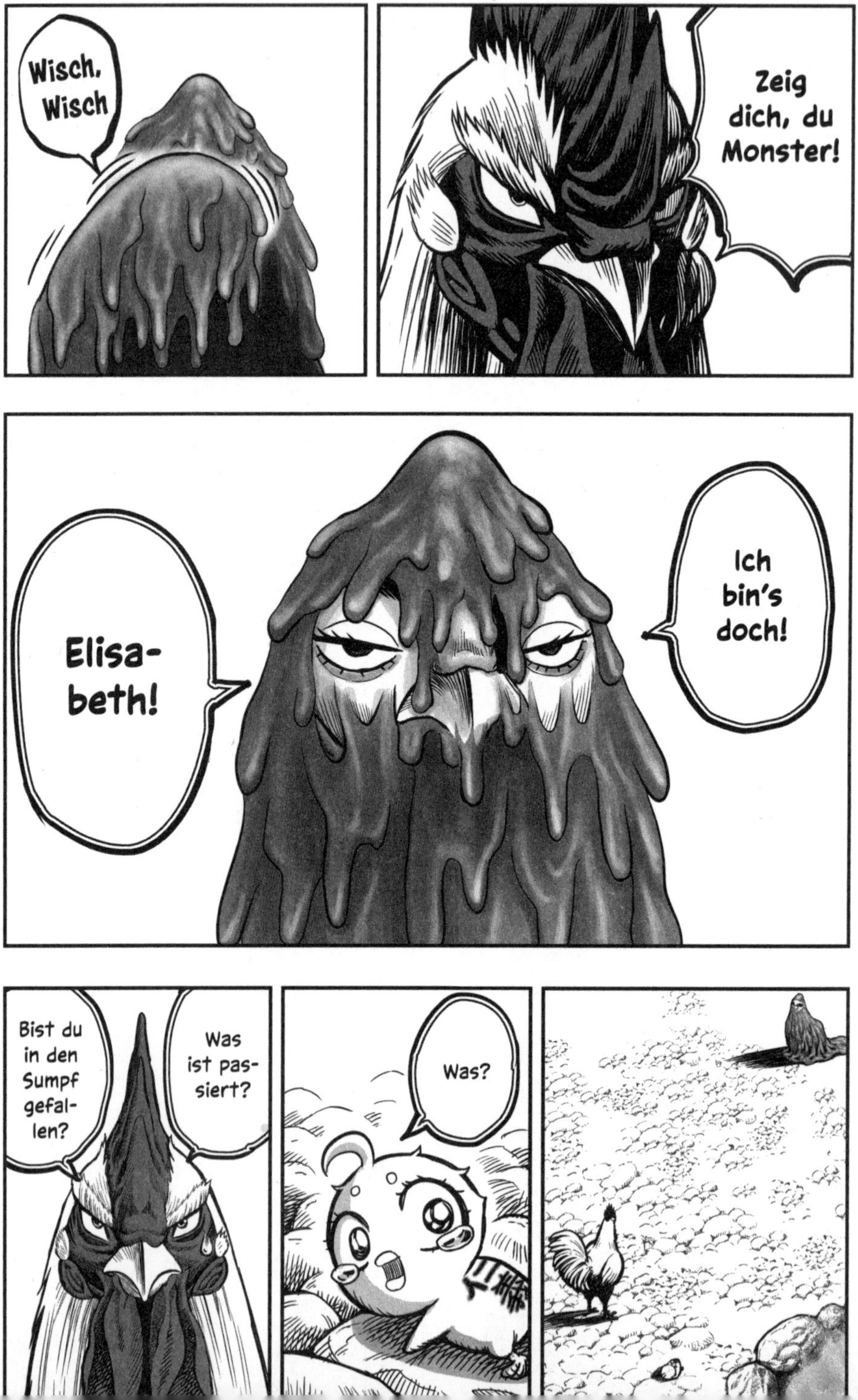
Wisch, Wisch
Zeig dich, du Monster!
Elisa-beth!
Ich bin's doch!
Bist du in den Sumpf gefal-len?
Was ist pas-siert?
Was?

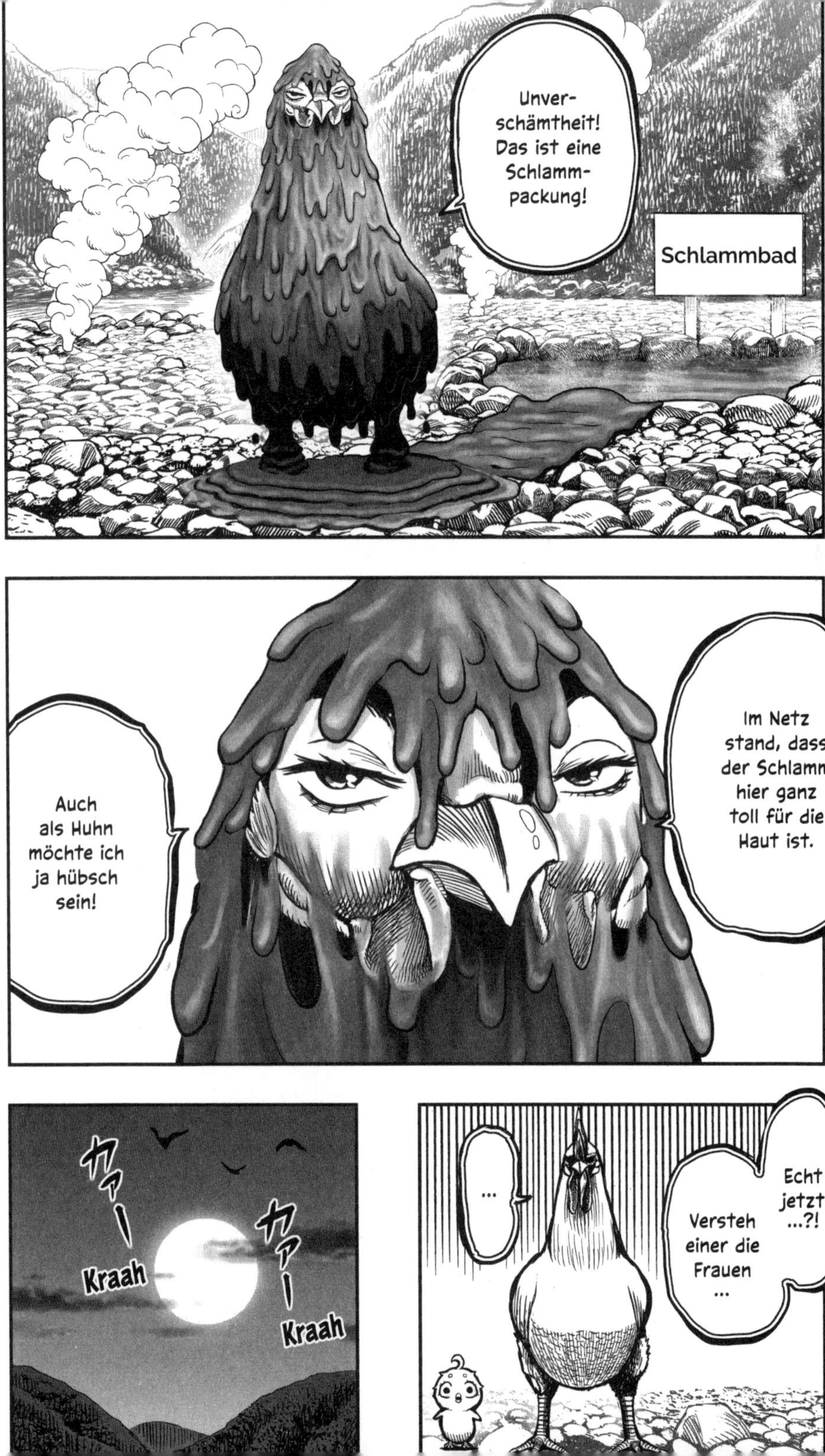

Schlammbad
Unverschämtheit! Das ist eine Schlammpackung!
Im Netz stand, dass der Schlamm hier ganz toll für die Haut ist.
Auch als Huhn möchte ich ja hübsch sein!
...
Echt jetzt ...?!
Versteh einer die Frauen ...
カァー
Kraah
カァー
Kraah

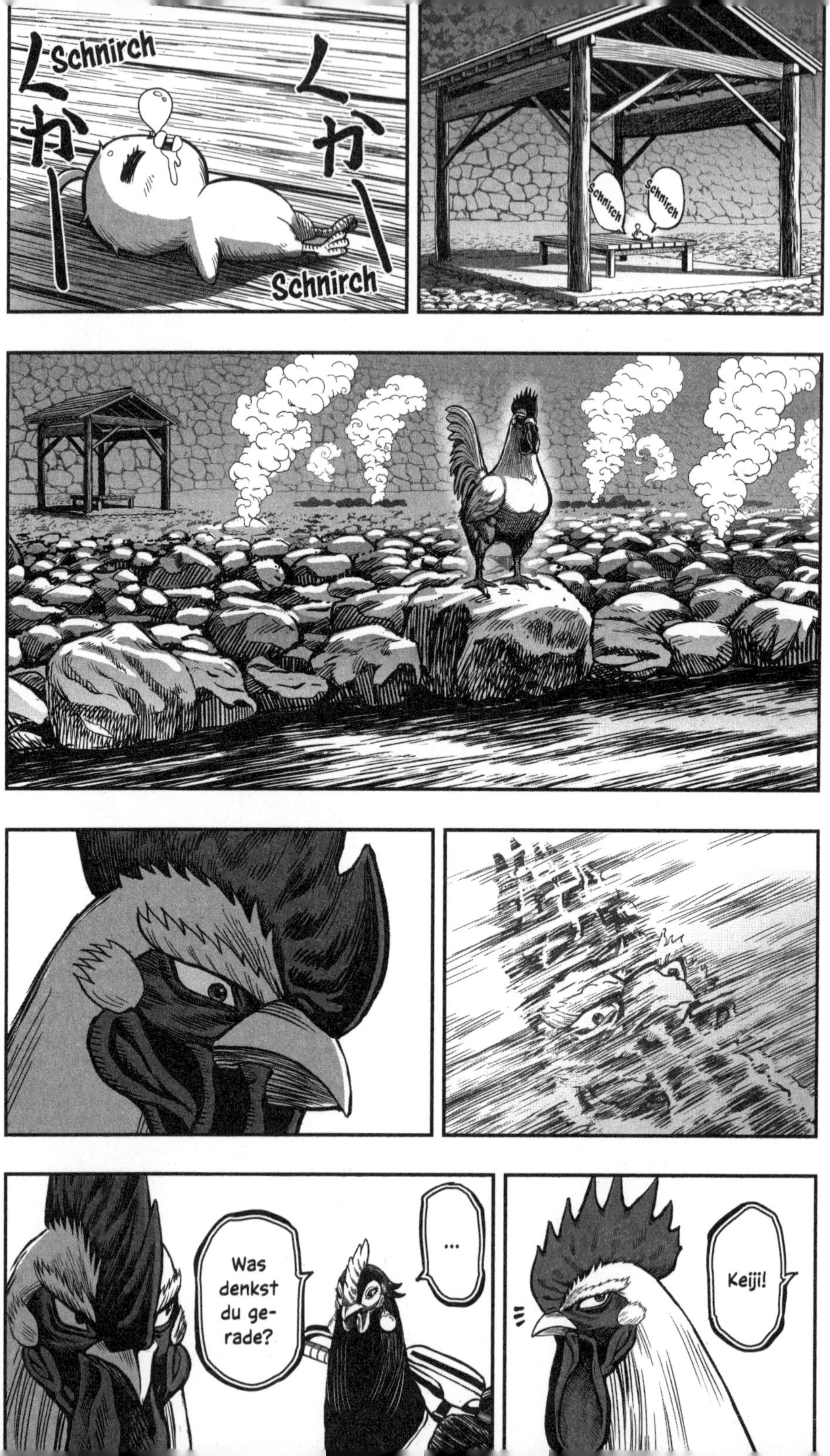

Schnirch
くかー
くかー
Schnirch
Schnirch
Schnirch
Was denkst du gerade?
...
Keiji!

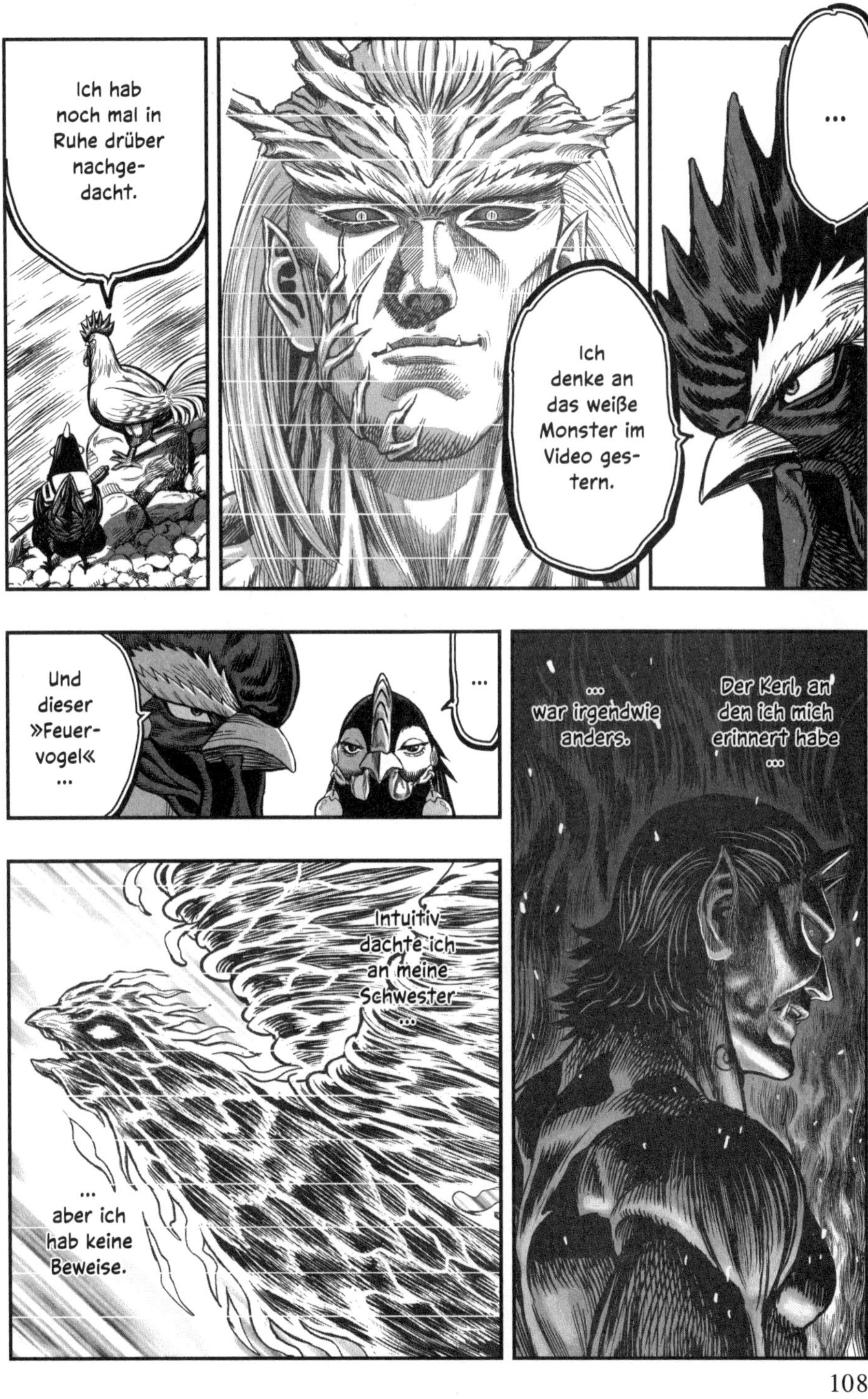

Ich hab noch mal in Ruhe drüber nachgedacht.
Ich denke an das weiße Monster im Video gestern.
...
Und dieser »Feuervogel« ...
...
Der Kerl, an den ich mich erinnert habe ...
... war irgendwie anders.
Intuitiv dachte ich an meine Schwester ...
... aber ich hab keine Beweise.

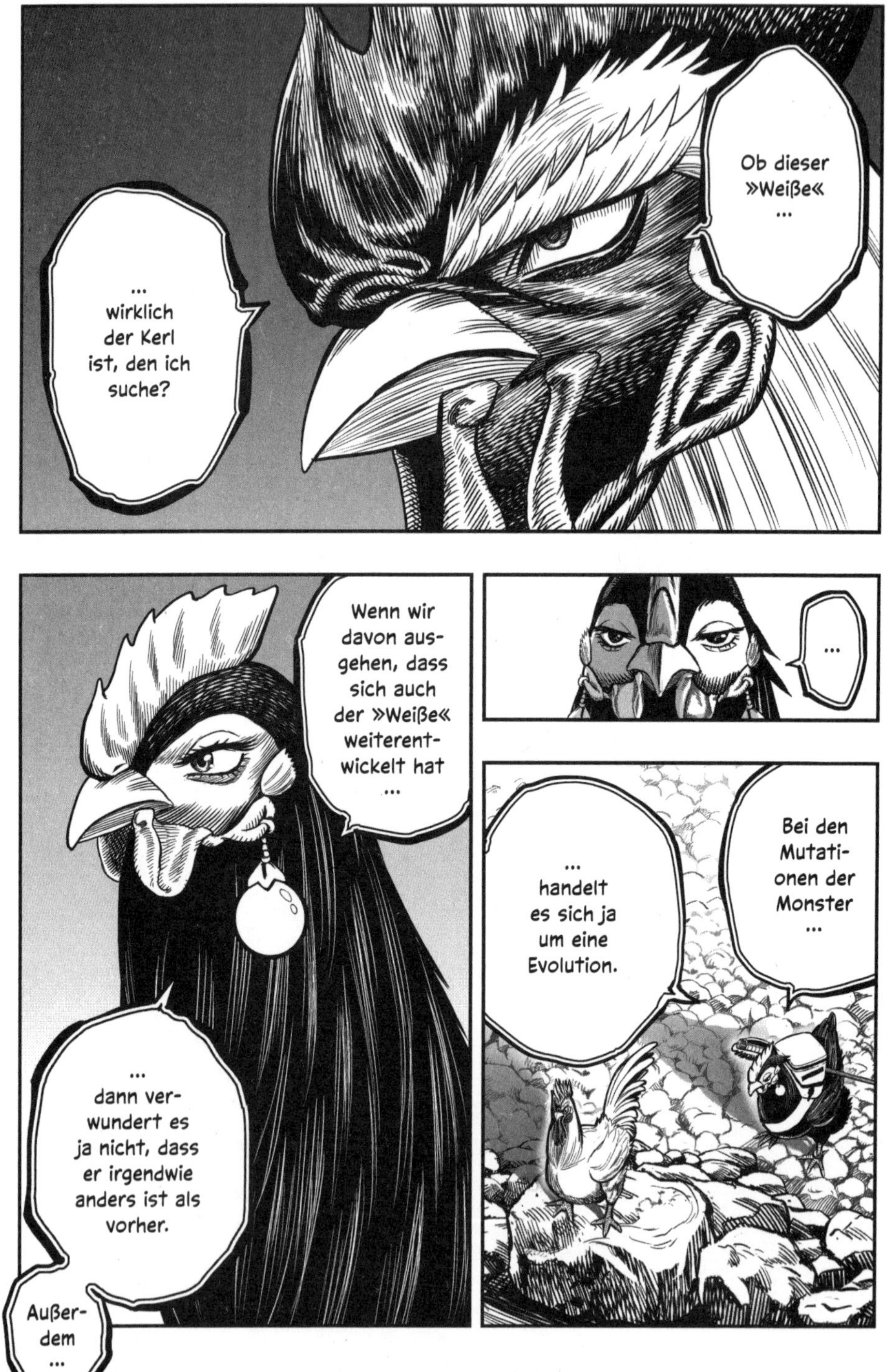
Ob dieser »Weiße« ...
... wirklich der Kerl ist, den ich suche?
...
Bei den Mutationen der Monster ...
... handelt es sich ja um eine Evolution.
Wenn wir davon ausgehen, dass sich auch der »Weiße« weiterentwickelt hat ...
... dann verwundert es ja nicht, dass er irgendwie anders ist als vorher.
Außerdem ...

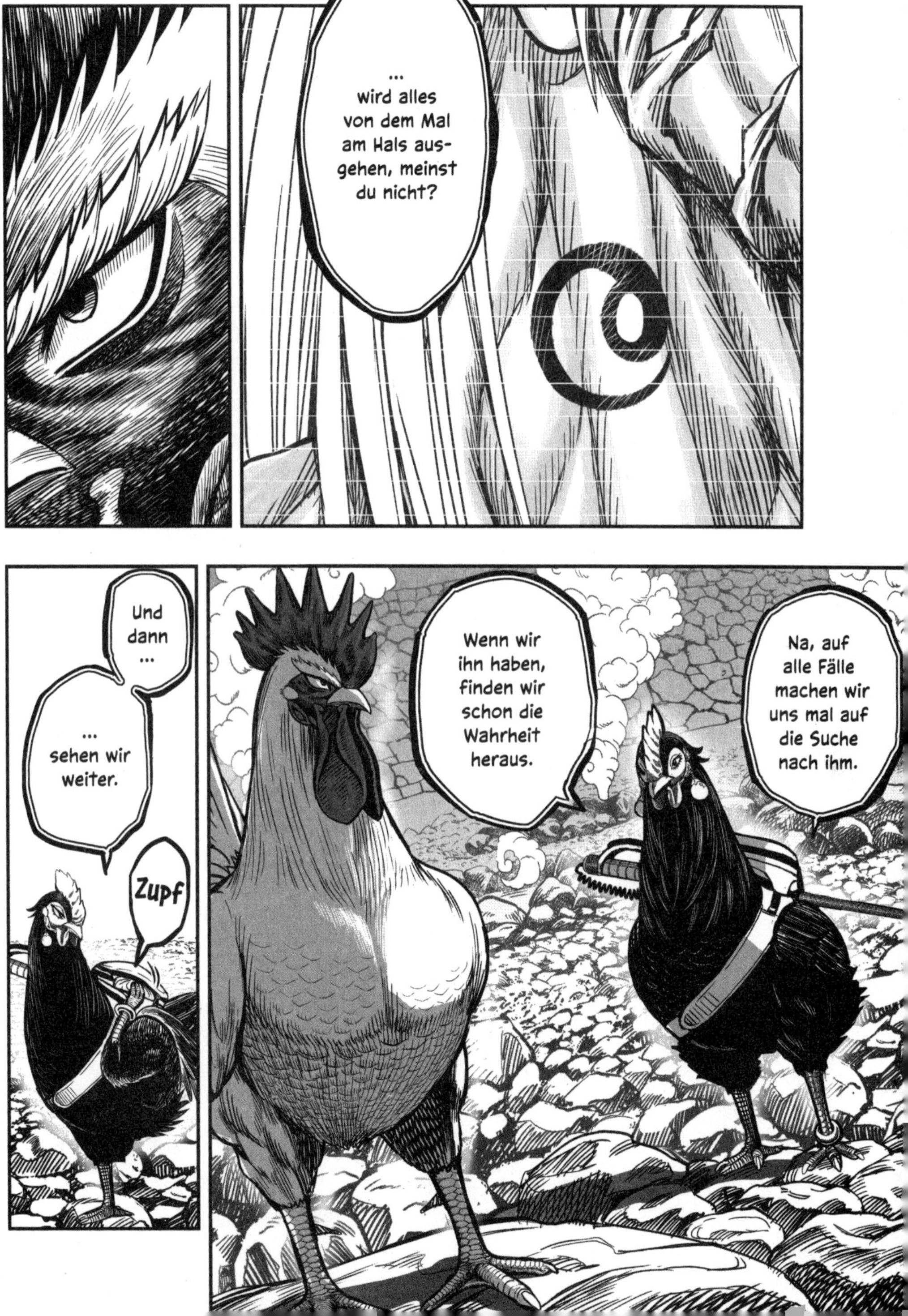
... wird alles von dem Mal am Hals aus-gehen, meinst du nicht?
Na, auf alle Fälle machen wir uns mal auf die Suche nach ihm.
Wenn wir ihn haben, finden wir schon die Wahrheit heraus.
Und dann ...
... sehen wir weiter.
Zupf

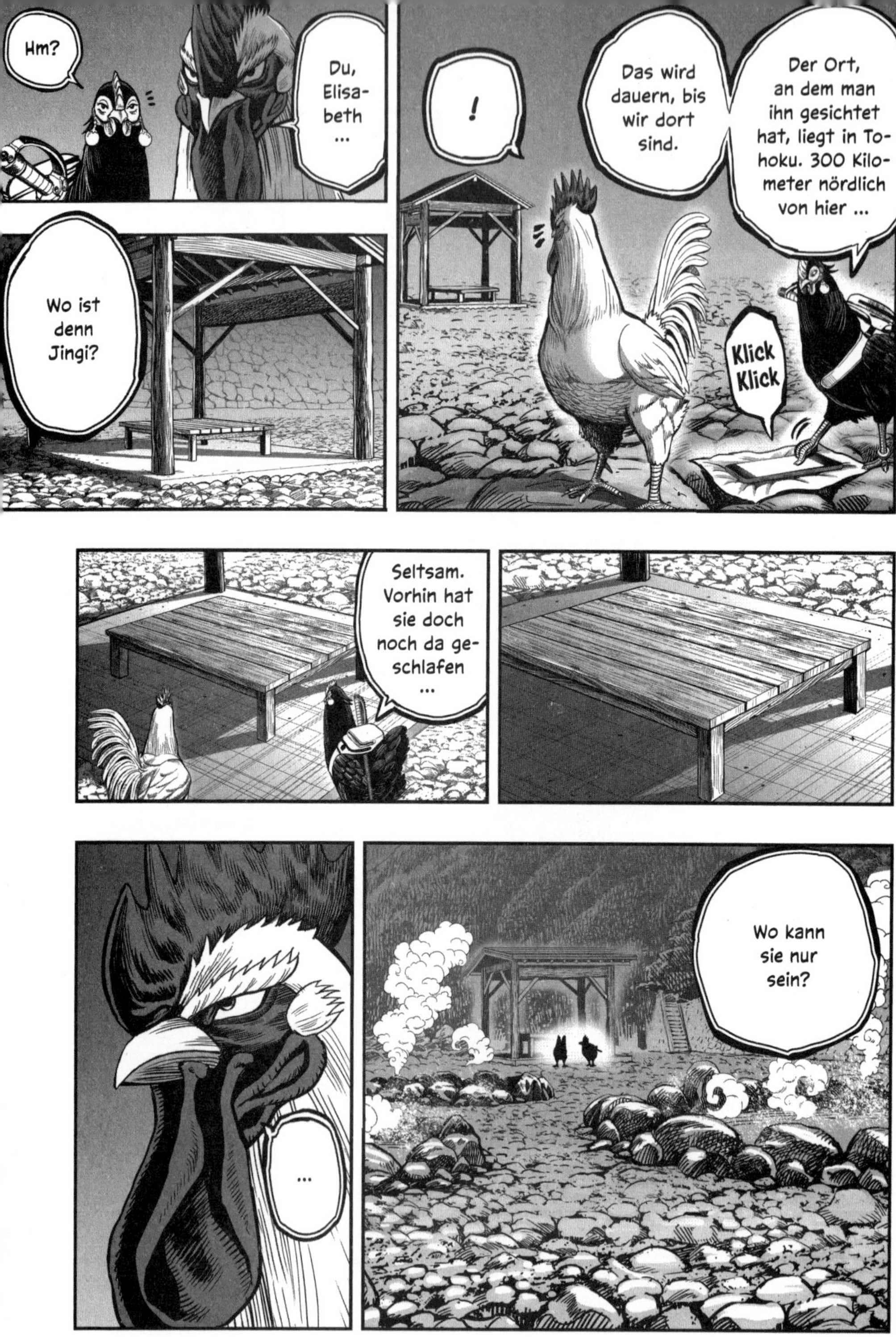
Der Ort, an dem man ihn gesichtet hat, liegt in To-hoku. 300 Kilo-meter nördlich von hier ...
Das wird dauern, bis wir dort sind.
Klick Klick
!
Du, Elisa-beth ...
Hm?
Wo ist denn Jingi?
Seltsam. Vorhin hat sie doch noch da ge-schlafen ...
Wo kann sie nur sein?
...

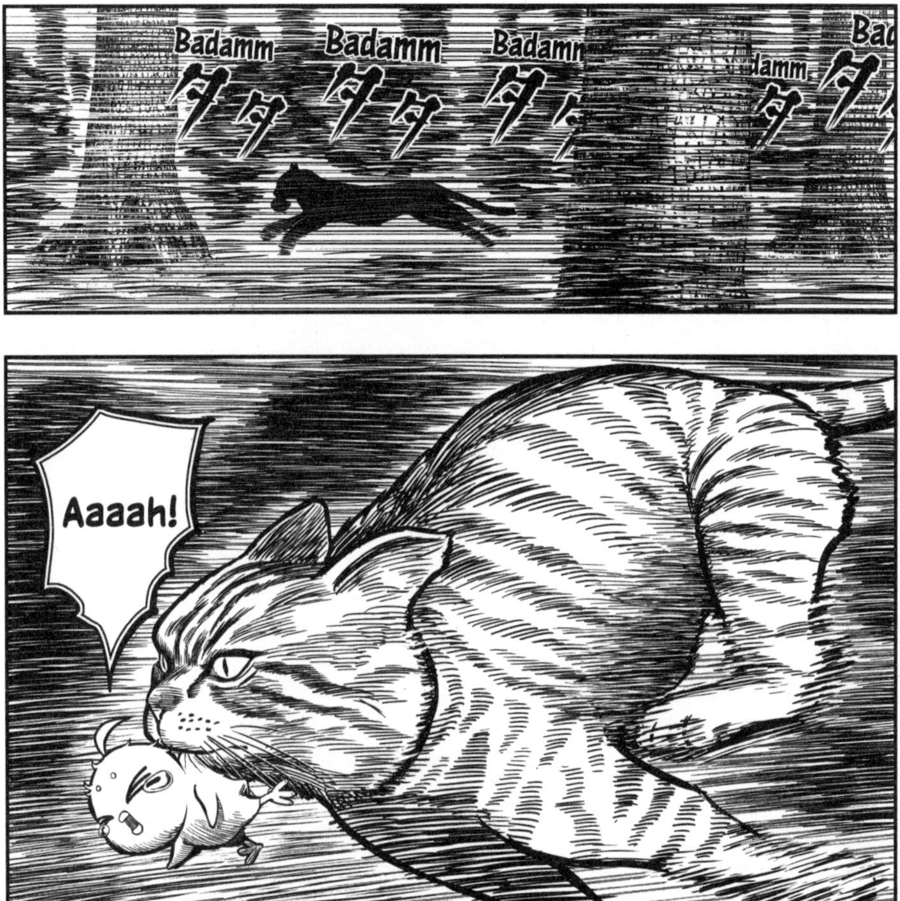

RUNDE #8 Ende

RUNDE #9

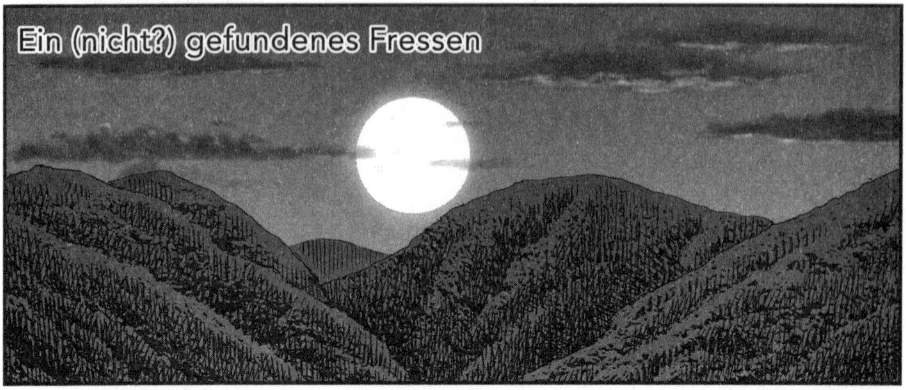

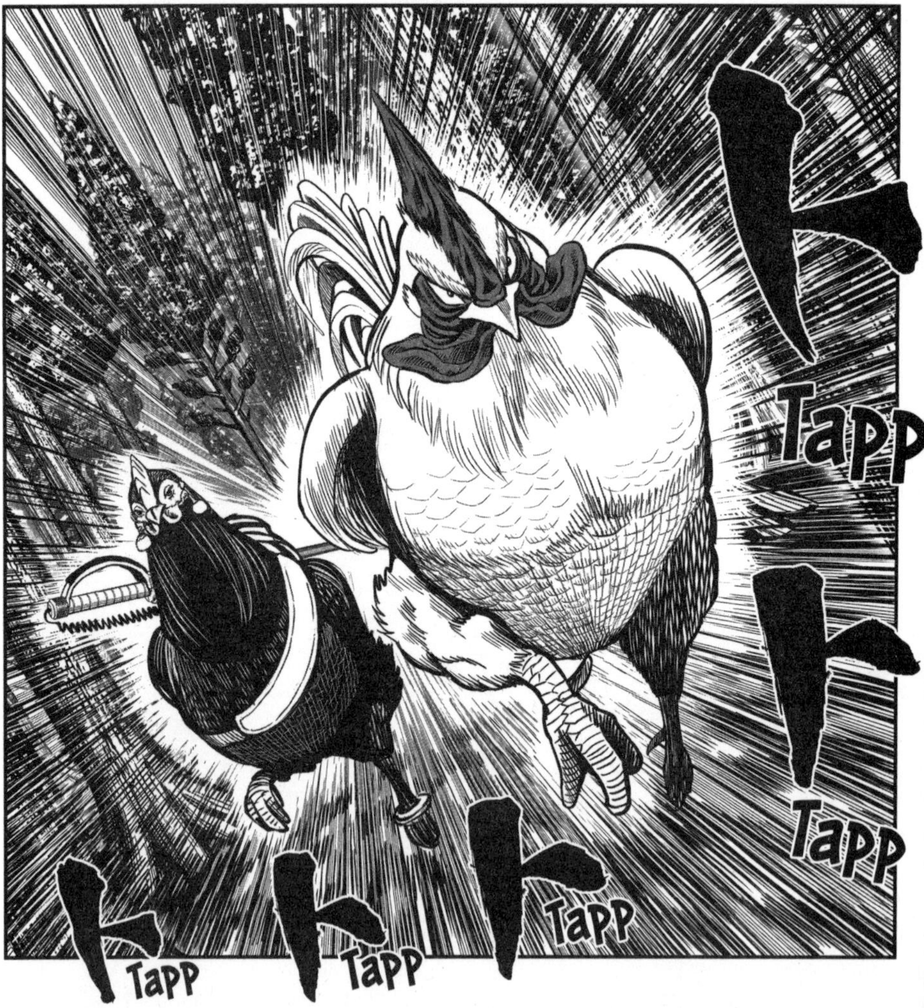

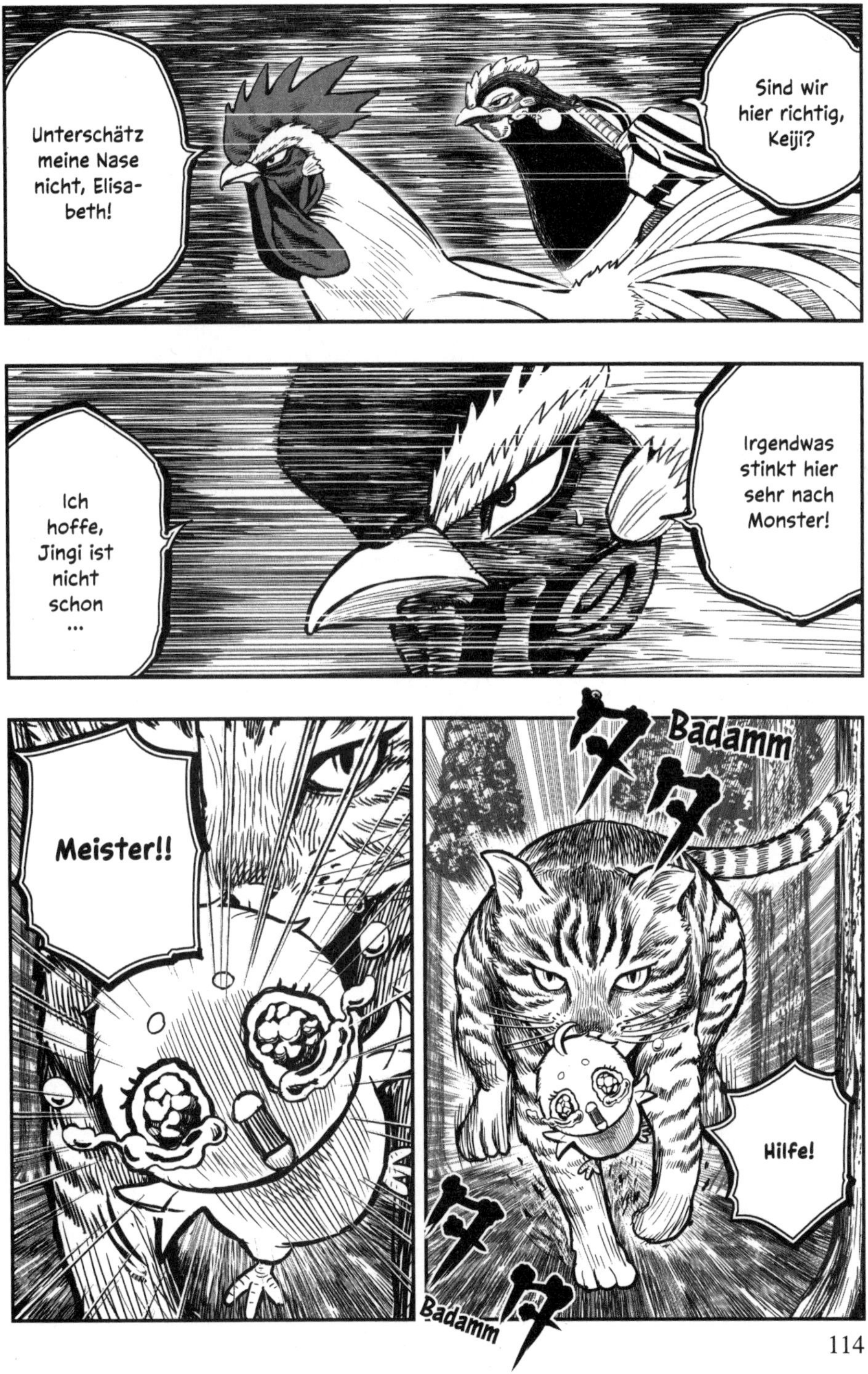
Sind wir hier richtig, Keiji?
Unterschätz meine Nase nicht, Elisabeth!
Irgendwas stinkt hier sehr nach Monster!
Ich hoffe, Jingi ist nicht schon ...
Badamm
Hilfe!
Badamm
Meister!!

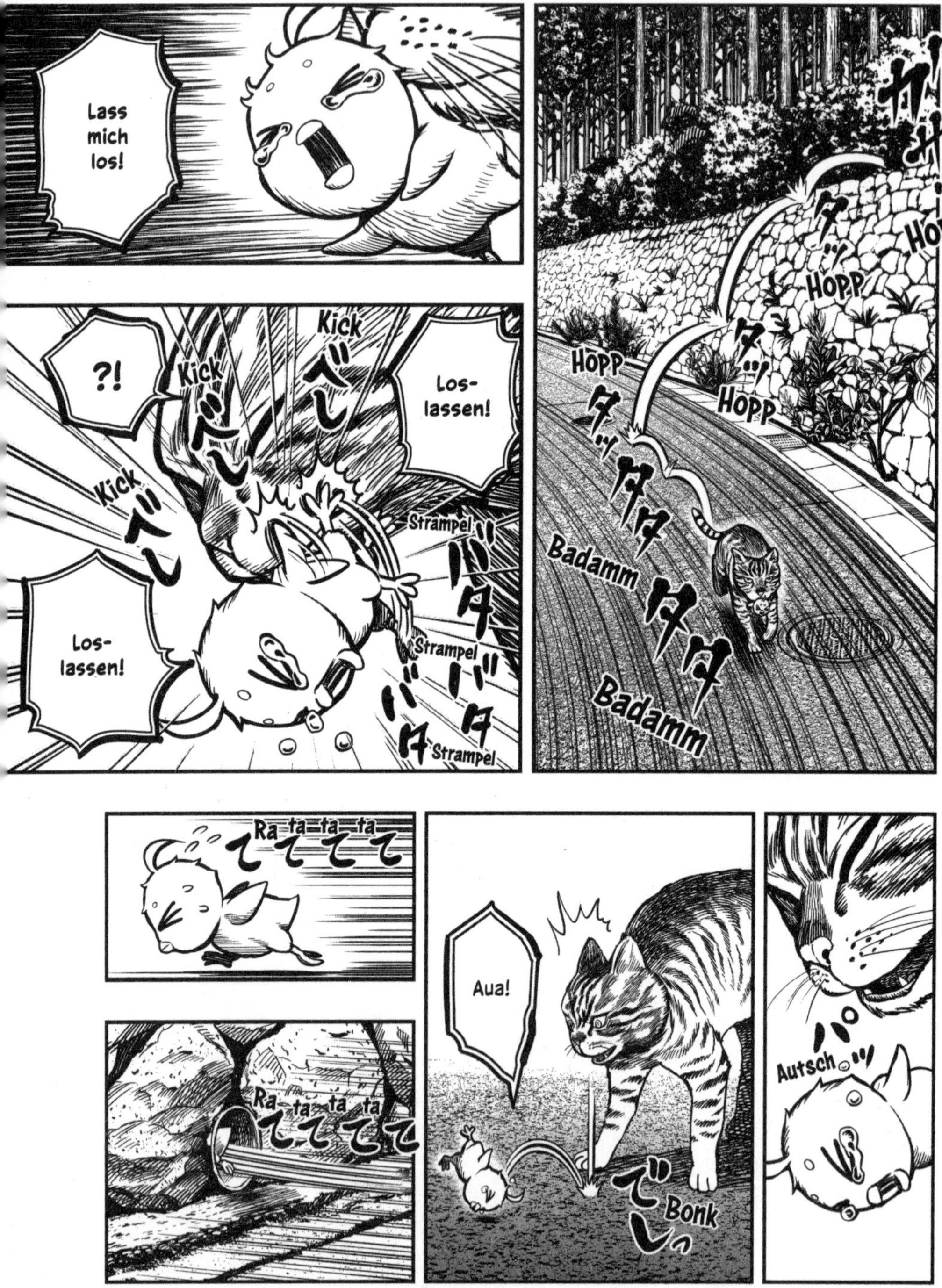
Hopp
Hopp
Hopp
Hopp
Badamm
Badamm
Lass mich los!
Kick
Kick
Kick
Los-lassen!
?!
Strampel
Strampel
Strampel
Los-lassen!
Autsch
Aua!
Bonk
Ra ta ta ta
Ra ta ta ta

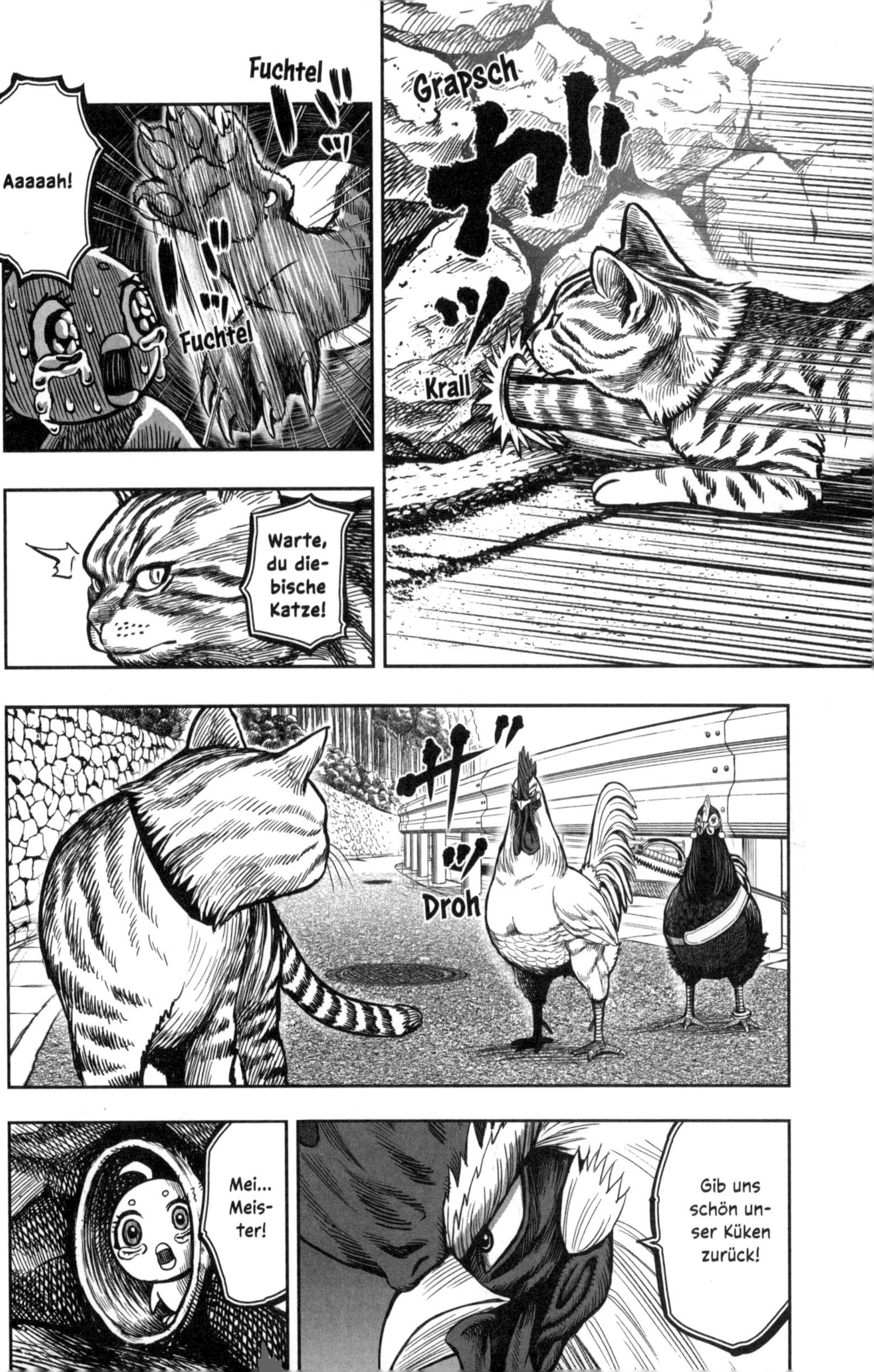
Grapsch
Krall
Fuchtel
Aaaaah!
Fuchtel
Warte, du diebische Katze!
Droh
Gib uns schön unser Küken zurück!
Mei... Meister!

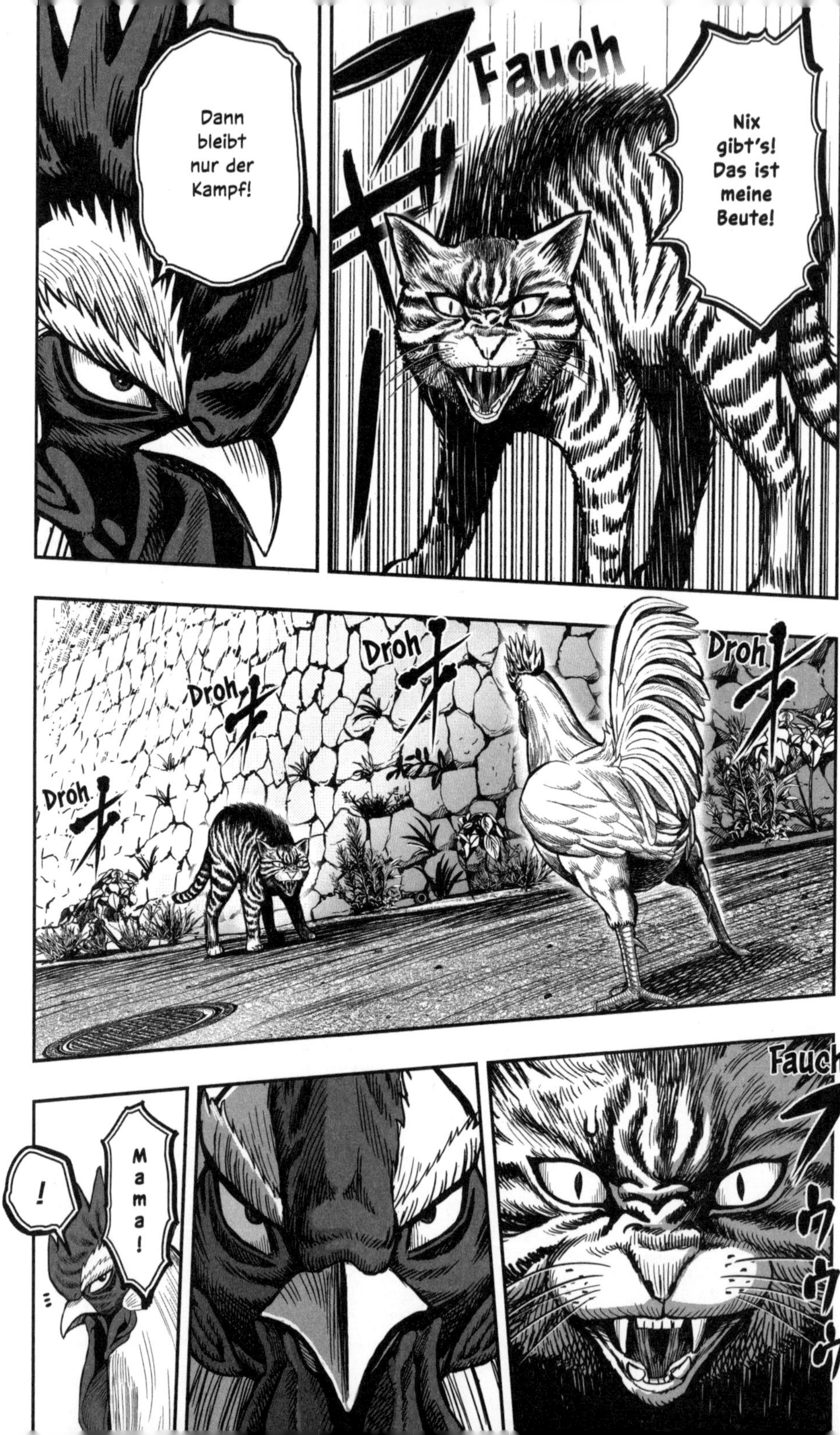
Fauch
Nix gibt's! Das ist meine Beute!
Dann bleibt nur der Kampf!
Droh
Droh
Droh
Droh
Fauch
Mama!
!

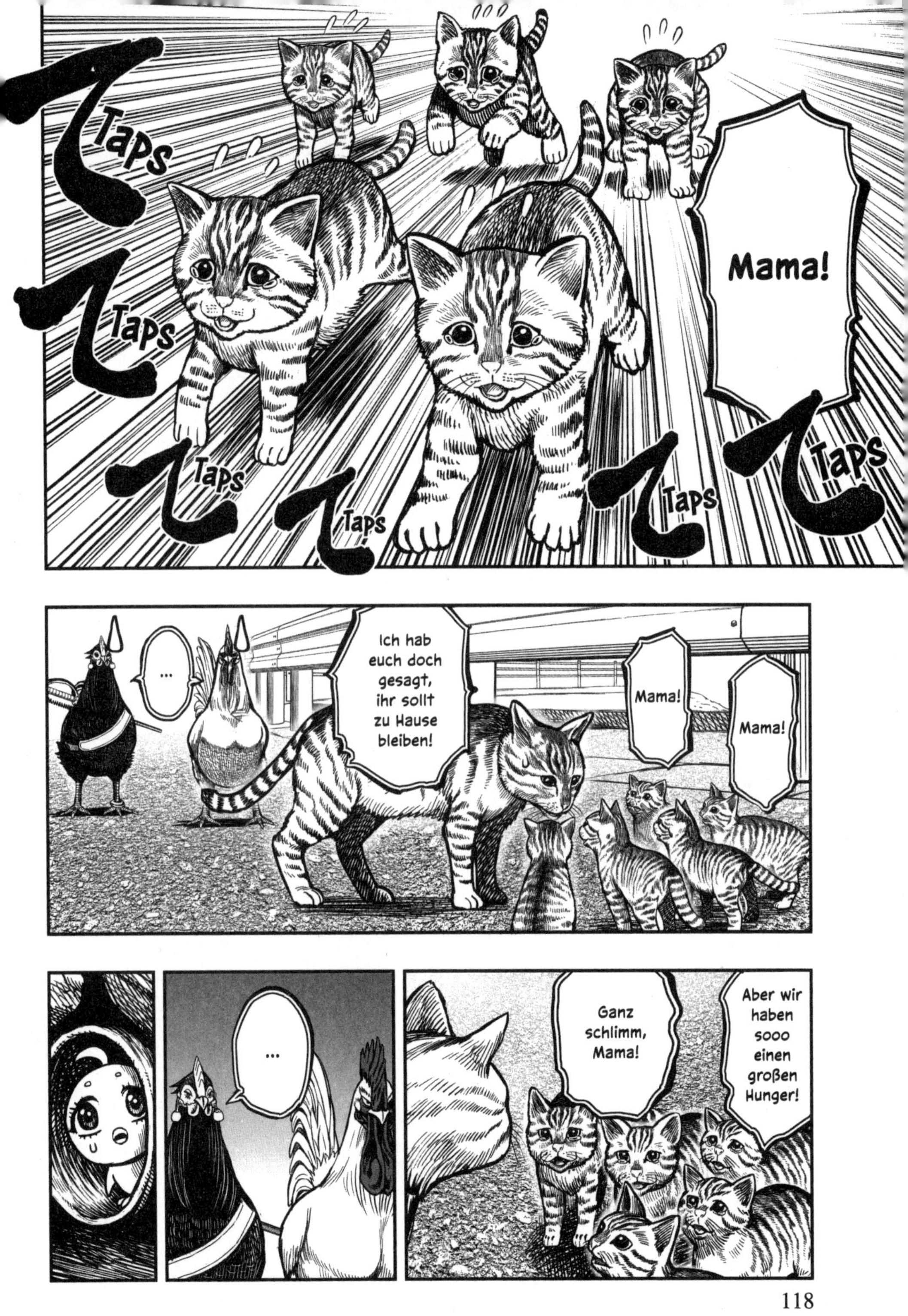
Taps
Taps
Taps
Taps
Taps
Taps
Mama!
...
Ich hab euch doch gesagt, ihr sollt zu Hause bleiben!
Mama!
Mama!
...
Ganz schlimm, Mama!
Aber wir haben sooo einen großen Hunger!

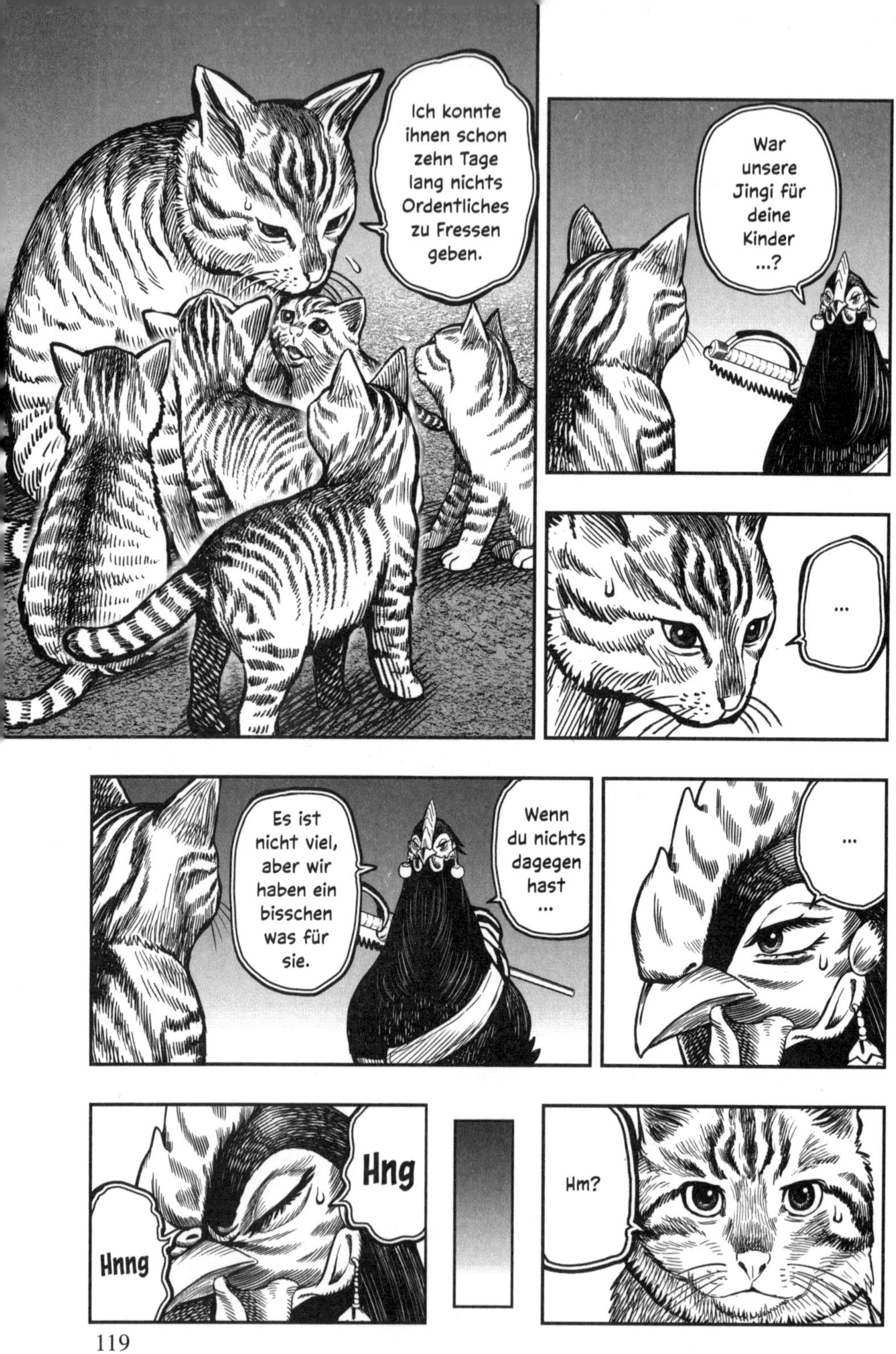
Ich konnte ihnen schon zehn Tage lang nichts Ordentliches zu Fressen geben.
War unsere Jingi für deine Kinder ...?
...
Wenn du nichts dagegen hast ...
Es ist nicht viel, aber wir haben ein bisschen was für sie.
...
Hm?
Hng
Hnng

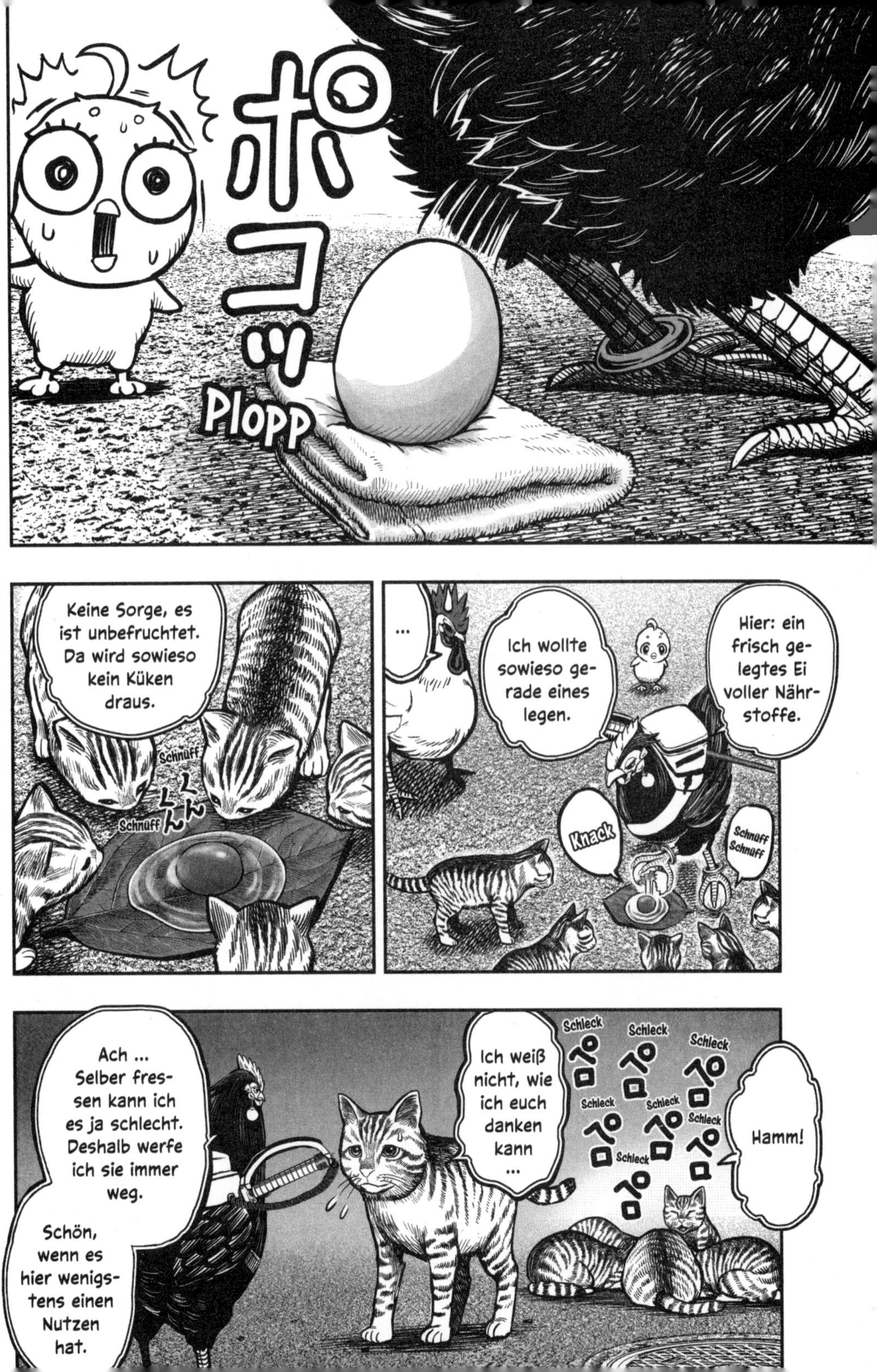
ポコッ
Plopp
Hier: ein frisch gelegtes Ei voller Nährstoffe.
Ich wollte sowieso gerade eines legen.
...
Knack
Schnüff Schnüff
Keine Sorge, es ist unbefruchtet. Da wird sowieso kein Küken draus.
Schnüff
くんくん
Schnüff
Hamm!
Schleck Schleck Schleck Schleck Schleck Schleck Schleck
Ich weiß nicht, wie ich euch danken kann ...
Ach ... Selber fressen kann ich es ja schlecht. Deshalb werfe ich sie immer weg.
Schön, wenn es hier wenigstens einen Nutzen hat.

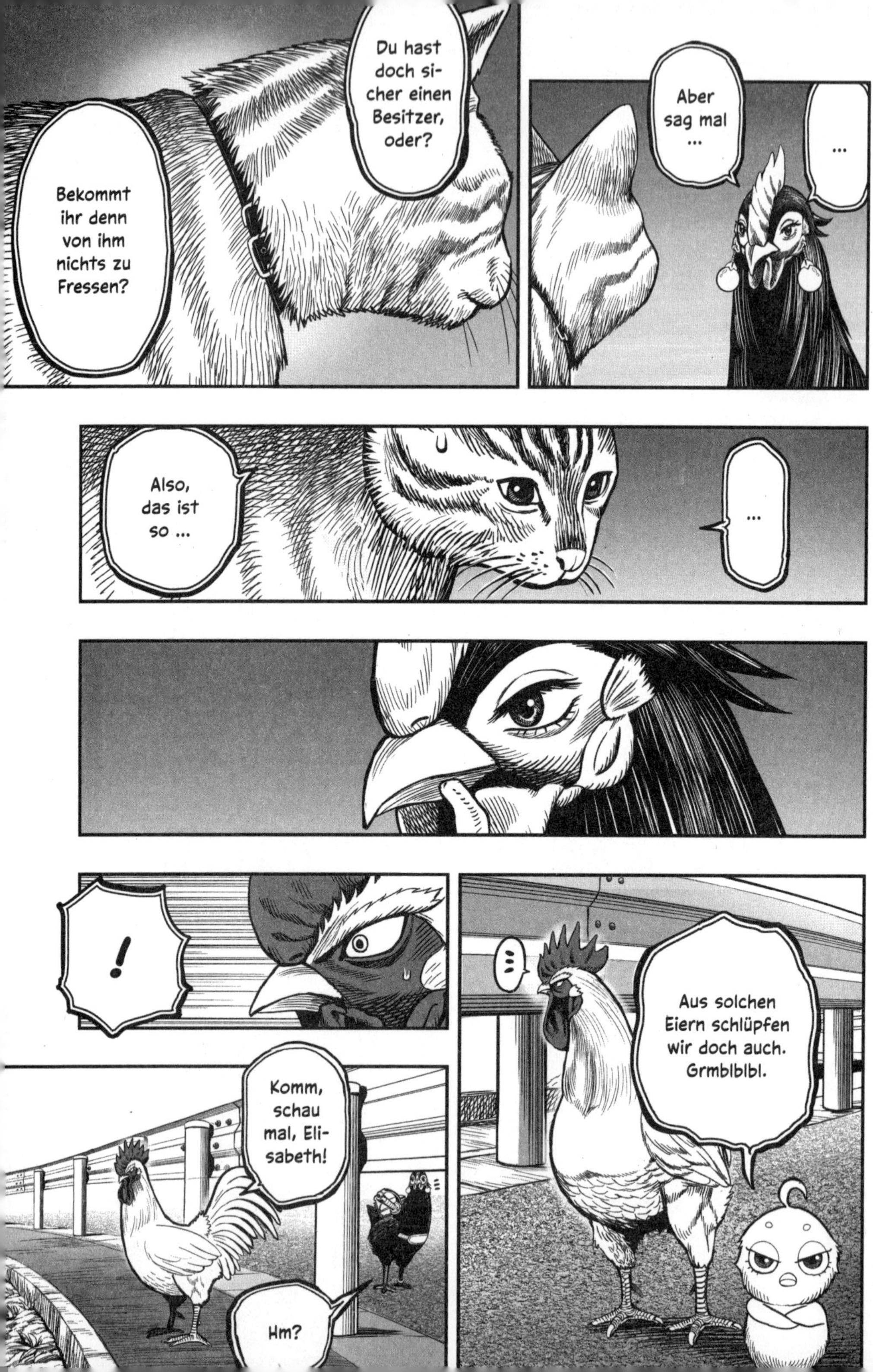
Du hast doch si-cher einen Besitzer, oder?
Bekommt ihr denn von ihm nichts zu Fressen?
Aber sag mal ...
...
Also, das ist so ...
...
!
Aus solchen Eiern schlüpfen wir doch auch. Grmblblbl.
Komm, schau mal, Eli-sabeth!
Hm?

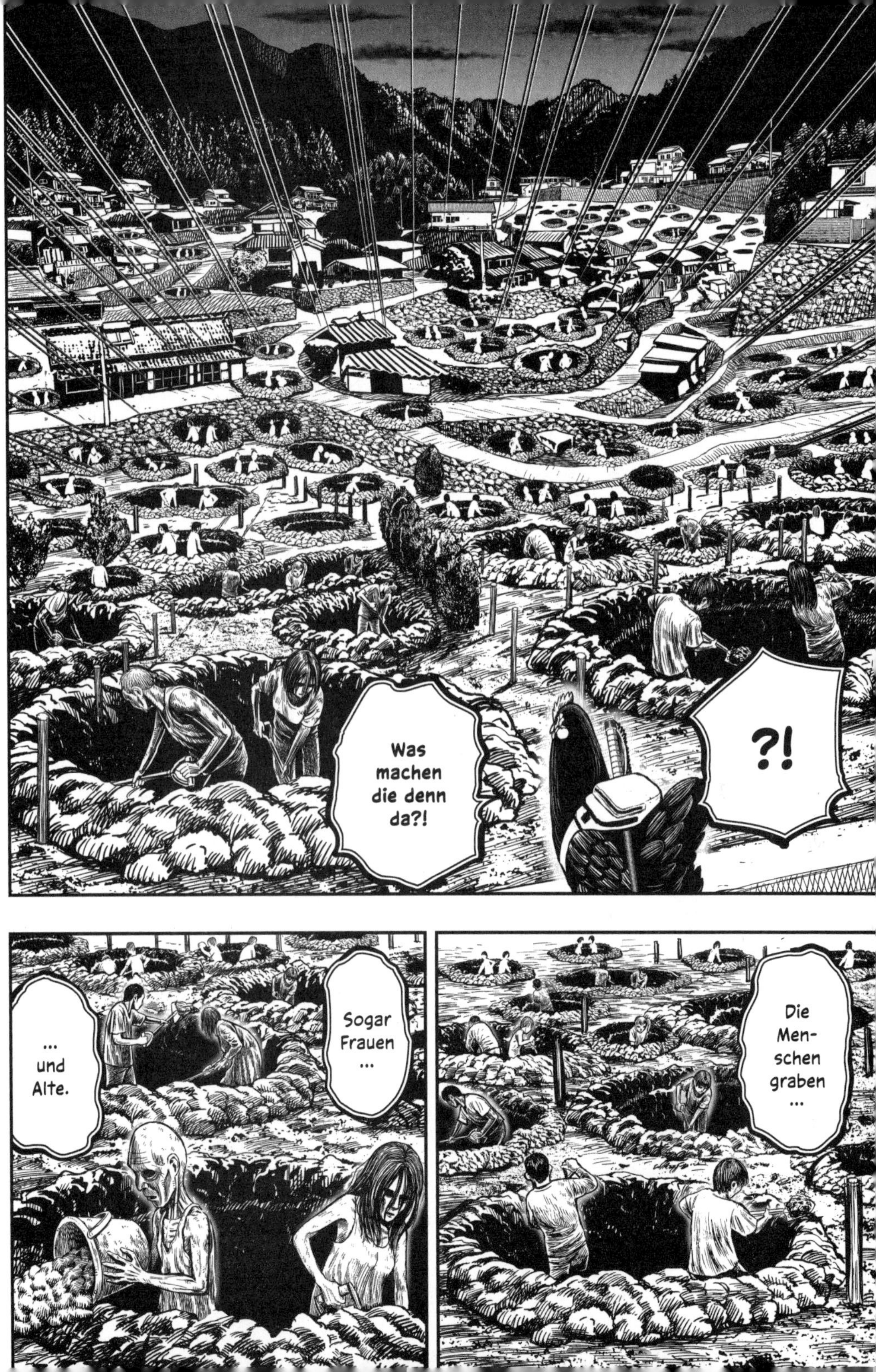
?!
Was machen die denn da?!
Die Men-schen graben ...
Sogar Frauen ...
... und Alte.

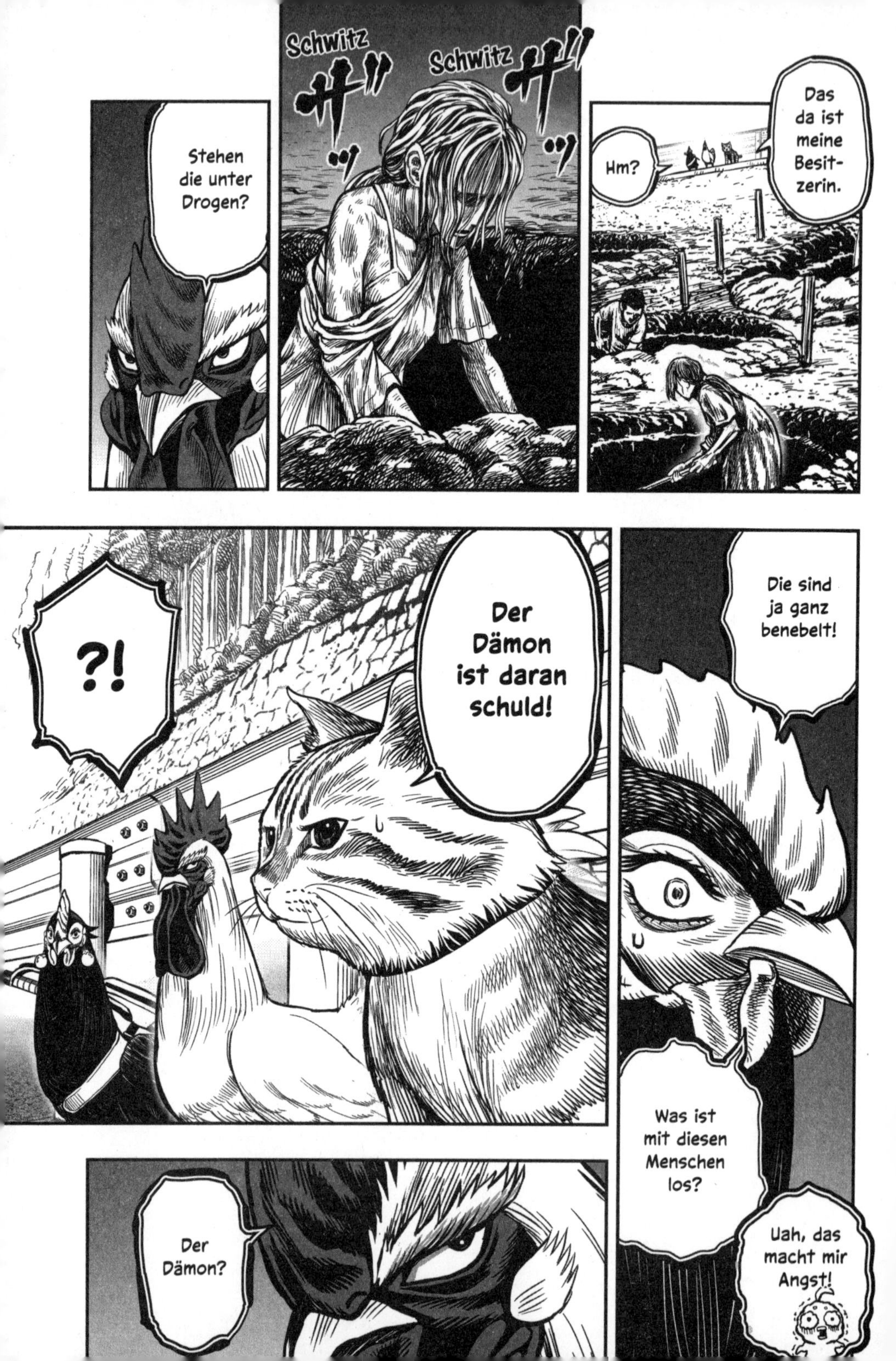
Das da ist meine Besit-zerin.
Hm?
Schwitz
Schwitz
Stehen die unter Drogen?
Die sind ja ganz benebelt!
Was ist mit diesen Menschen los?
Uah, das macht mir Angst!
Der Dämon ist daran schuld!
?!
Der Dämon?

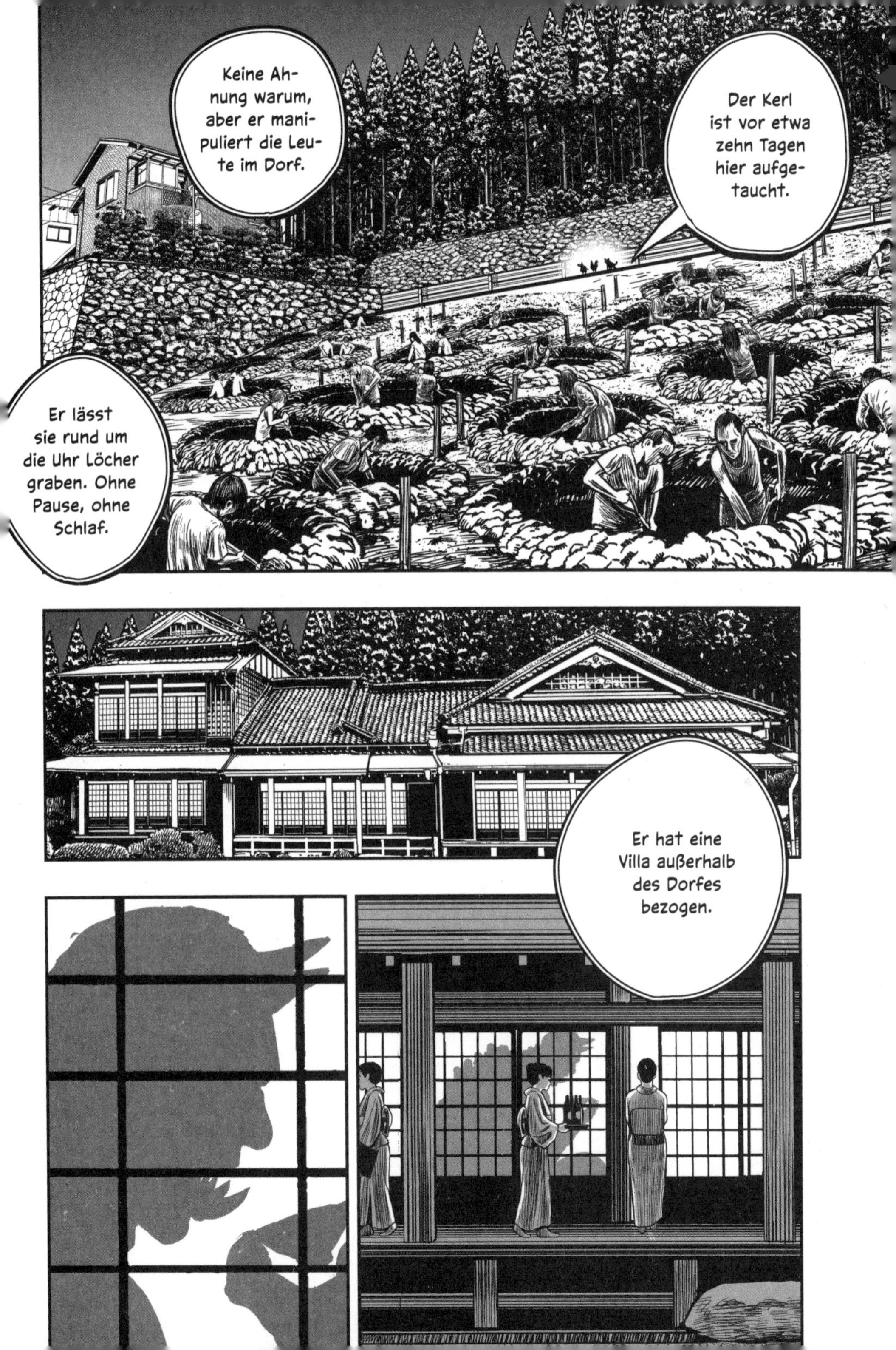
Der Kerl ist vor etwa zehn Tagen hier aufgetaucht.
Keine Ahnung warum, aber er manipuliert die Leute im Dorf.
Er lässt sie rund um die Uhr Löcher graben. Ohne Pause, ohne Schlaf.
Er hat eine Villa außerhalb des Dorfes bezogen.

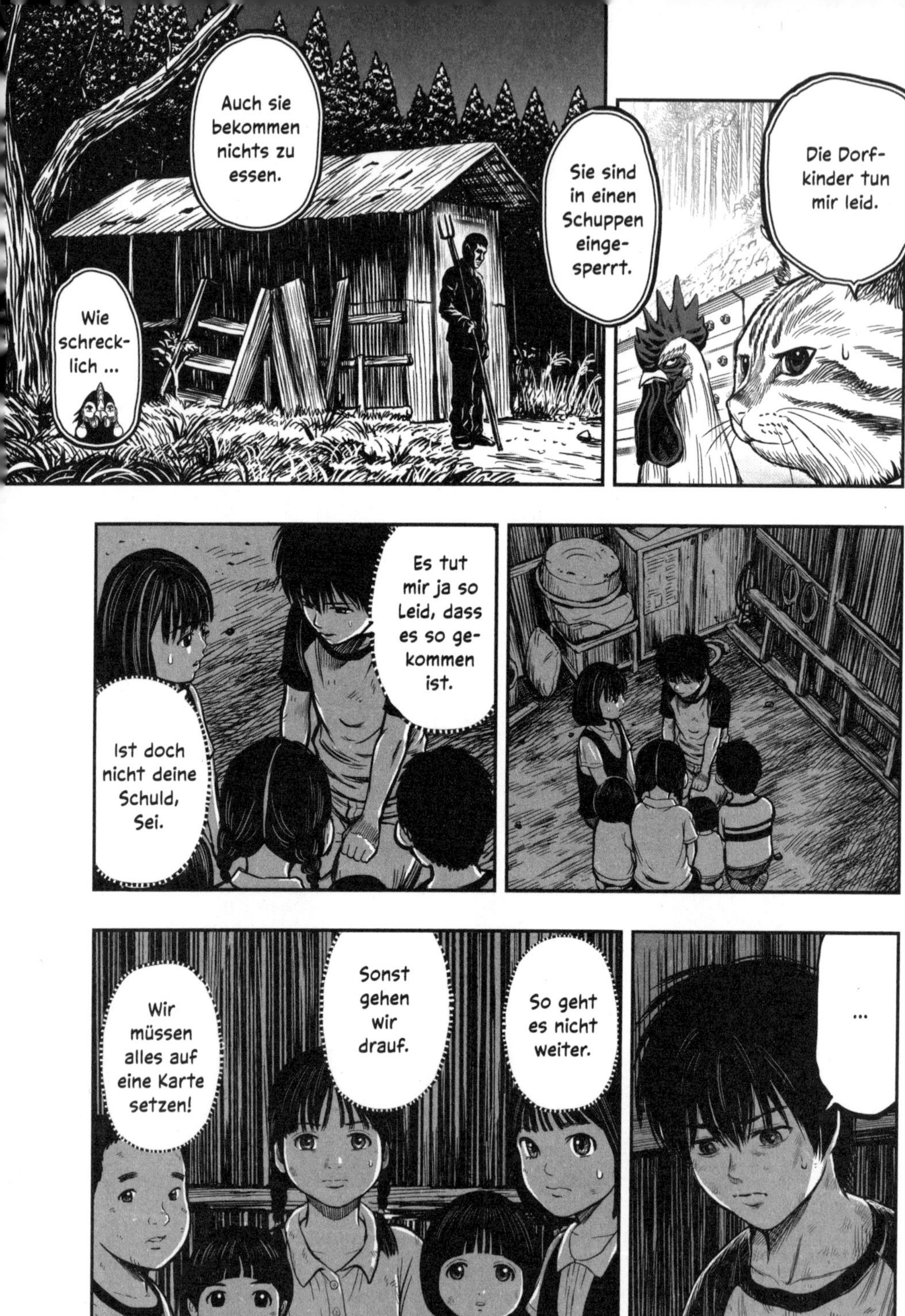

Die Dorfkinder tun mir leid.
Sie sind in einen Schuppen eingesperrt.
Auch sie bekommen nichts zu essen.
Wie schrecklich ...
Es tut mir ja so Leid, dass es so gekommen ist.
Ist doch nicht deine Schuld, Sei.
...
So geht es nicht weiter.
Sonst gehen wir drauf.
Wir müssen alles auf eine Karte setzen!

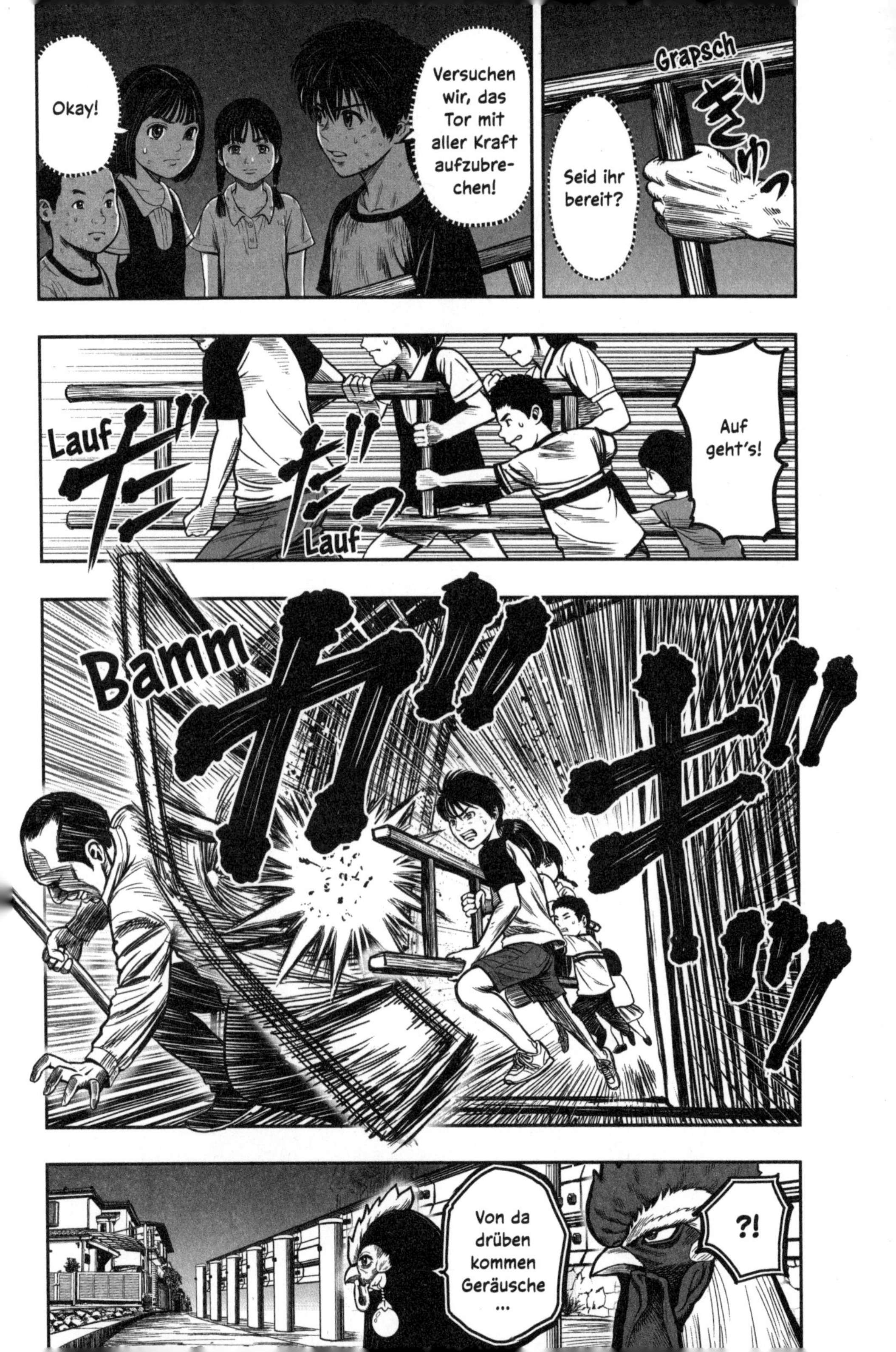
Versuchen wir, das Tor mit aller Kraft aufzubrechen!
Okay!
Grapsch
Seid ihr bereit?
Auf geht's!
Lauf
Lauf
Bamm
Von da drüben kommen Geräusche ...
?!

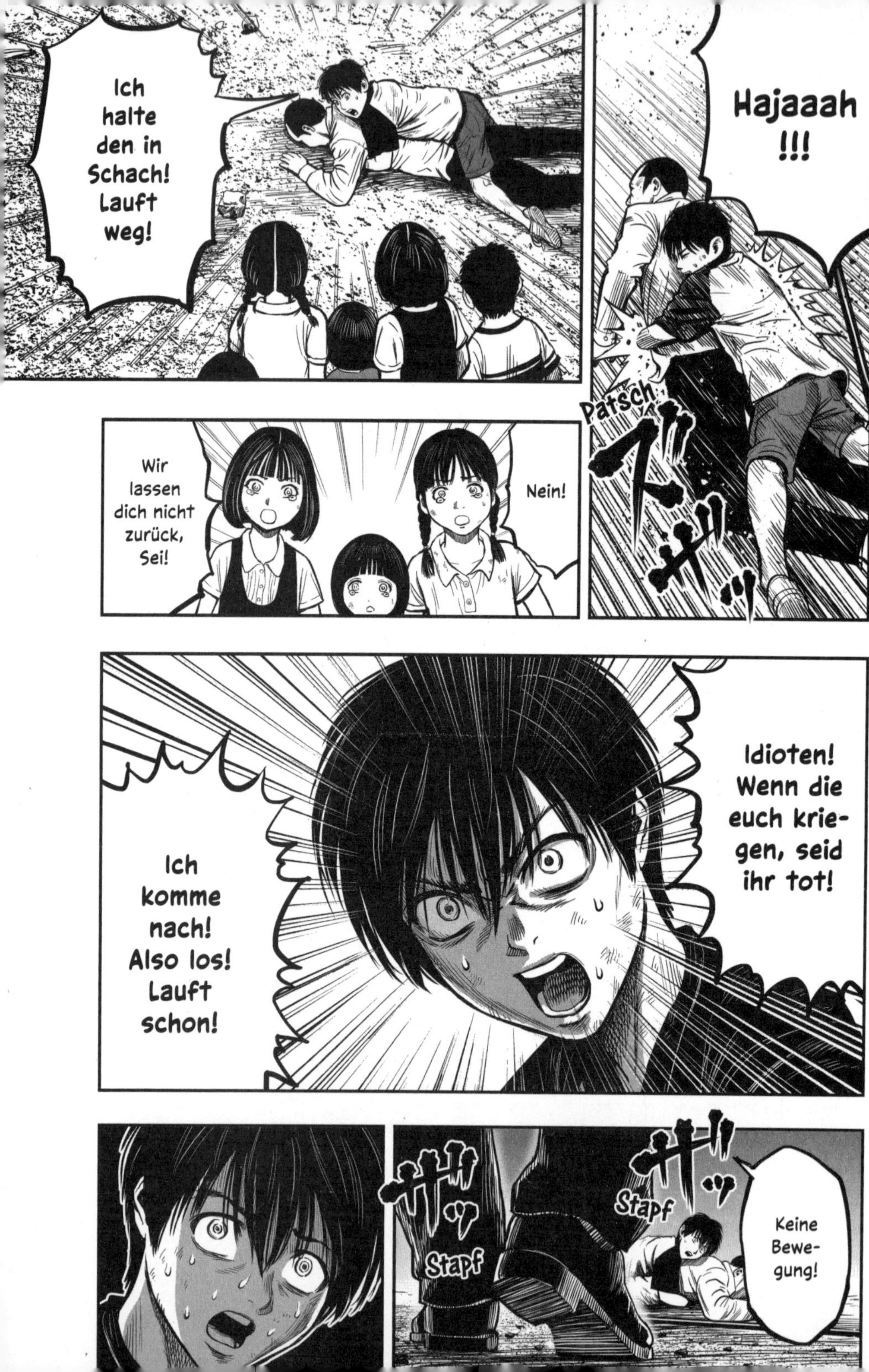
Hajaaah !!!
Patsch
Ich halte den in Schach! Lauft weg!
Nein!
Wir lassen dich nicht zurück, Sei!
Idioten! Wenn die euch krie-gen, seid ihr tot!
Ich komme nach! Also los! Lauft schon!
Keine Bewe-gung!
Stapf
Stapf

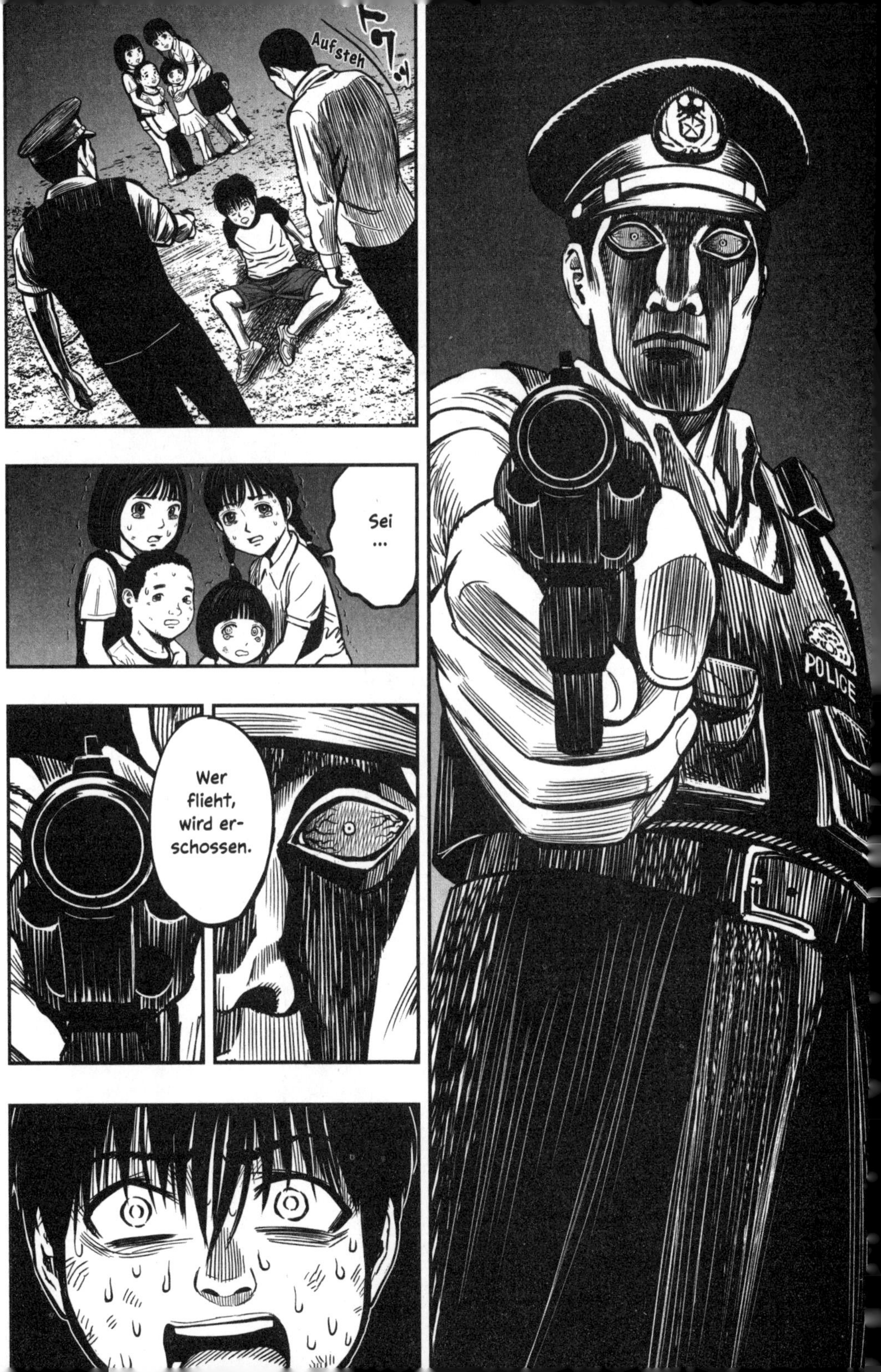
Aufsteh
Sei ...
Wer flieht, wird erschossen.

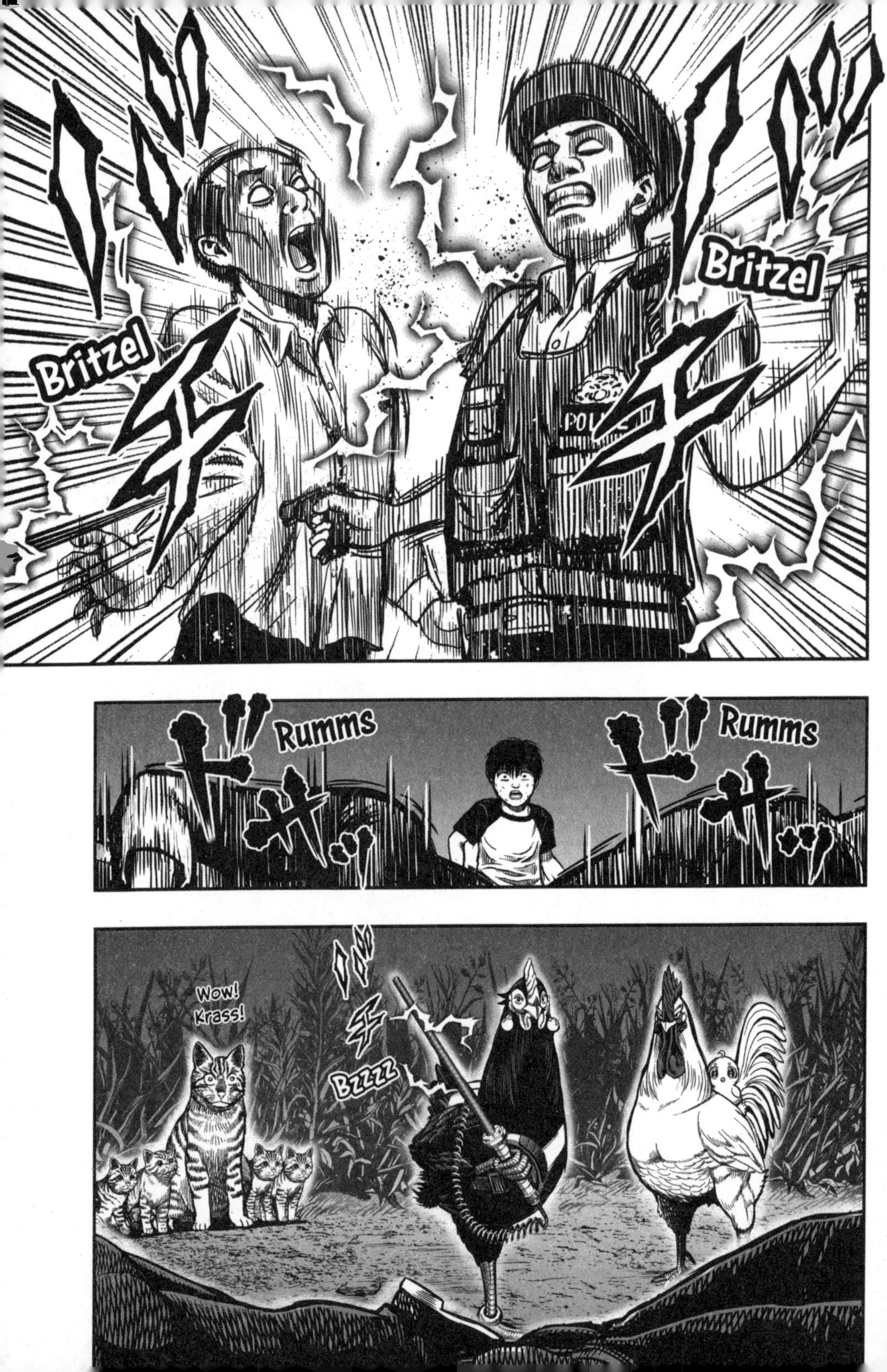
Britzel
Britzel
Rumms
Rumms
Bzzzz
Wow! Krass!

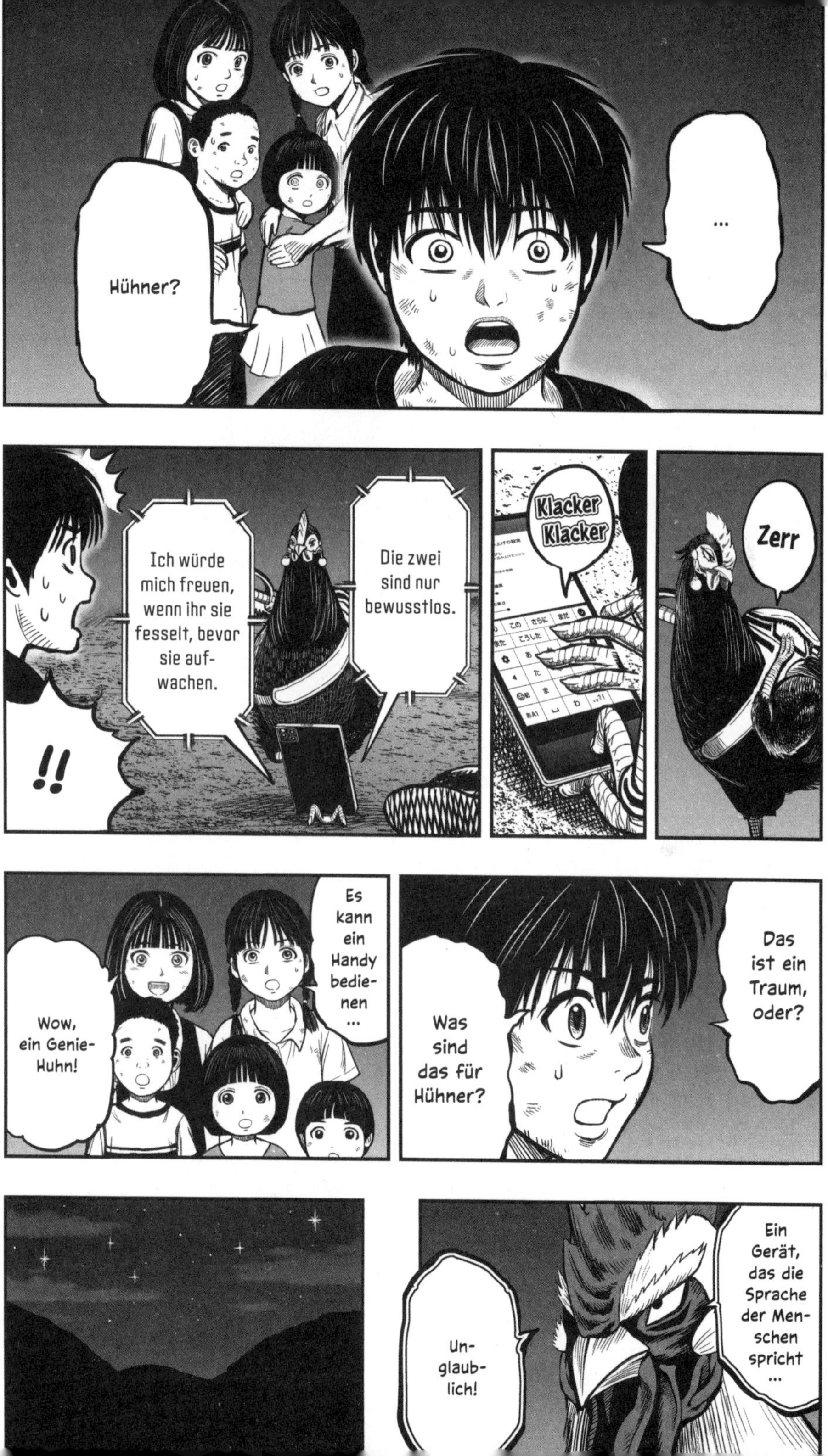
...
Hühner?
Zerr
Klacker Klacker
Die zwei sind nur bewusstlos.
Ich würde mich freuen, wenn ihr sie fesselt, bevor sie aufwachen.
!!
Das ist ein Traum, oder?
Was sind das für Hühner?
Es kann ein Handy bedienen ...
Wow, ein Genie-Huhn!
Ein Gerät, das die Sprache der Menschen spricht ...
Unglaublich!

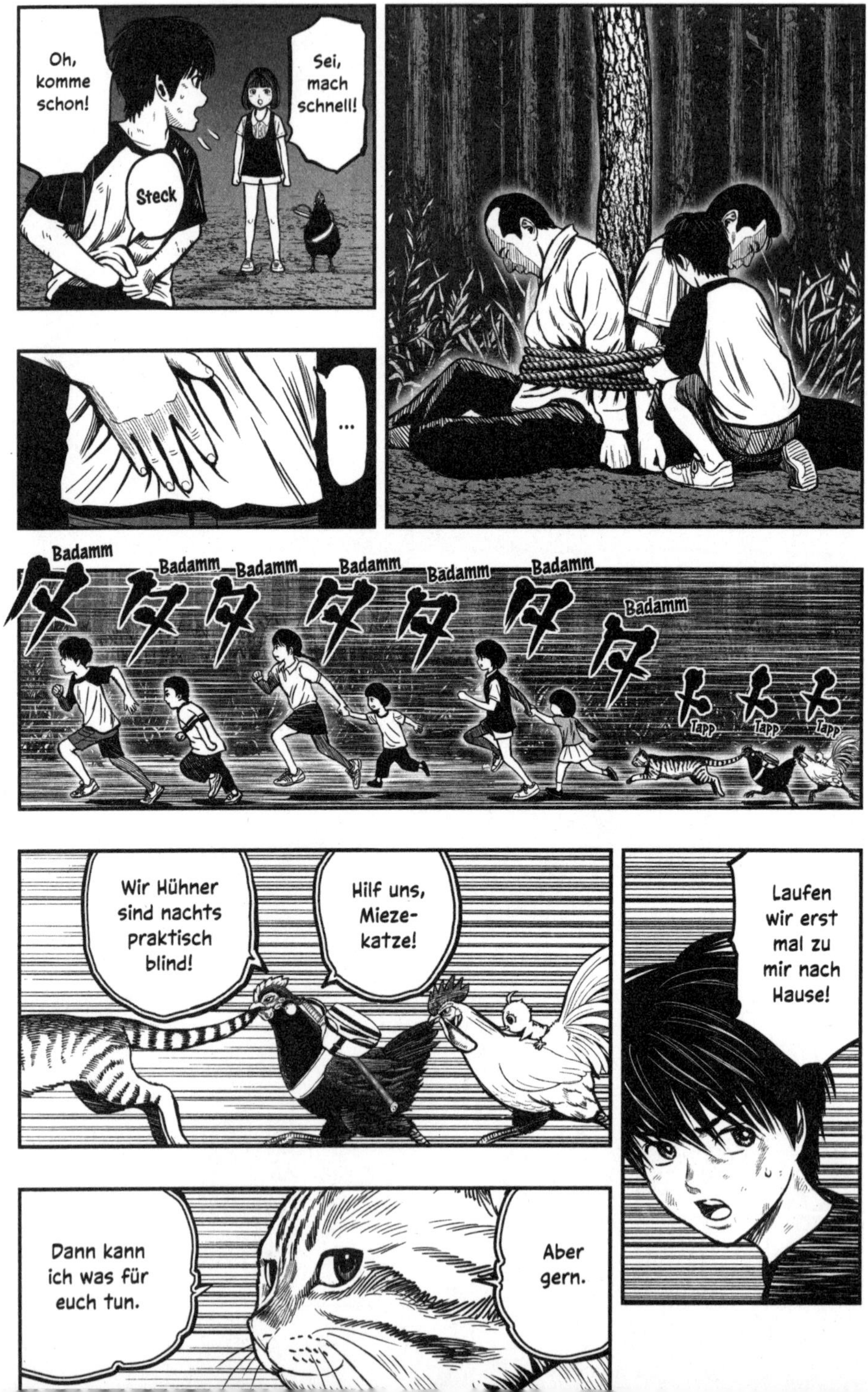
Sei, mach schnell!
Oh, komme schon!
Steck
...
Badamm
Badamm
Badamm
Badamm
Badamm
Badamm
Badamm
Tapp
Tapp
Tapp
Laufen wir erst mal zu mir nach Hause!
Hilf uns, Mieze-katze!
Wir Hühner sind nachts praktisch blind!
Aber gern.
Dann kann ich was für euch tun.

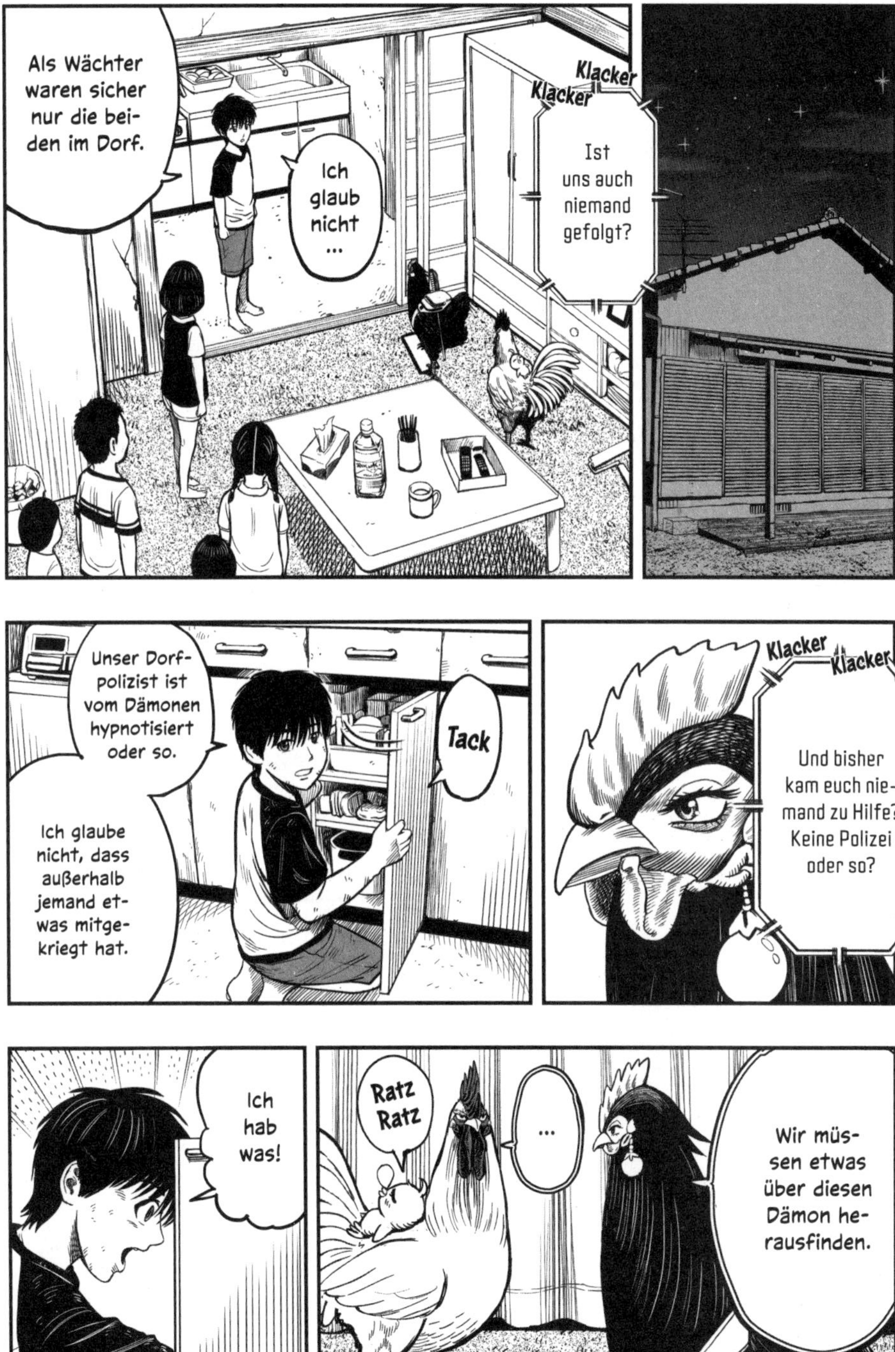

Als Wächter waren sicher nur die beiden im Dorf.
Ich glaub nicht ...
Klacker Klacker
Ist uns auch niemand gefolgt?
Unser Dorfpolizist ist vom Dämonen hypnotisiert oder so.
Ich glaube nicht, dass außerhalb jemand etwas mitgekriegt hat.
Tack
Klacker Klacker
Und bisher kam euch niemand zu Hilfe? Keine Polizei oder so?
Ich hab was!
Ratz Ratz
...
Wir müssen etwas über diesen Dämon herausfinden.

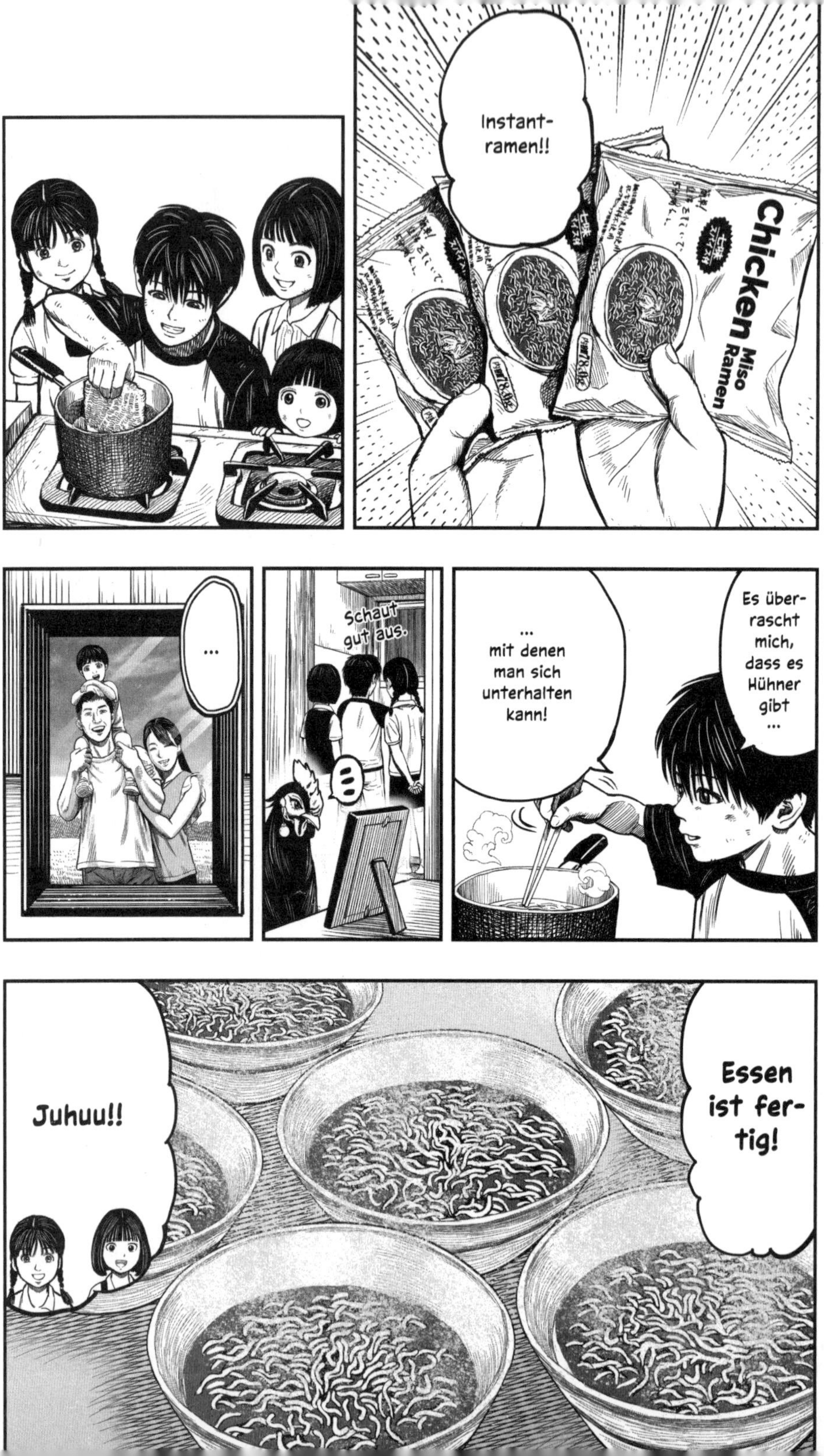
Instant-ramen!!
Chicken Miso Ramen
Es überrascht mich, dass es Hühner gibt ...
... mit denen man sich unterhalten kann!
Schaut gut aus.
...
Essen ist fer-tig!
Juhuu!!

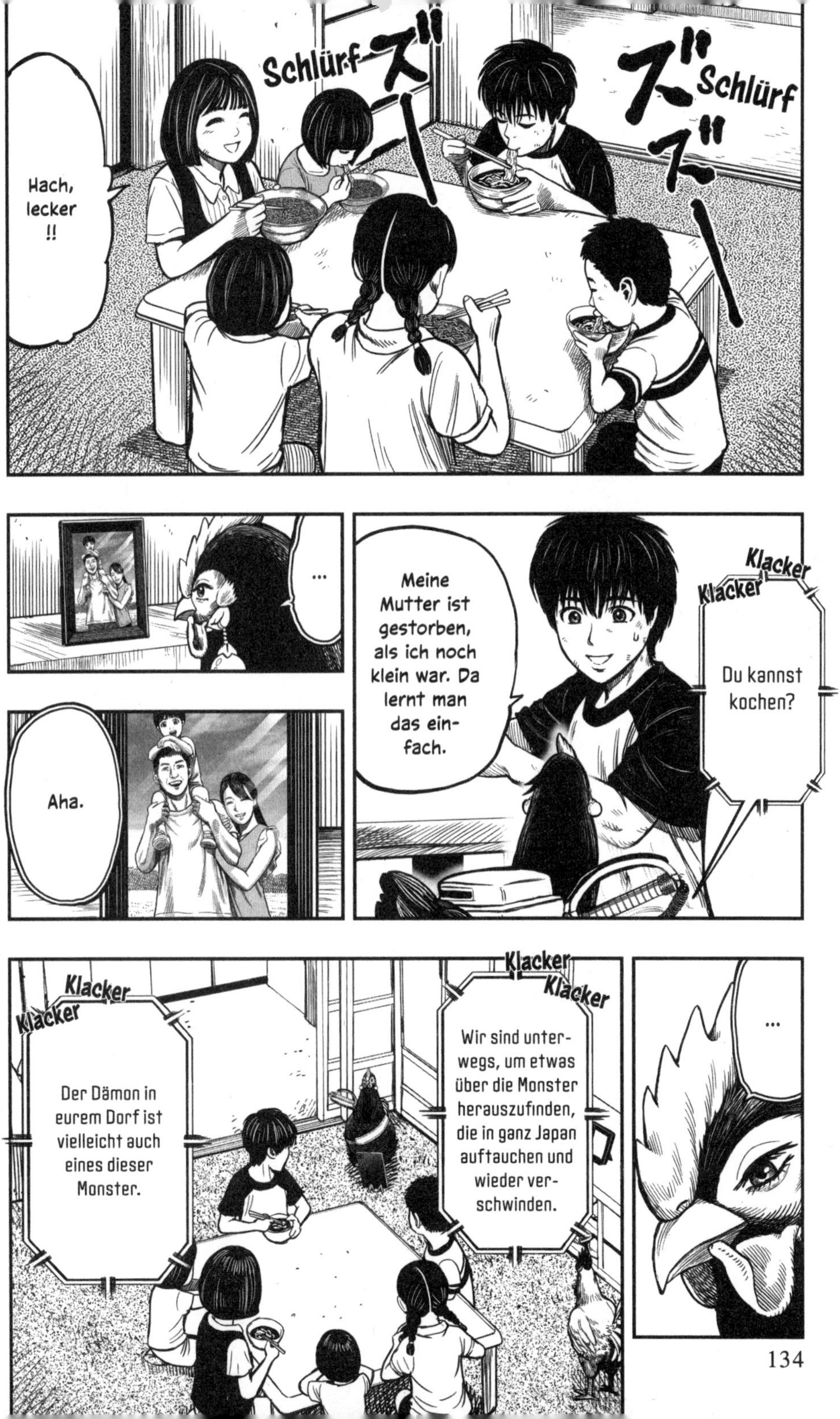
Schlürf
Schlürf
Hach, lecker !!
Klacker Klacker
Du kannst kochen?
Meine Mutter ist gestorben, als ich noch klein war. Da lernt man das ein- fach.
...
Aha.
...
Klacker Klacker
Wir sind unter- wegs, um etwas über die Monster herauszufinden, die in ganz Japan auftauchen und wieder ver- schwinden.
Klacker Klacker
Der Dämon in eurem Dorf ist vielleicht auch eines dieser Monster.

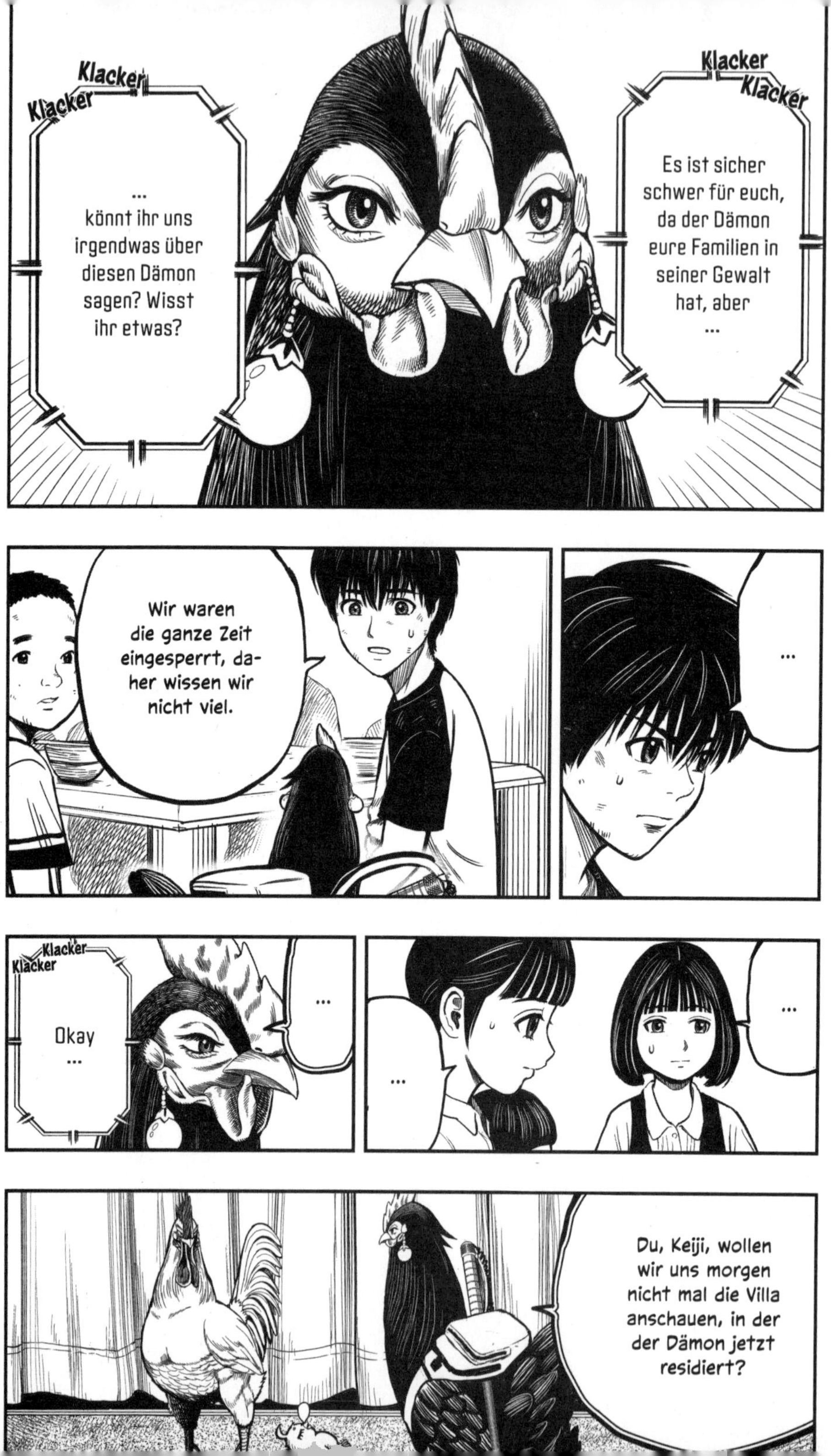
Klacker Klacker
Es ist sicher schwer für euch, da der Dämon eure Familien in seiner Gewalt hat, aber ...
Klacker Klacker
... könnt ihr uns irgendwas über diesen Dämon sagen? Wisst ihr etwas?
...
Wir waren die ganze Zeit eingesperrt, daher wissen wir nicht viel.
...
...
...
Klacker Klacker
Okay ...
Du, Keiji, wollen wir uns morgen nicht mal die Villa anschauen, in der der Dämon jetzt residiert?

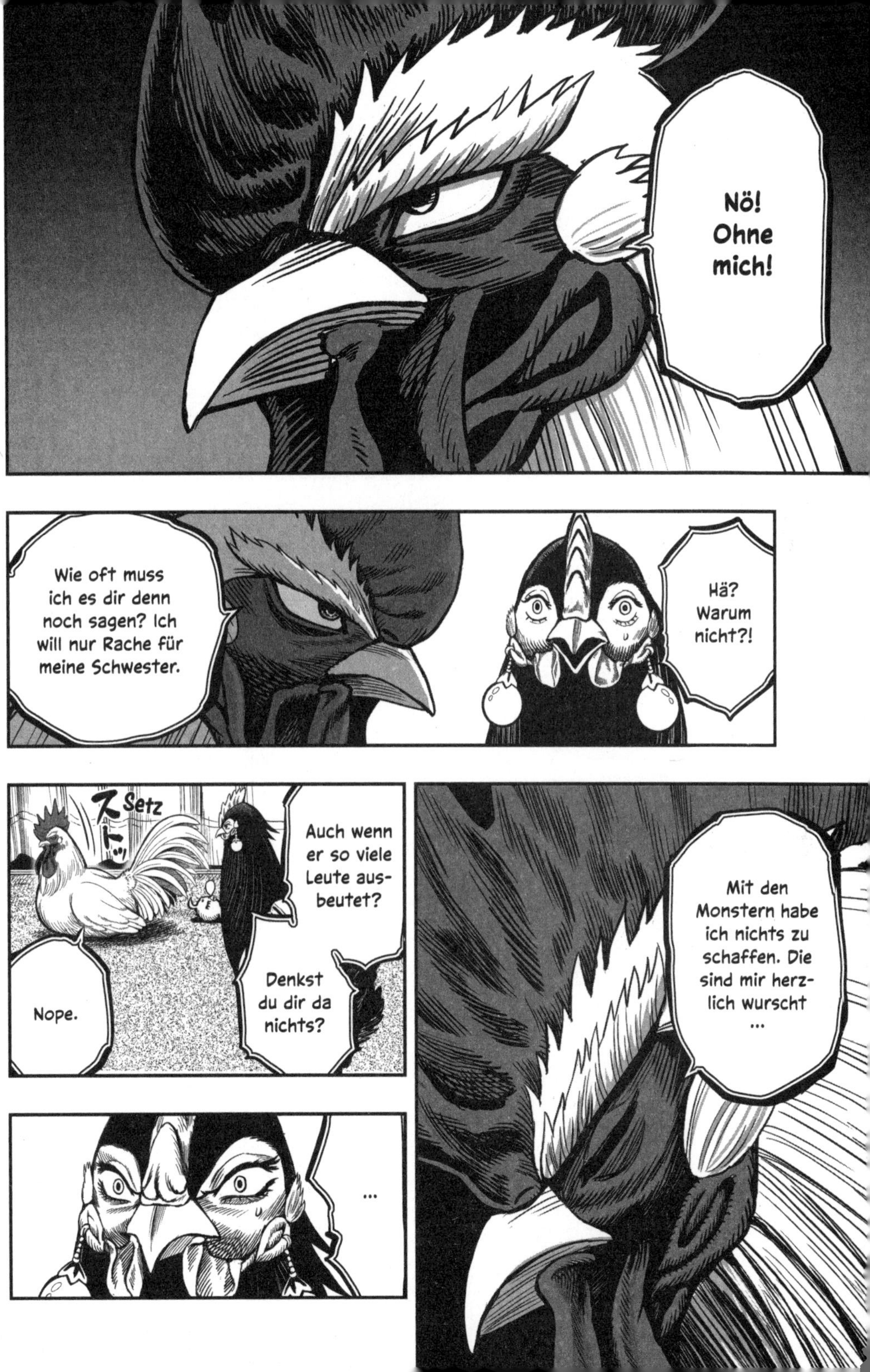
Nö! Ohne mich!
Hä? Warum nicht?!
Wie oft muss ich es dir denn noch sagen? Ich will nur Rache für meine Schwester.
Mit den Monstern habe ich nichts zu schaffen. Die sind mir herzlich wurscht ...
Setz
Auch wenn er so viele Leute ausbeutet?
Denkst du dir da nichts?
Nope.
...

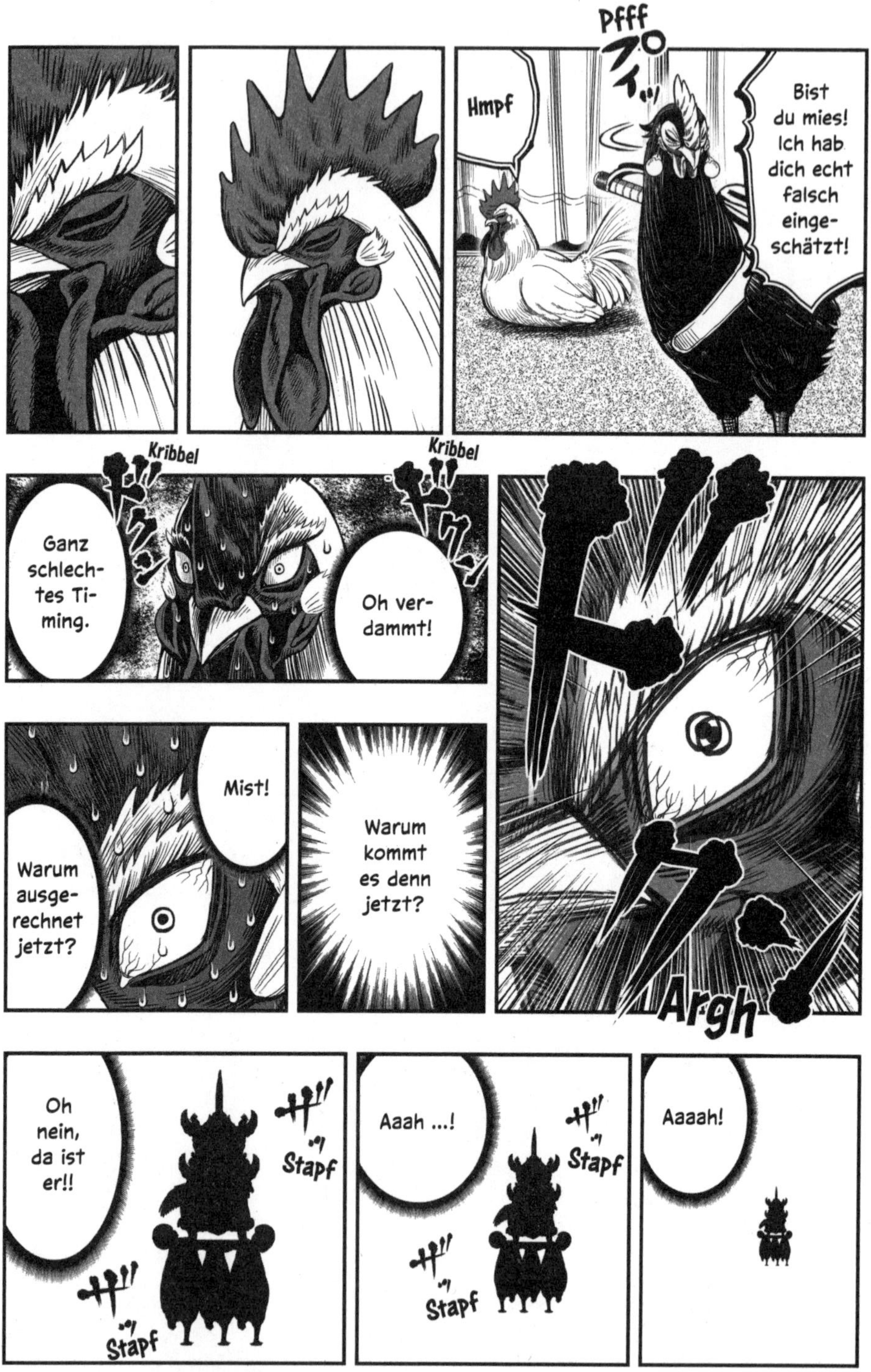

Pfff
Bist du mies! Ich hab dich echt falsch einge-schätzt!
Hmpf
Kribbel
Kribbel
Oh ver-dammt!
Ganz schlech-tes Ti-ming.
Argh
Warum kommt es denn jetzt?
Mist!
Warum ausge-rechnet jetzt?
Aaaah!
Aaah ...!
Stapf
Stapf
Oh nein, da ist er!!
Stapf
Stapf

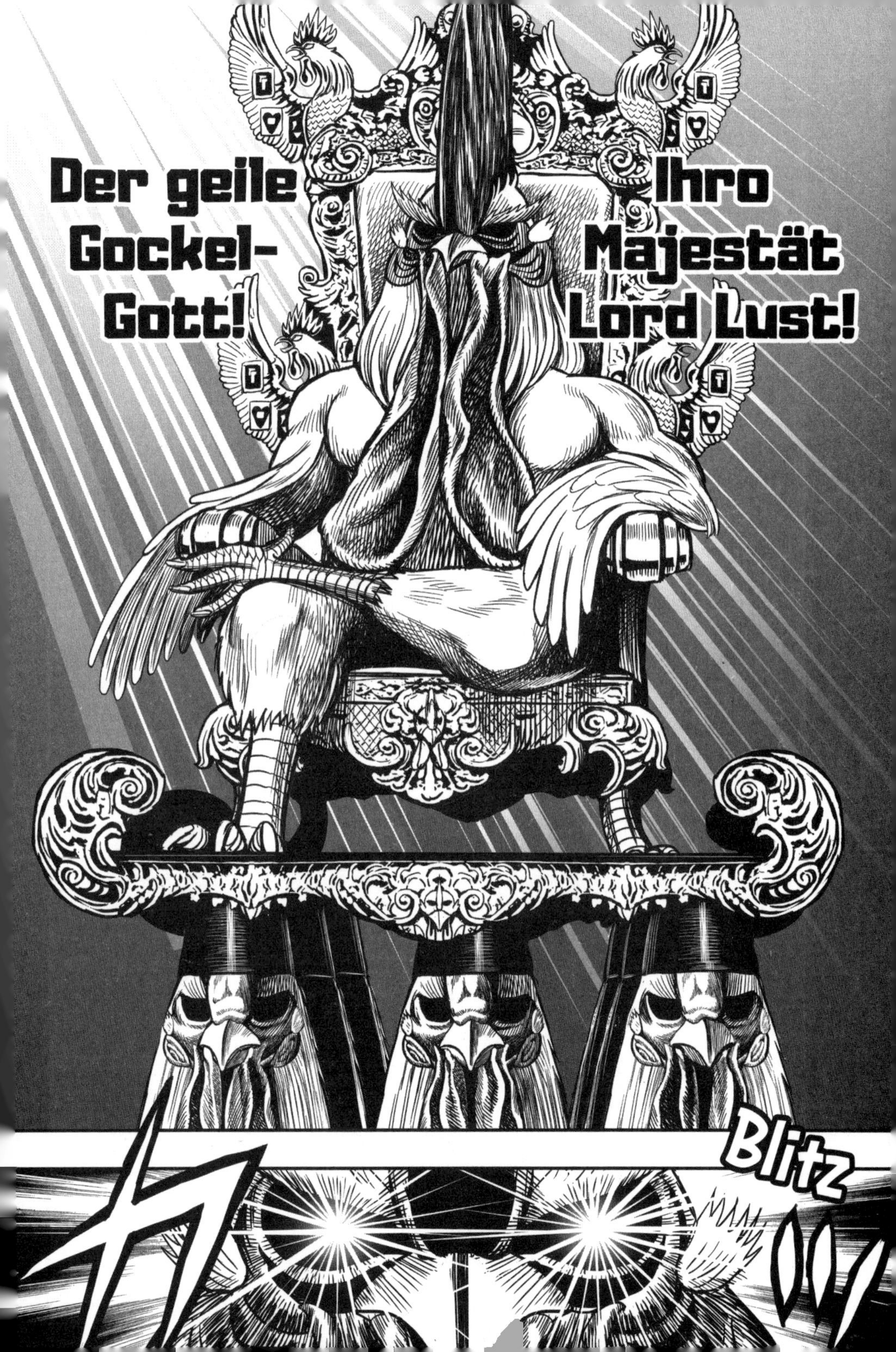
Ihro Majestät Lord Lust!
Der geile Gockel-Gott!
Blitz

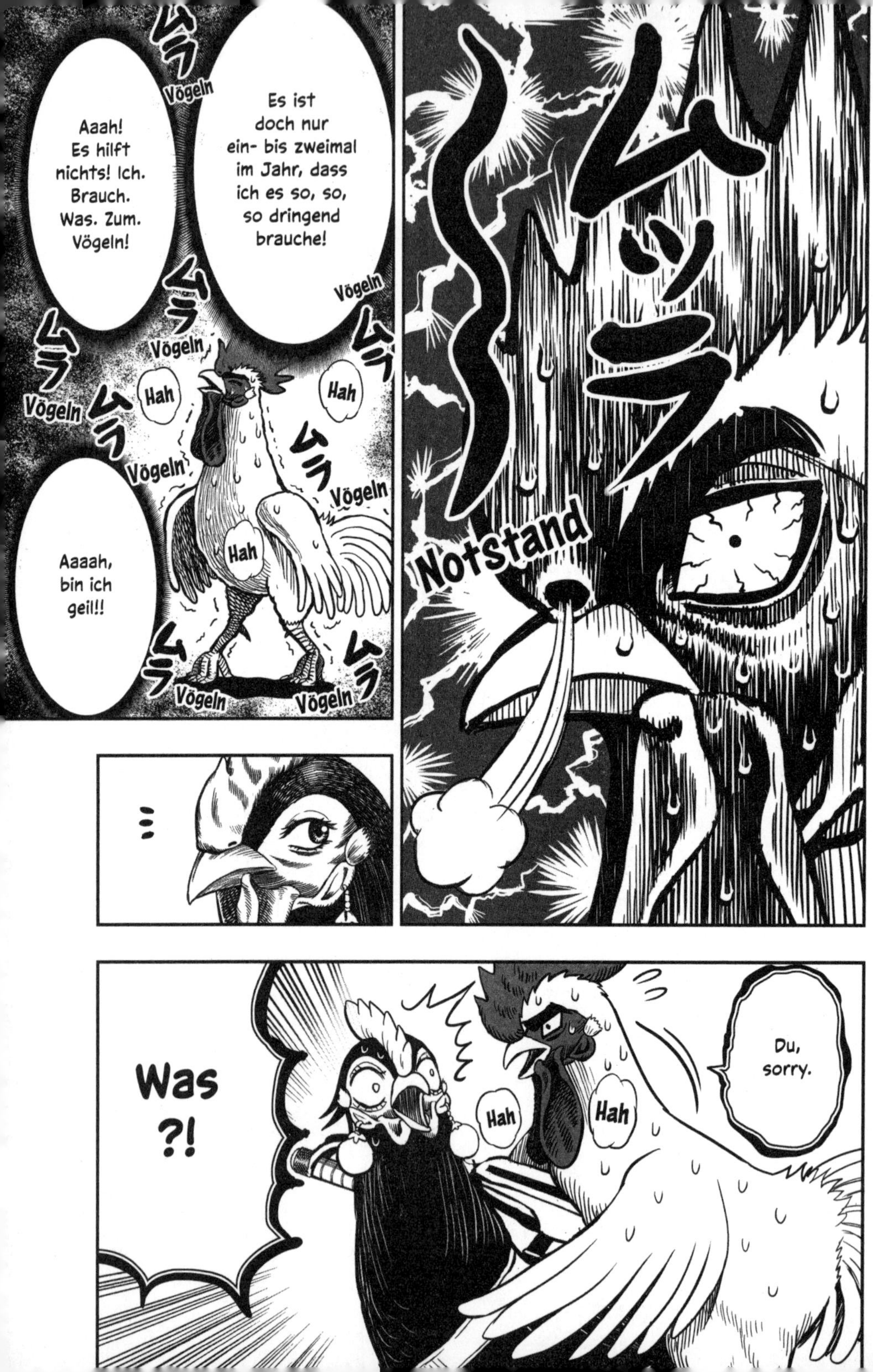
ムラッ
Notstand
Es ist doch nur ein- bis zweimal im Jahr, dass ich es so, so, so dringend brauche!
Aaah! Es hilft nichts! Ich. Brauch. Was. Zum. Vögeln!
Aaaah, bin ich geil!!
ムラ
Vögeln
Hah
...
Du, sorry.
Hah
Hah
Was ?!

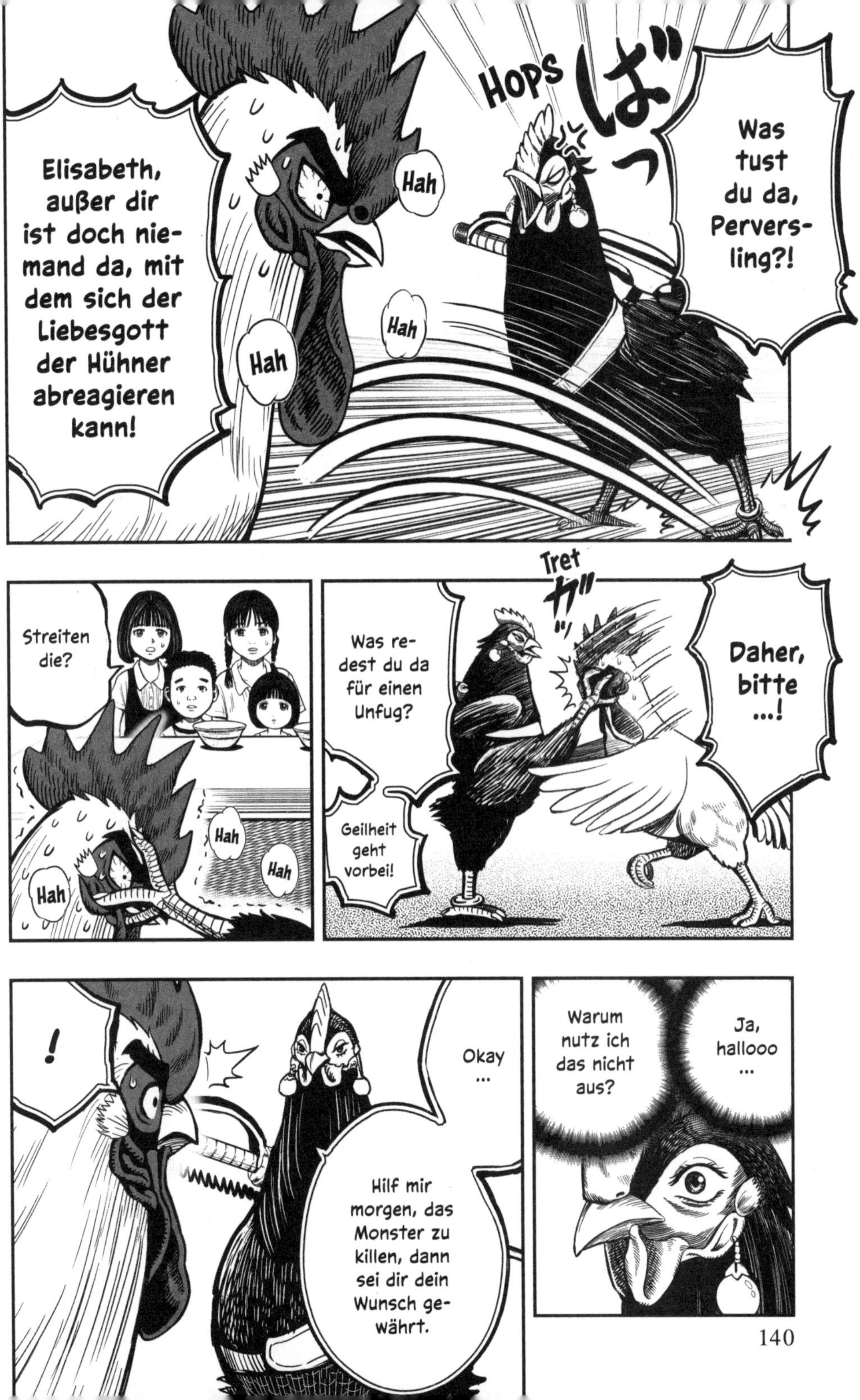
HOPS
ばっ
Was tust du da, Perversling?!
Hah
Hah
Hah
Elisabeth, außer dir ist doch niemand da, mit dem sich der Liebesgott der Hühner abreagieren kann!
Tret
ガッ
Daher, bitte ...!
Was redest du da für einen Unfug?
Geilheit geht vorbei!
Streiten die?
Hah
Hah
Hah
Ja, hallooo ...
Warum nutz ich das nicht aus?
Okay ...
Hilf mir morgen, das Monster zu killen, dann sei dir dein Wunsch gewährt.
!

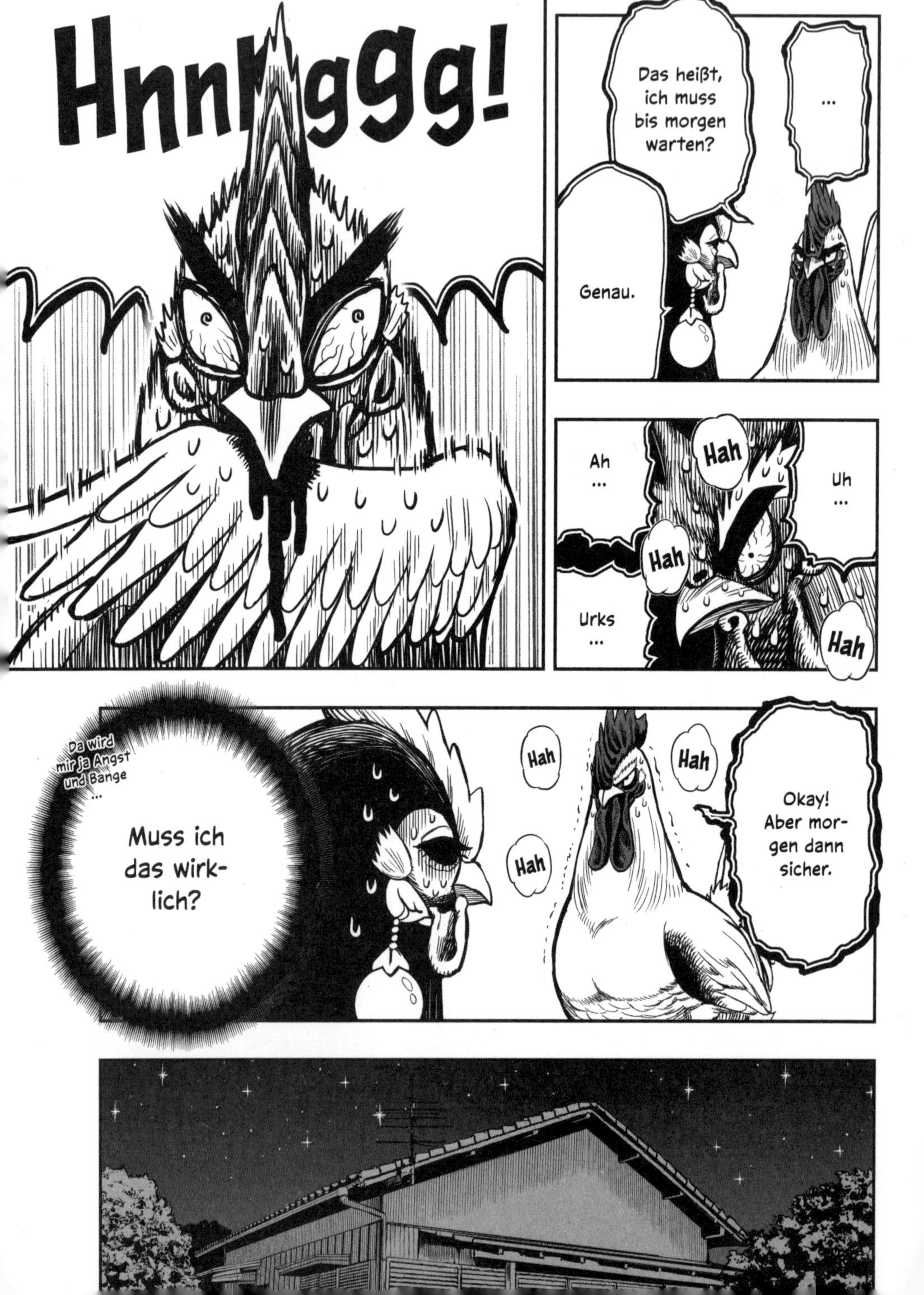

…
Das heißt, ich muss bis morgen warten?
Genau.
Uh …
Hah
Ah …
Hah
Urks …
Hah
Hnnnggg!
Okay! Aber mor-gen dann sicher.
Hah
Hah
Hah
Muss ich das wirk-lich?
Da wird mir ja Angst und Bange …

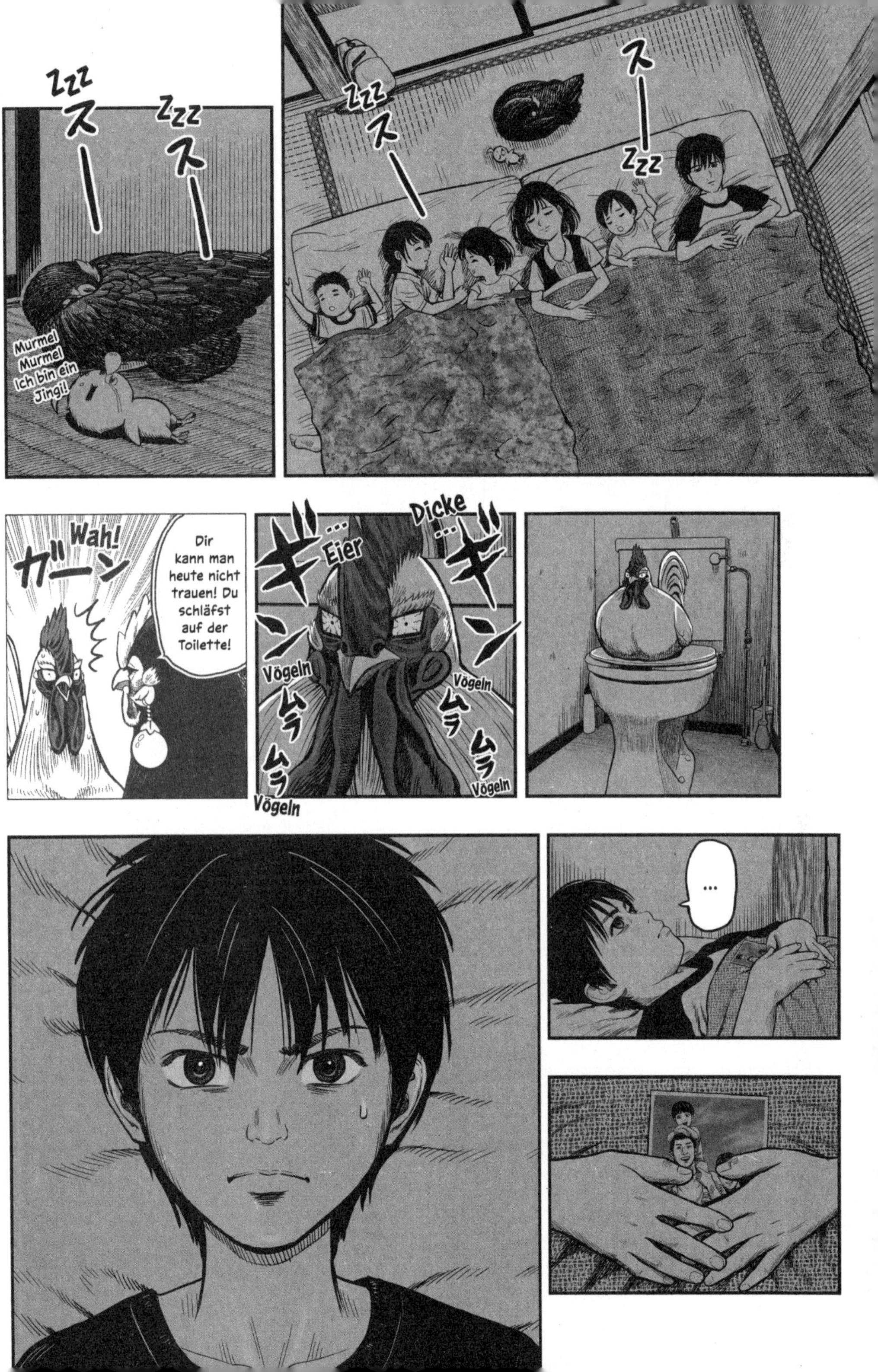
Zzz
スー
Zzz
スー
Zzz
スー
Zzz
スー
Murmel Murmel Ich bin ein Jingi!
Wah!
ガーン
Dir kann man heute nicht trauen! Du schläfst auf der Toilette!
Dicke … Eier …
ギン
ギン
Vögeln
ムラ
Vögeln
ムラ
Vögeln
ムラ
Vögeln
ムラ
…

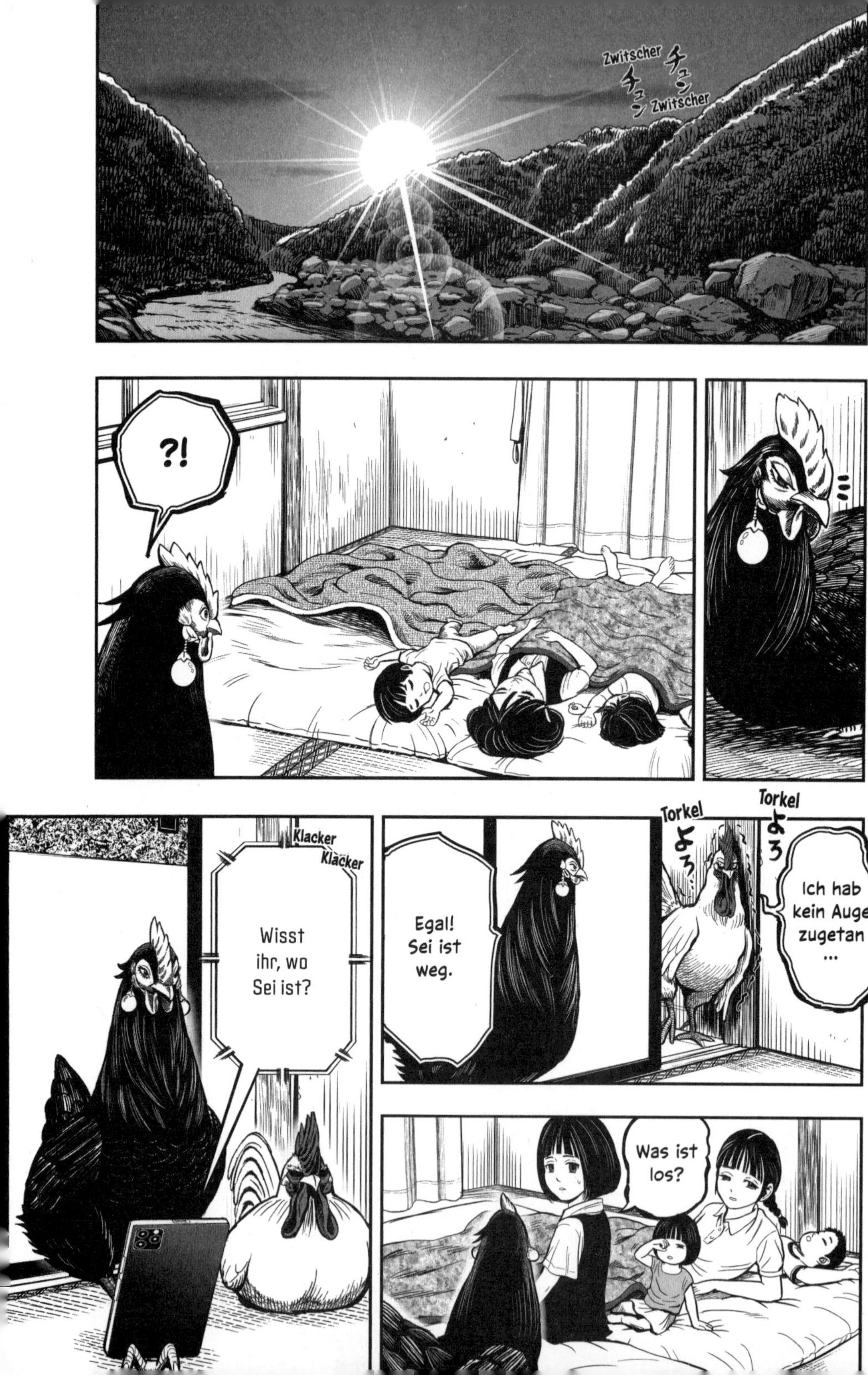

Zwitscher チュン
チュン Zwitscher
?!
Torkel よろ
Torkel よろ
Ich hab kein Auge zugetan ...
Egal! Sei ist weg.
Klacker Klacker
Wisst ihr, wo Sei ist?
Was ist los?

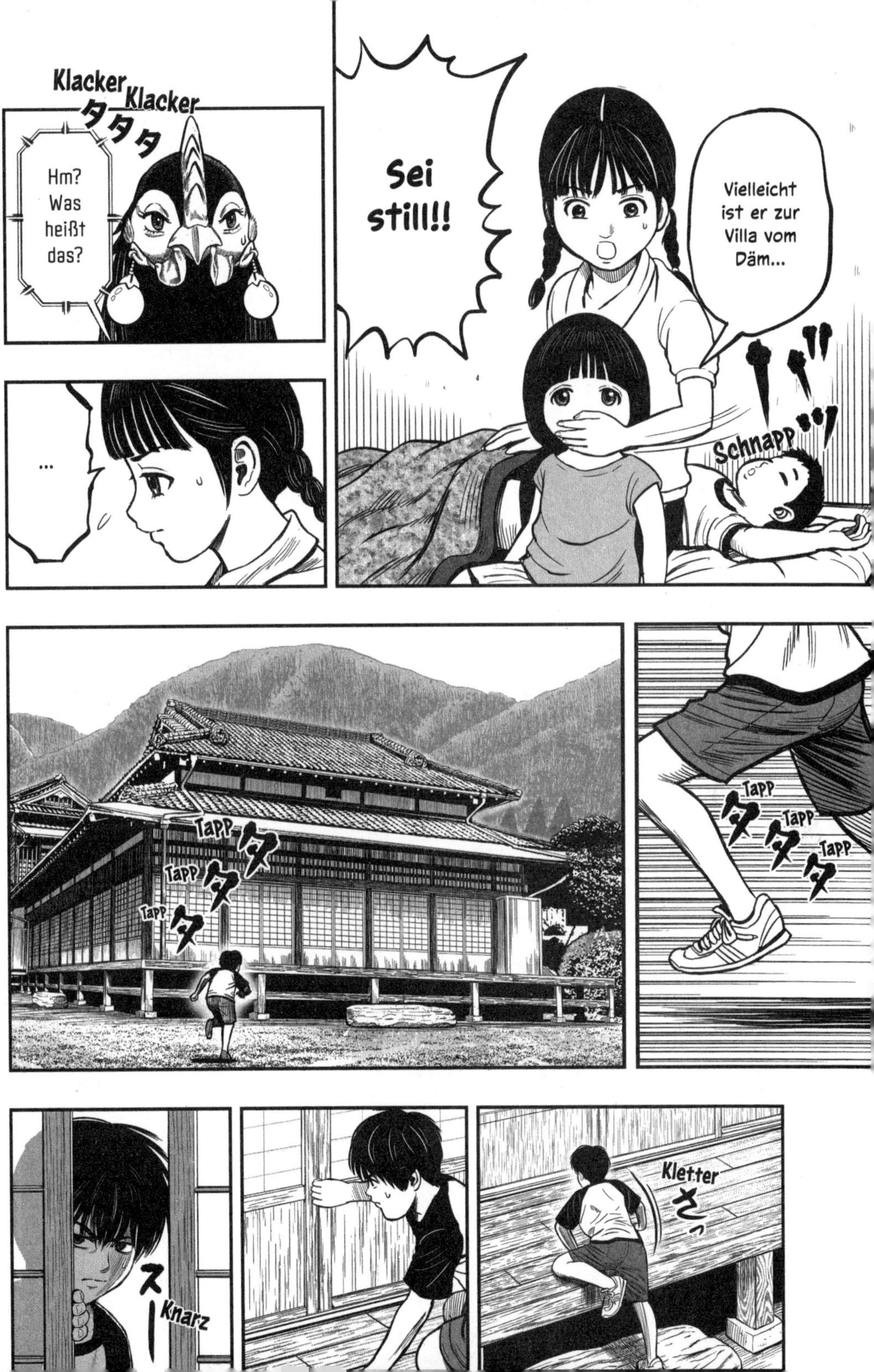
Vielleicht ist er zur Villa vom Däm...
Sei still!!
Schnapp
Klacker Klacker
Hm? Was heißt das?
...
Tapp
Tapp
Tapp
Tapp
Tapp
Tapp
Kletter
Knarz

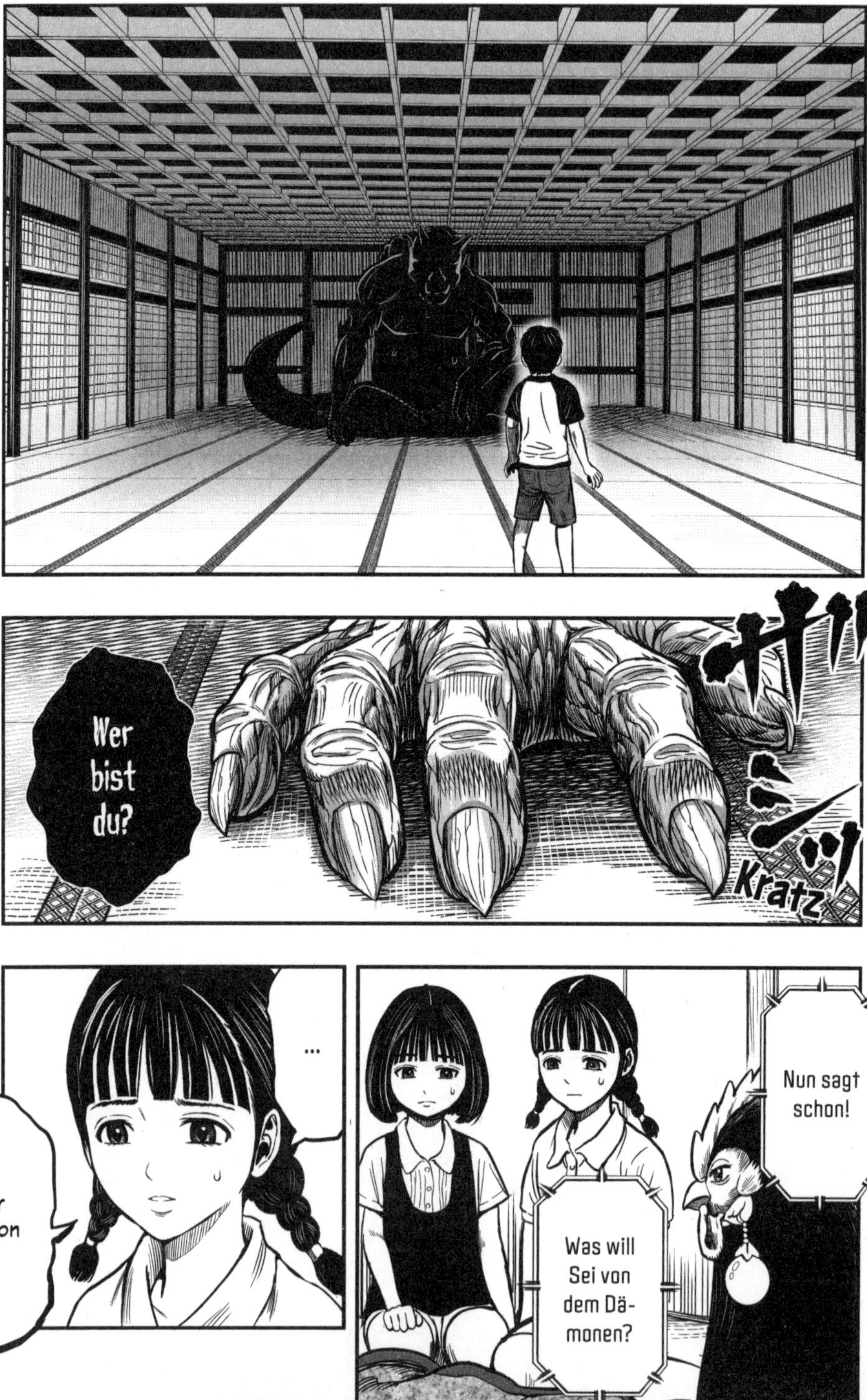
Kratz
Wer bist du?
Nun sagt schon!
Was will Sei von dem Dämonen?
...
Der Dämon ...

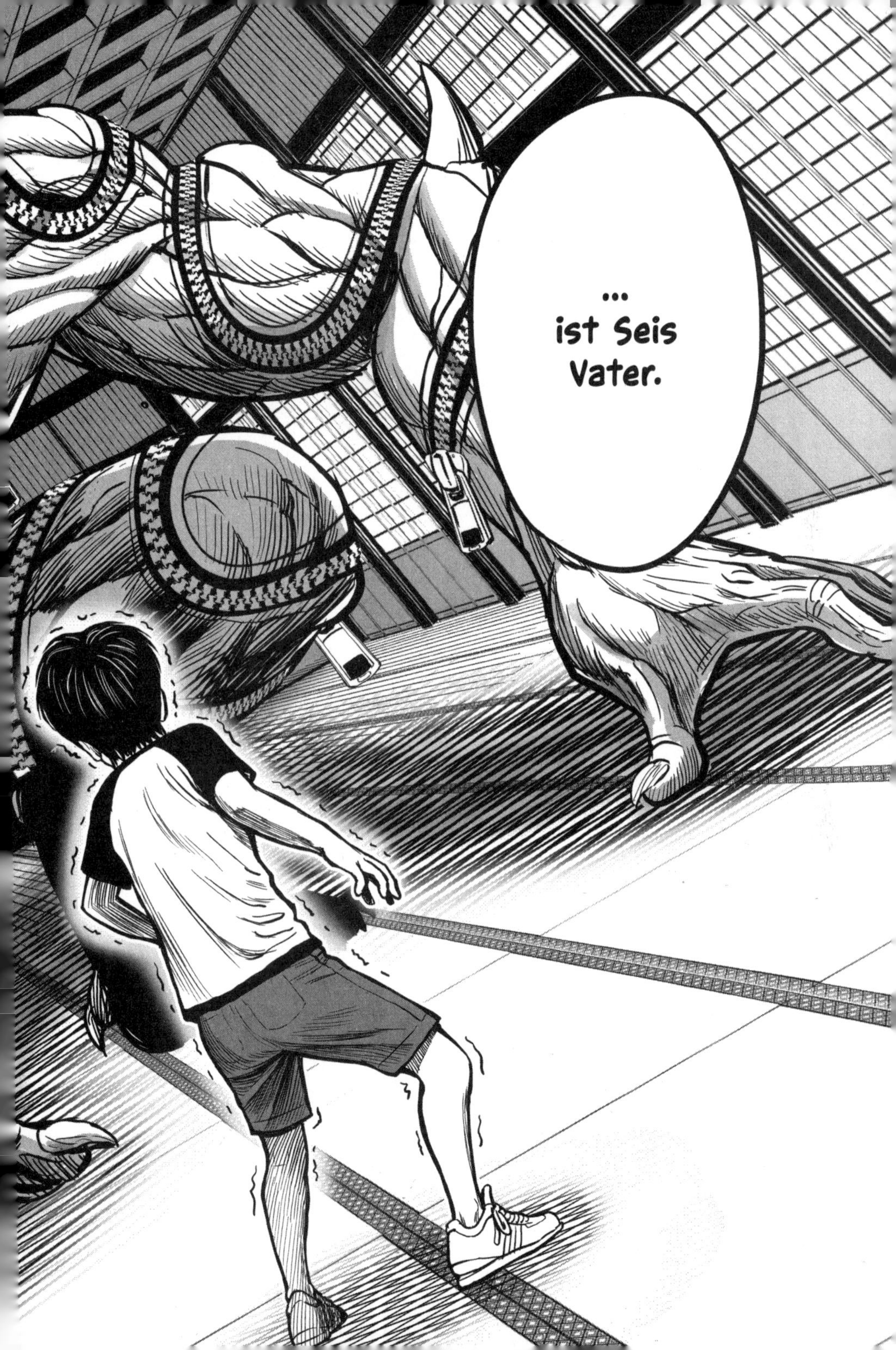
... ist Seis Vater.

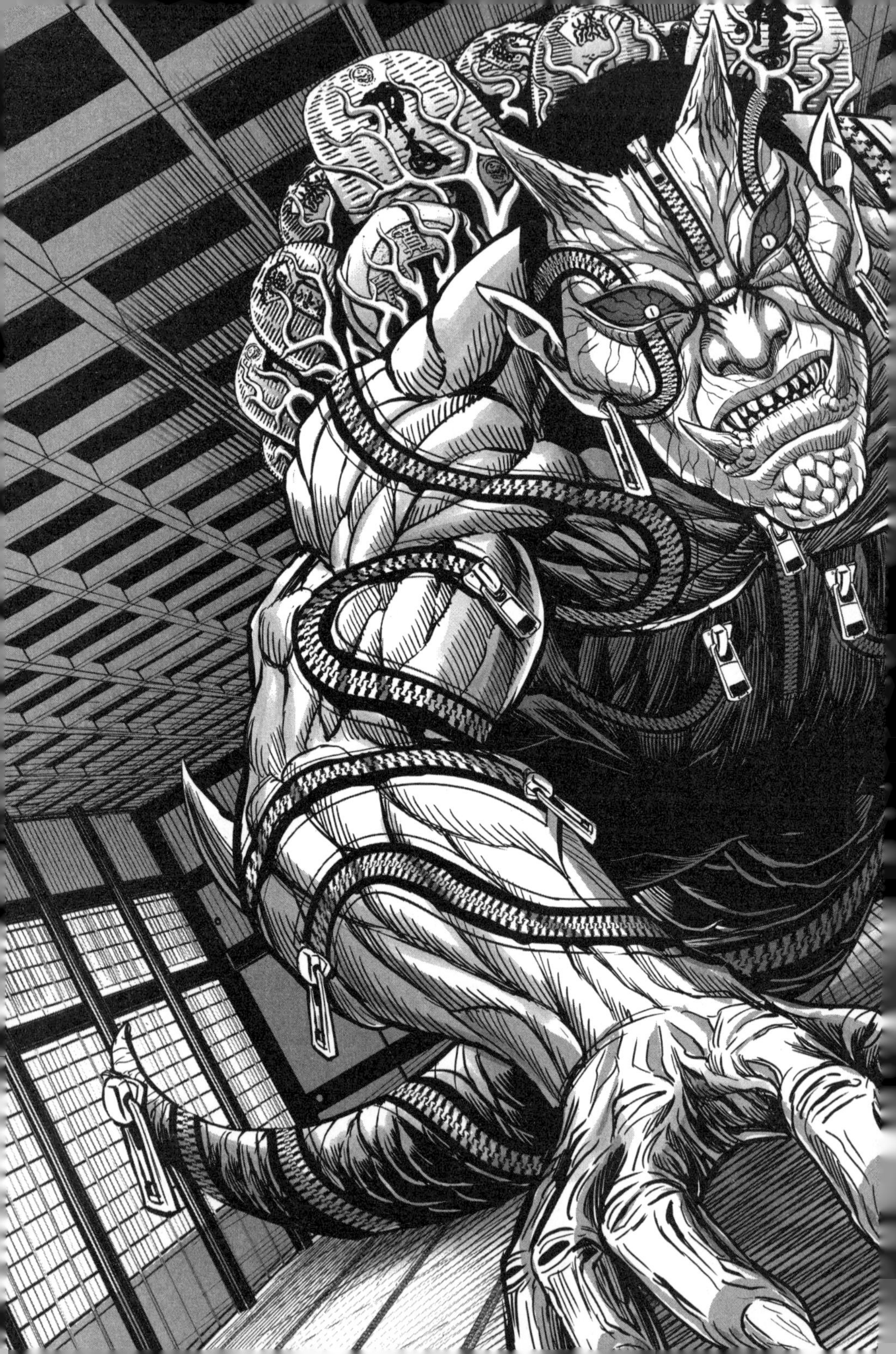

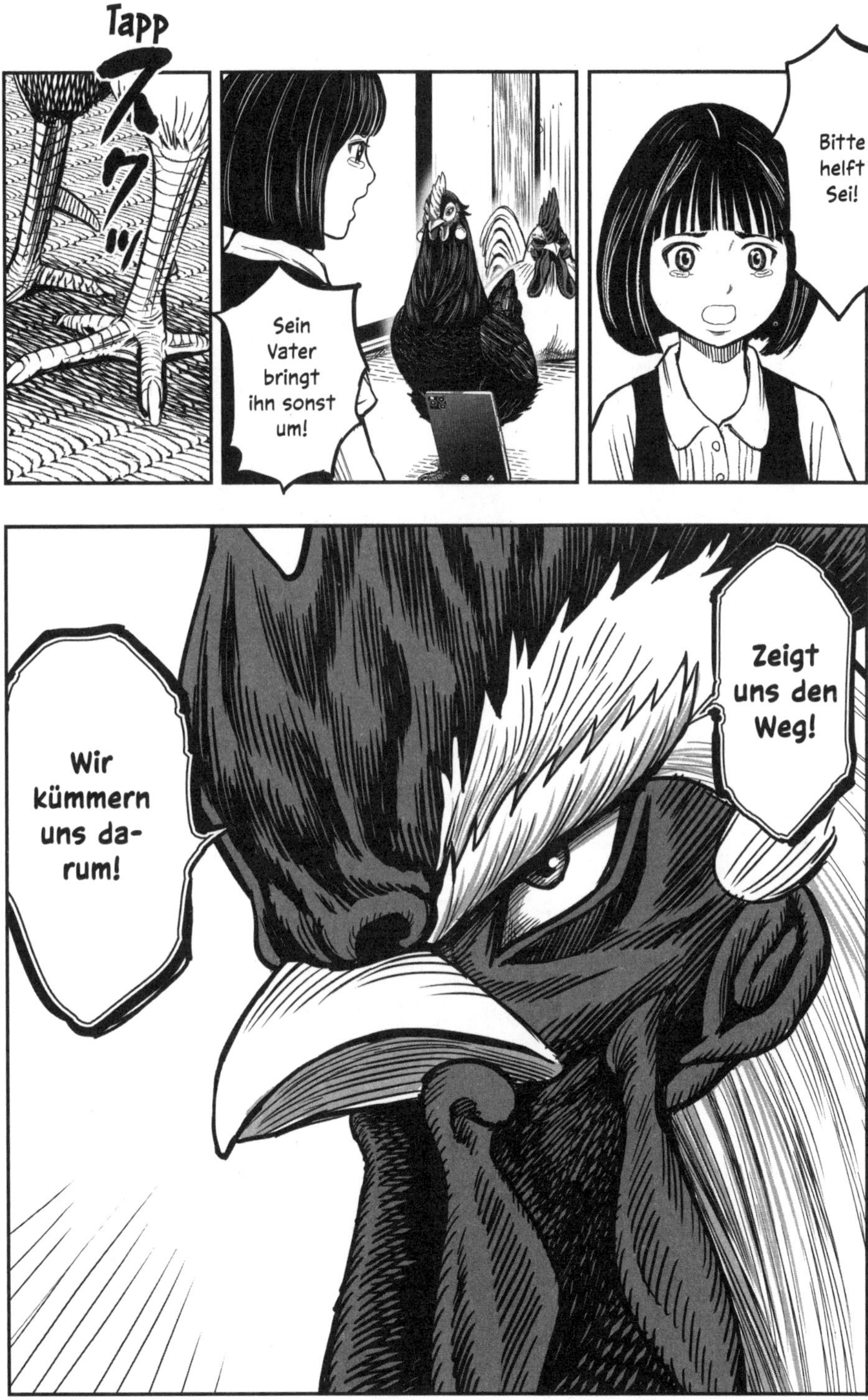
Bitte helft Sei!
Sein Vater bringt ihn sonst um!
Tapp
スクッ
Zeigt uns den Weg!
Wir kümmern uns da-rum!

RUNDE #9 Ende

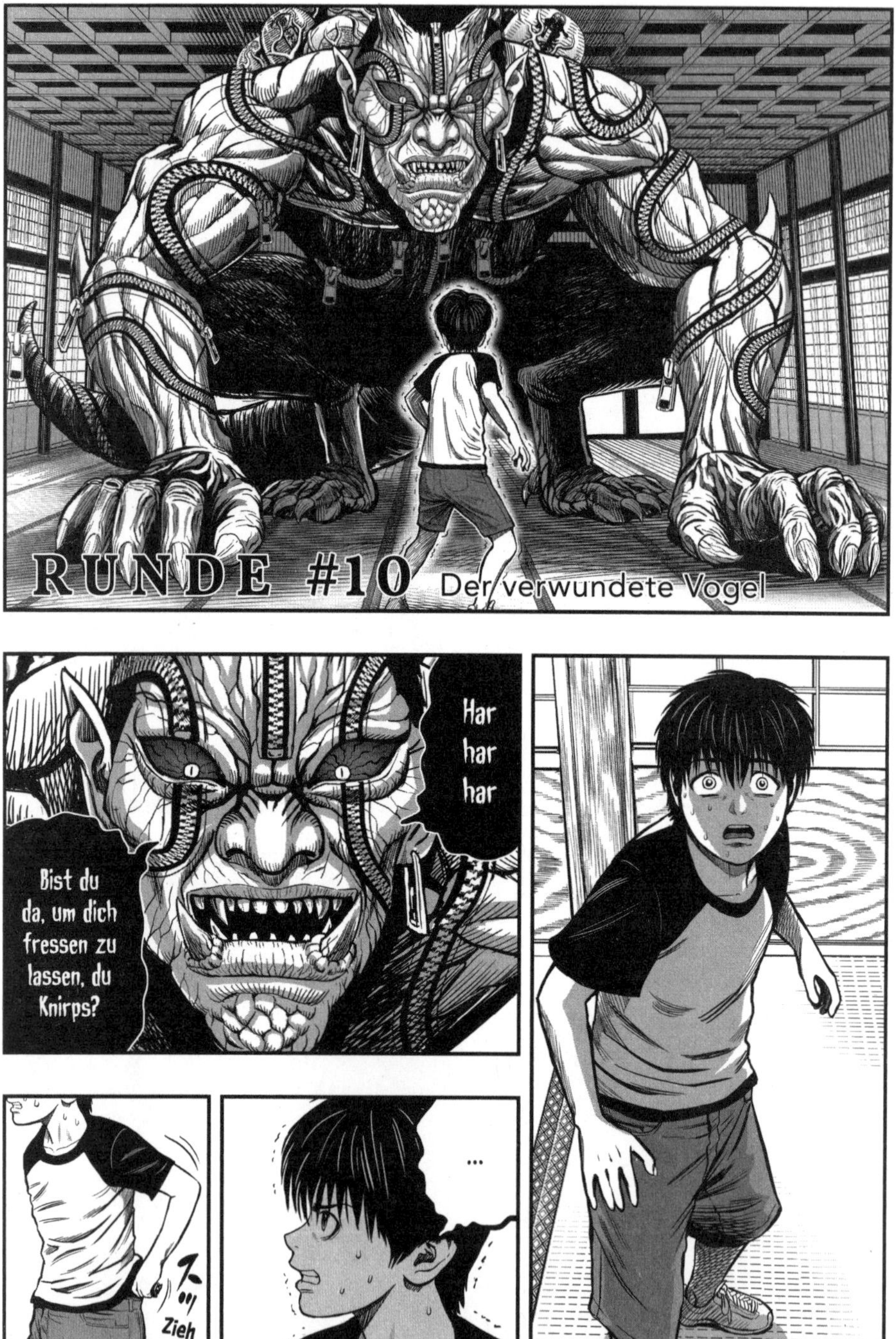
RUNDE #10 Der verwundete Vogel
Har har har
Bist du da, um dich fressen zu lassen, du Knirps?
Zieh
...

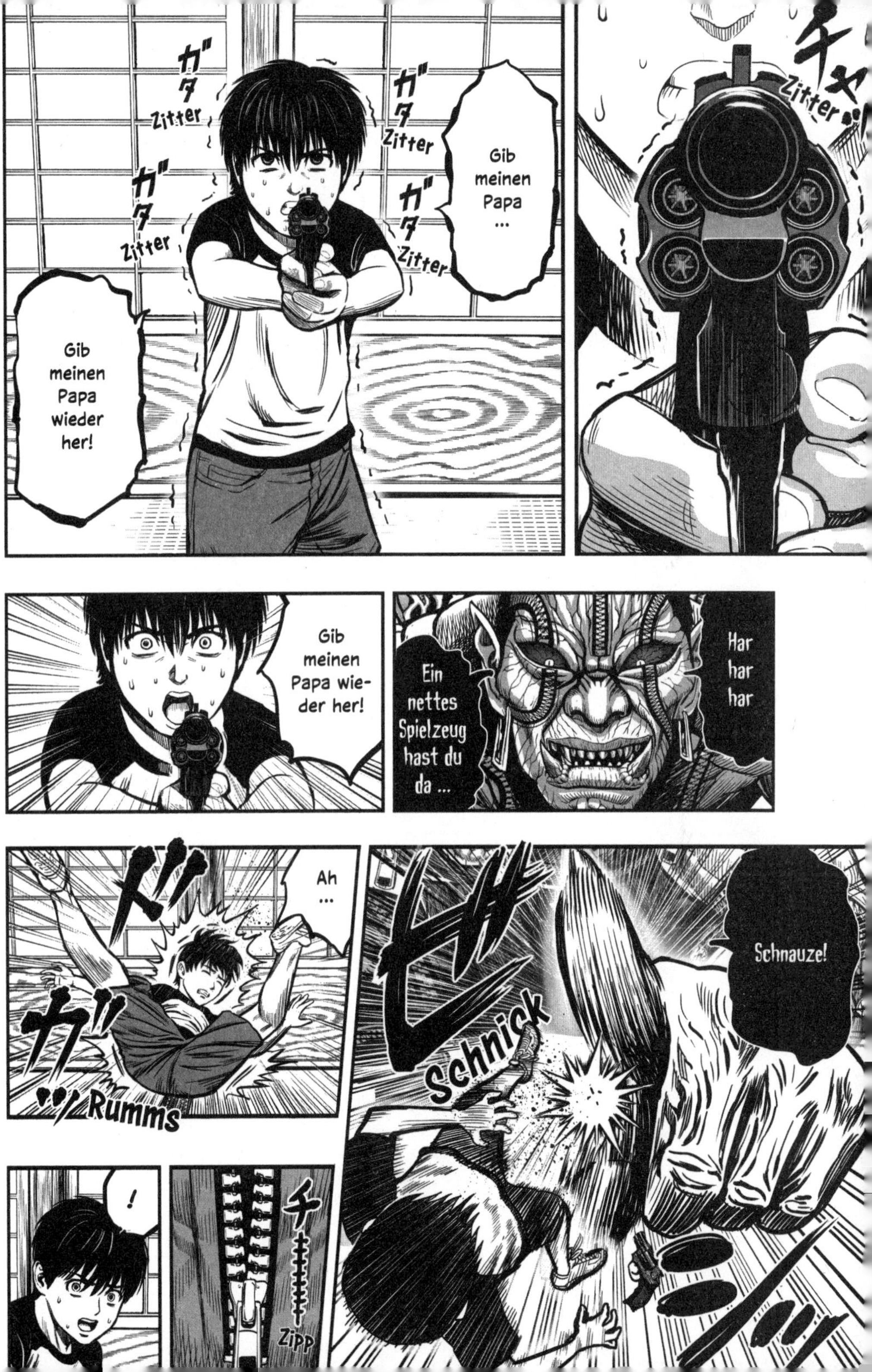

Zitter
Gib meinen Papa ...
Gib meinen Papa wieder her!
ガタ
Zitter
ガタ
Zitter
ガタ
Zitter
ガタ
Zitter
Har har har
Ein nettes Spielzeug hast du da ...
Gib meinen Papa wieder her!
Schnauze!
ビ
Schnick
Ah ...
ド
ガ
Rumms
チ
Zipp
!

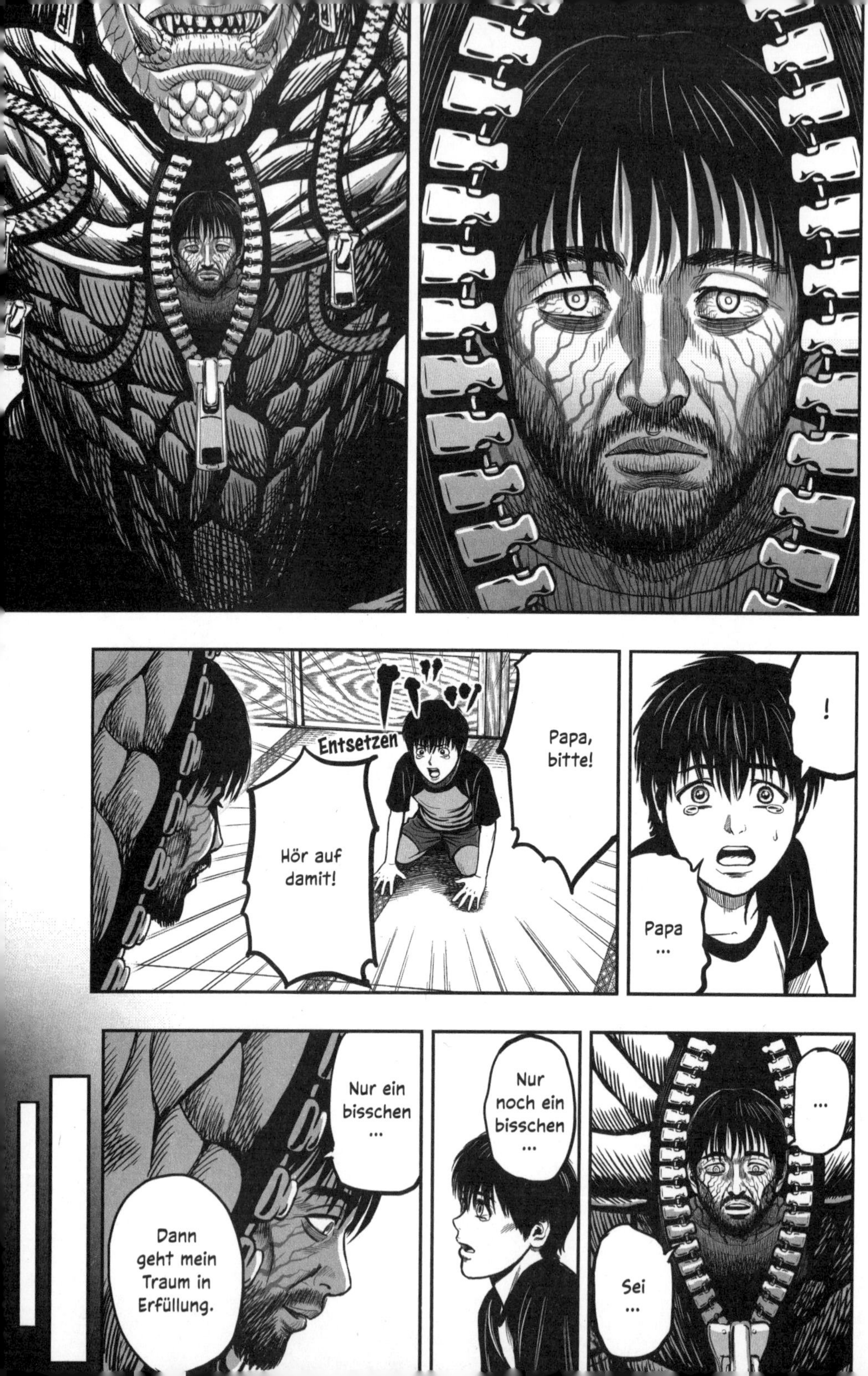
!
Papa …
Papa, bitte!
Hör auf damit!
Entsetzen
…
Sei …
Nur noch ein bisschen …
Nur ein bisschen …
Dann geht mein Traum in Erfüllung.

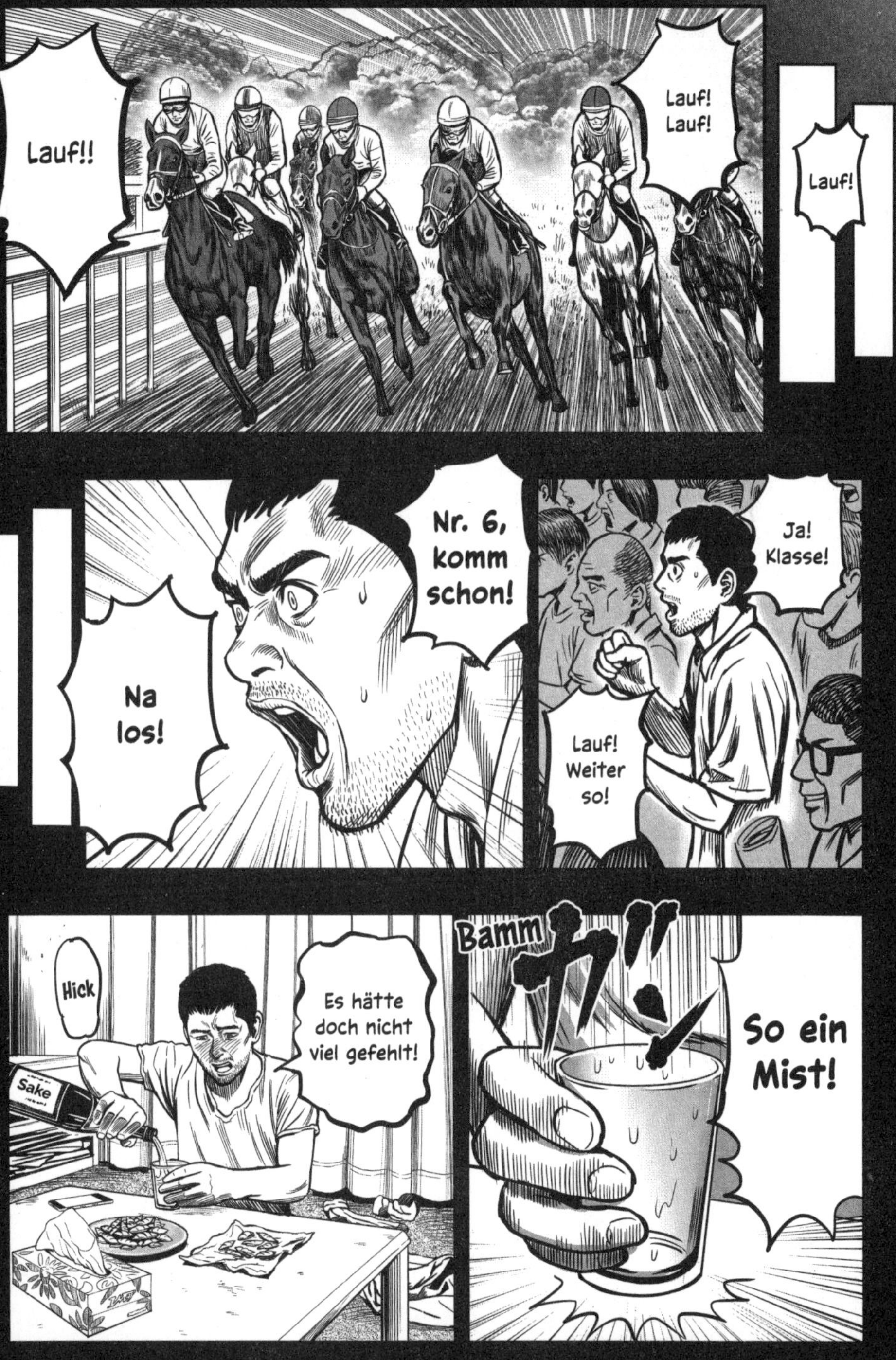
Lauf!
Lauf! Lauf!
Lauf!!
Ja! Klasse!
Lauf! Weiter so!
Nr. 6, komm schon!
Na los!
Bamm
So ein Mist!
Es hätte doch nicht viel gefehlt!
Hick
Sake

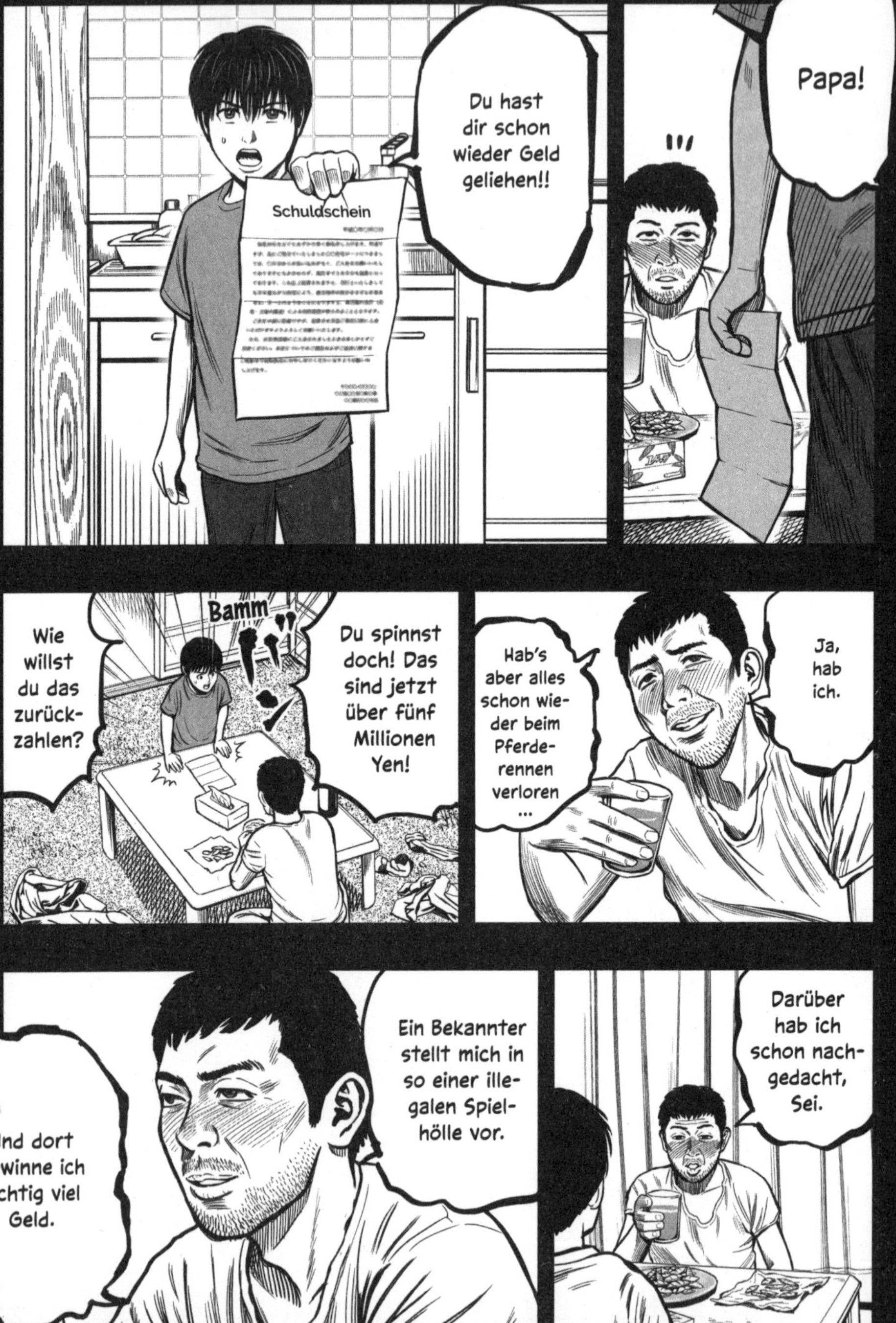
Papa!
Schuldschein
Du hast dir schon wieder Geld geliehen!!
Ja, hab ich.
Hab's aber alles schon wieder beim Pferderennen verloren ...
Bamm
Du spinnst doch! Das sind jetzt über fünf Millionen Yen!
Wie willst du das zurückzahlen?
Darüber hab ich schon nachgedacht, Sei.
Ein Bekannter stellt mich in so einer illegalen Spielhölle vor.
Und dort gewinne ich richtig viel Geld.

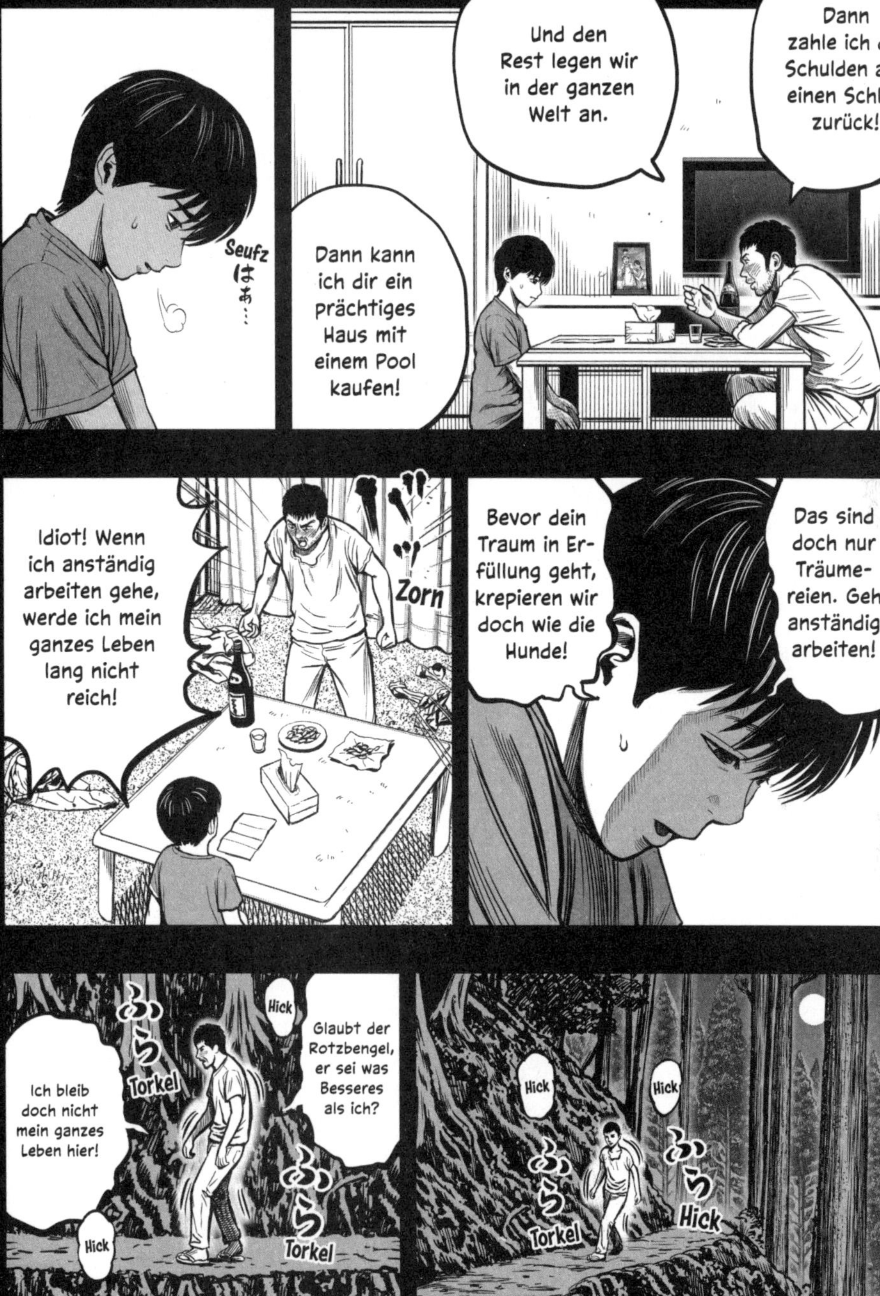

Dann zahle ich die Schulden auf einen Schlag zurück!
Und den Rest legen wir in der ganzen Welt an.
Dann kann ich dir ein prächtiges Haus mit einem Pool kaufen!
Seufz
はぁ…
Das sind doch nur Träumereien. Geh anständig arbeiten!
Bevor dein Traum in Erfüllung geht, krepieren wir doch wie die Hunde!
Zorn
Idiot! Wenn ich anständig arbeiten gehe, werde ich mein ganzes Leben lang nicht reich!
Hick
Hick
ふら
Hick
ふら
Torkel
Hick
Glaubt der Rotzbengel, er sei was Besseres als ich?
ふら
Torkel
Ich bleib doch nicht mein ganzes Leben hier!
ふら
Torkel
Hick

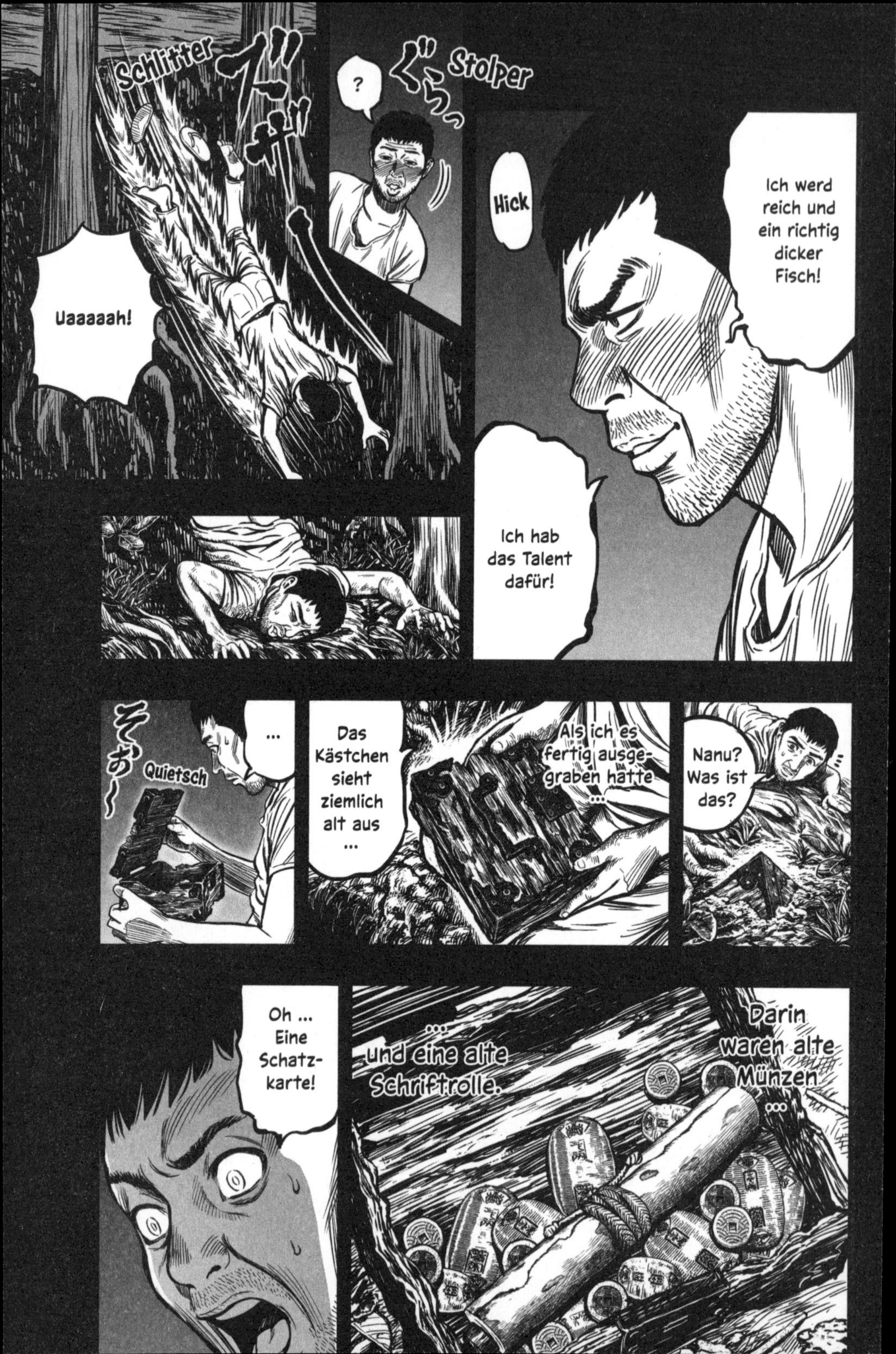

Ich werd reich und ein richtig dicker Fisch!
Hick
Ich hab das Talent dafür!
?
Stolper
Schlitter
Uaaaaah!
Nanu? Was ist das?
Als ich es fertig ausgegraben hatte ...
Das Kästchen sieht ziemlich alt aus ...
...
Quietsch
Darin waren alte Münzen ...
... und eine alte Schriftrolle.
Oh ... Eine Schatzkarte!

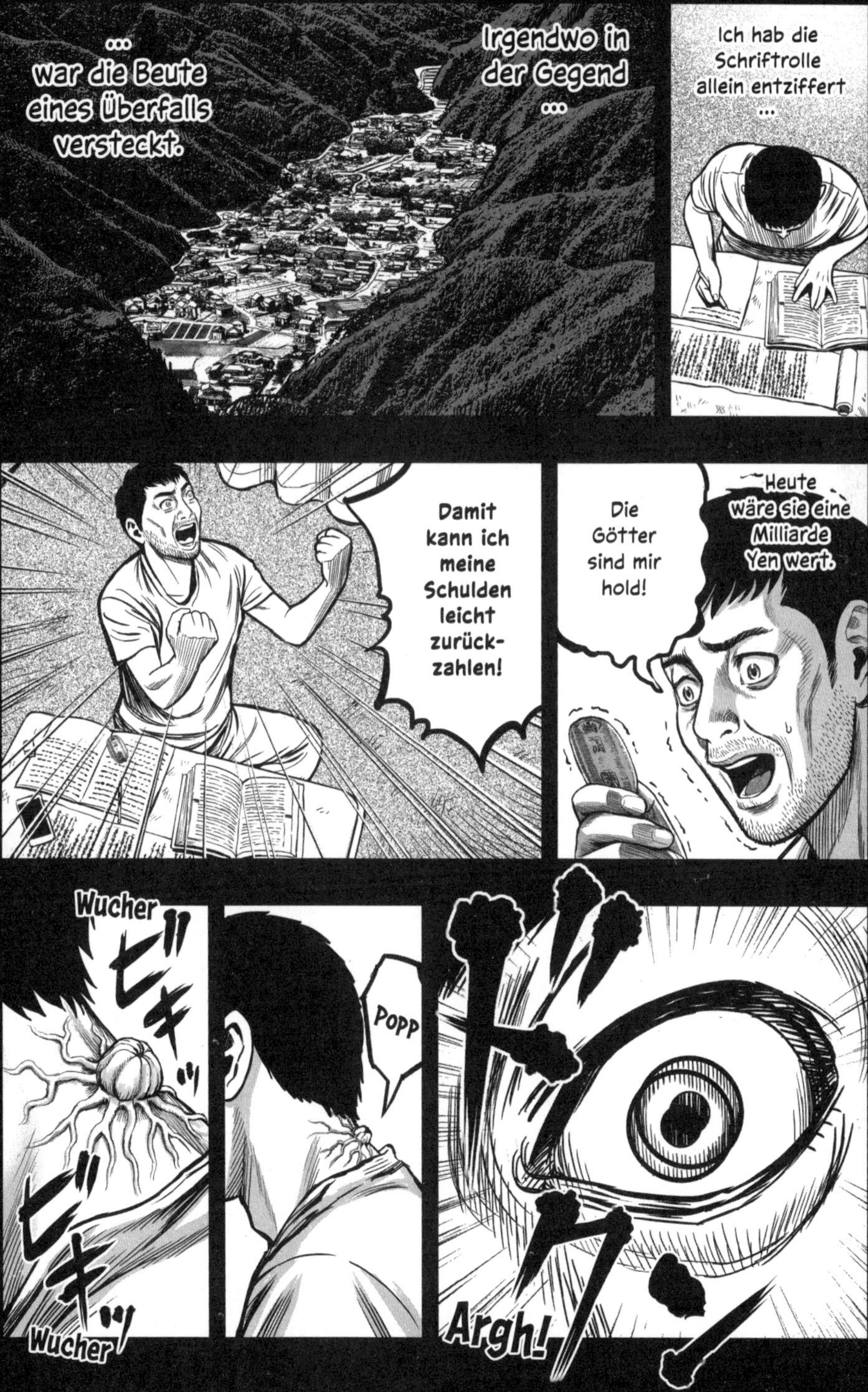

Ich hab die Schriftrolle allein entziffert ...
Irgendwo in der Gegend ...
... war die Beute eines Überfalls versteckt.
Heute wäre sie eine Milliarde Yen wert.
Die Götter sind mir hold!
Damit kann ich meine Schulden leicht zurückzahlen!
Argh!
Popp
Wucher
Wucher

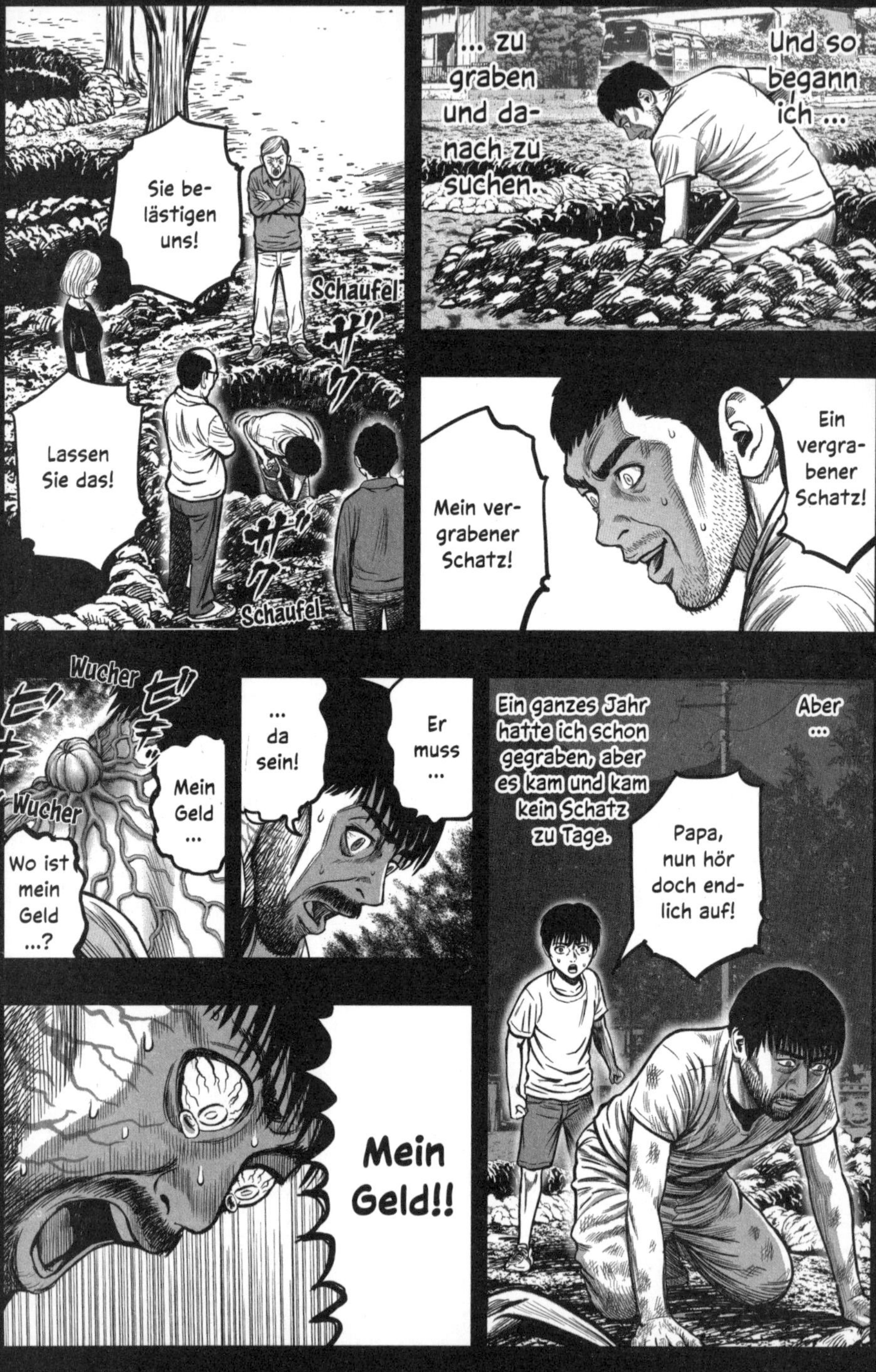
Und so begann ich ...
... zu graben und danach zu suchen.
Sie belästigen uns!
Schaufel
Lassen Sie das!
Schaufel
Ein vergrabener Schatz!
Mein vergrabener Schatz!
Aber ...
Ein ganzes Jahr hatte ich schon gegraben, aber es kam und kam kein Schatz zu Tage.
Papa, nun hör doch endlich auf!
Er muss ...
... da sein!
Wucher
Mein Geld ...
Wucher
Wo ist mein Geld ...?
Mein Geld!!

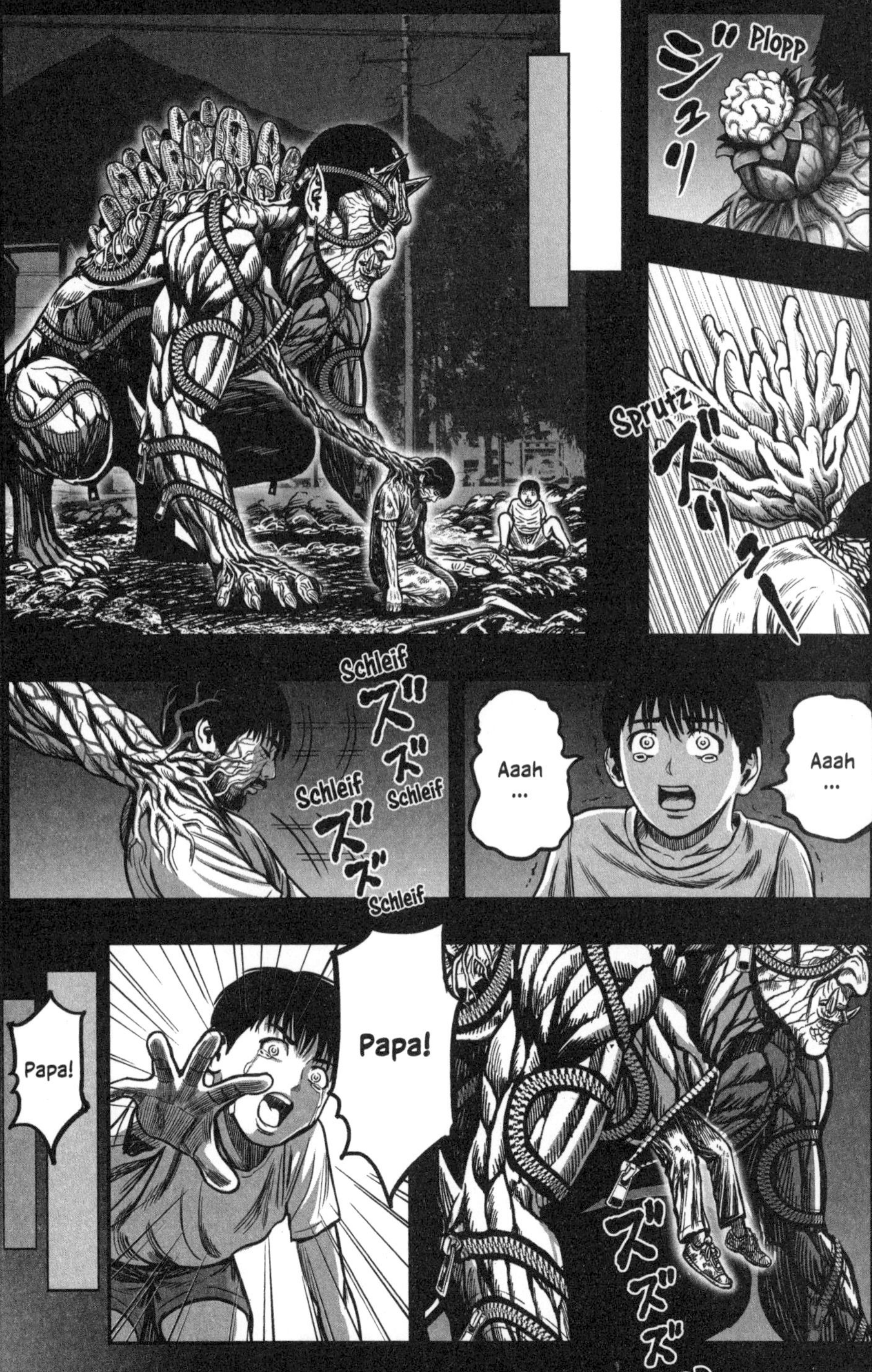

Plopp
Sprutz
Aaah …
Aaah …
Schleif
Schleif
Schleif
Schleif
Papa!
Papa!
Zipppp

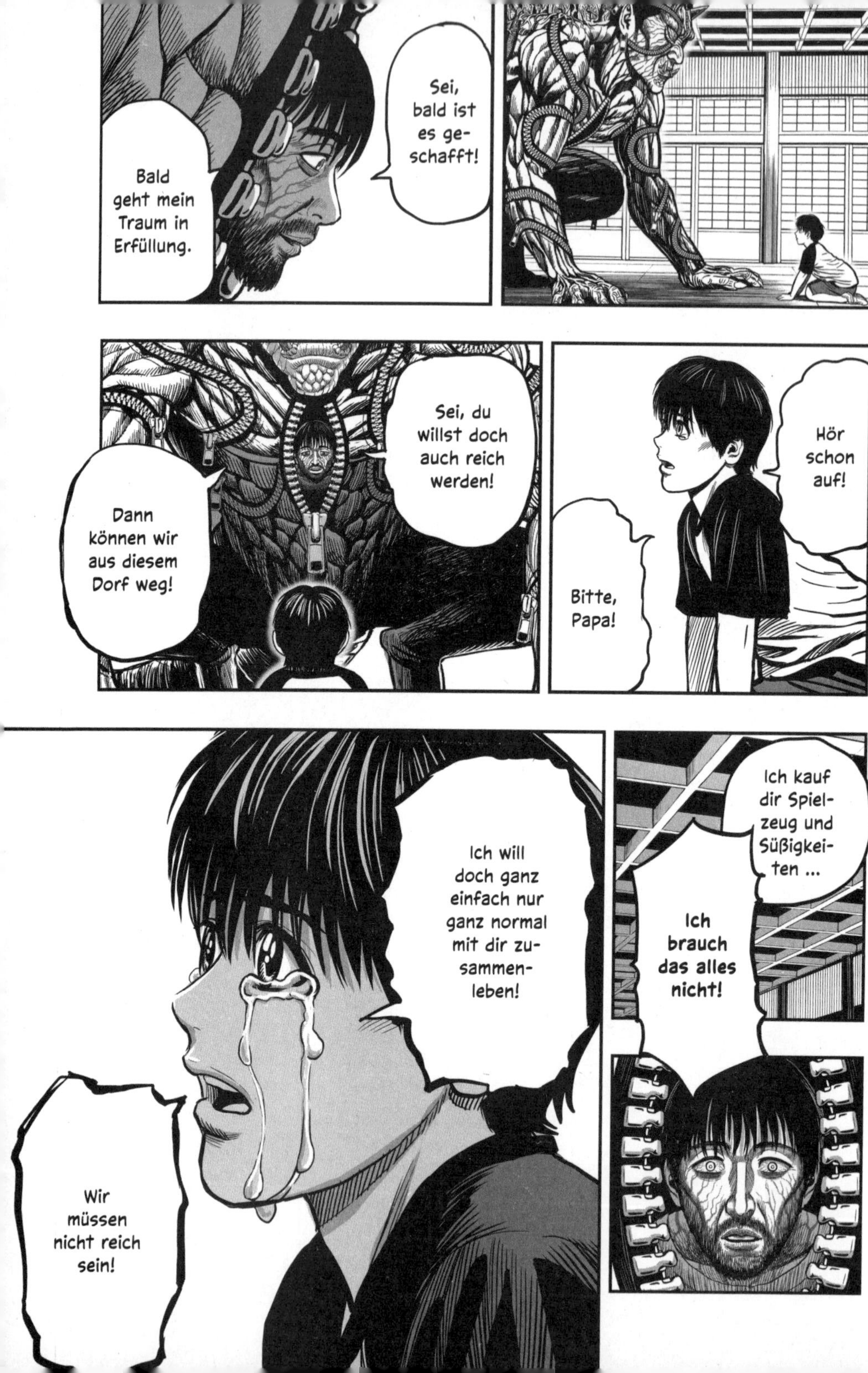
Sei, bald ist es geschafft!
Bald geht mein Traum in Erfüllung.
Hör schon auf!
Bitte, Papa!
Sei, du willst doch auch reich werden!
Dann können wir aus diesem Dorf weg!
Ich kauf dir Spielzeug und Süßigkeiten ...
Ich brauch das alles nicht!
Ich will doch ganz einfach nur ganz normal mit dir zusammenleben!
Wir müssen nicht reich sein!

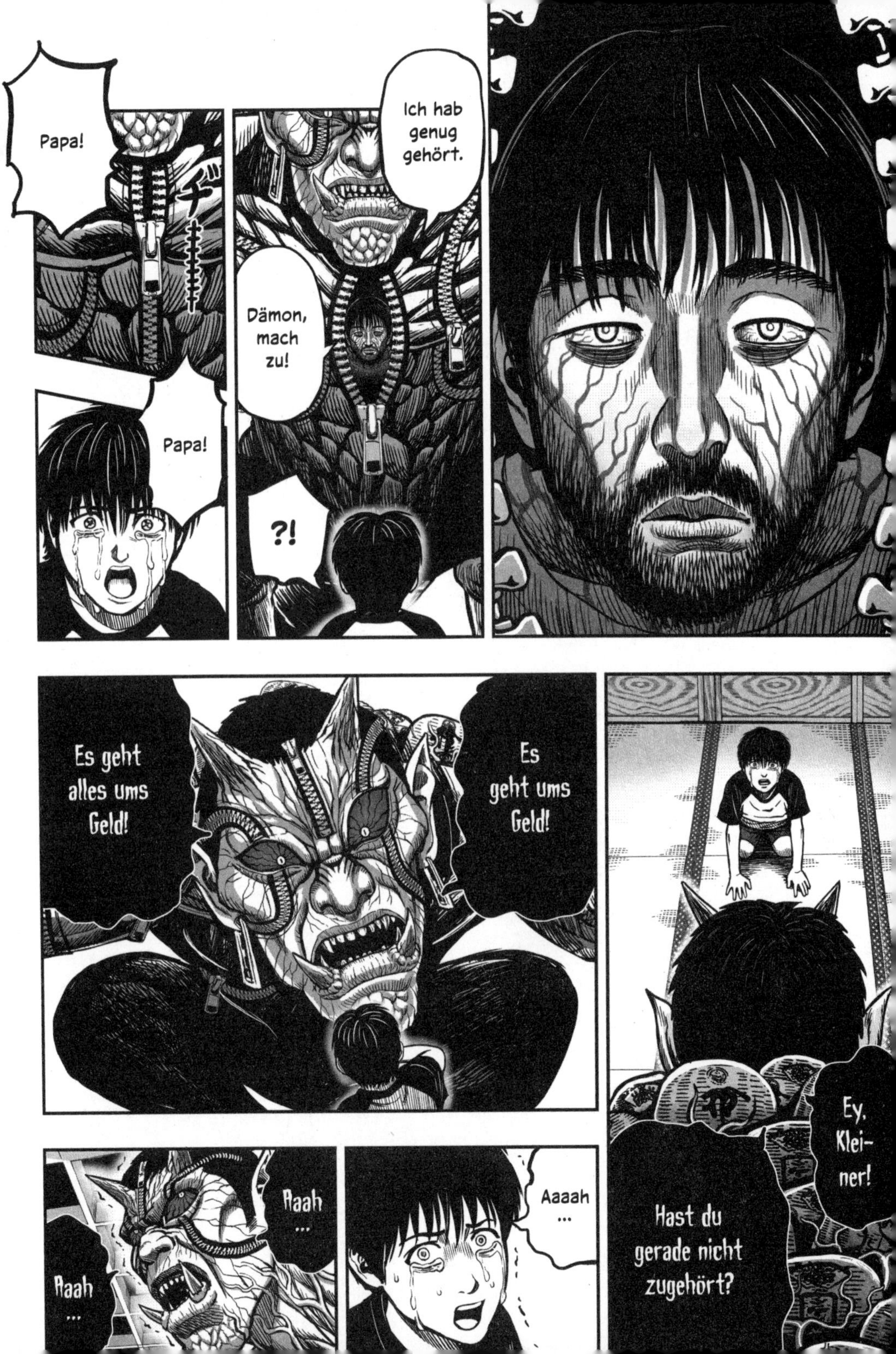
Ich hab genug gehört.
Dämon, mach zu!
?!
Papa!
Papa!
Ey, Kleiner!
Hast du gerade nicht zugehört?
Es geht ums Geld!
Es geht alles ums Geld!
Aaaah …
Aaah …
Aaah …

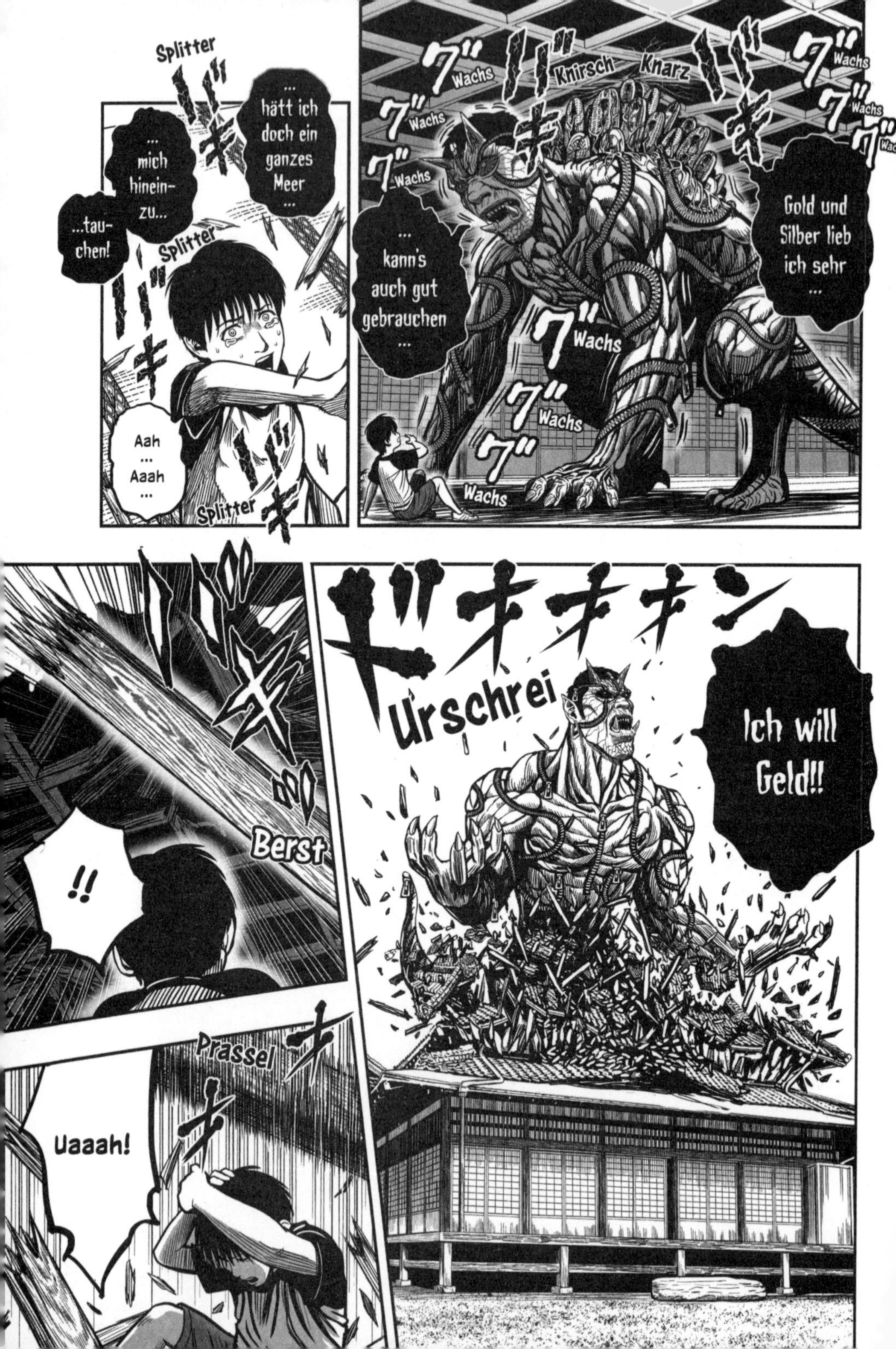
Wachs
Knarz
Knirsch
Wachs
Wachs
Wachs
Gold und Silber lieb ich sehr ...
... kann's auch gut gebrauchen ...
Wachs
Wachs
Wachs
Splitter
... hätt ich doch ein ganzes Meer ...
... mich hinein-zu...
...tau-chen!
Splitter
Aah ... Aaah ...
Splitter
Ich will Geld!!
Urschrei
Berst
!!
Prassel
Uaaah!

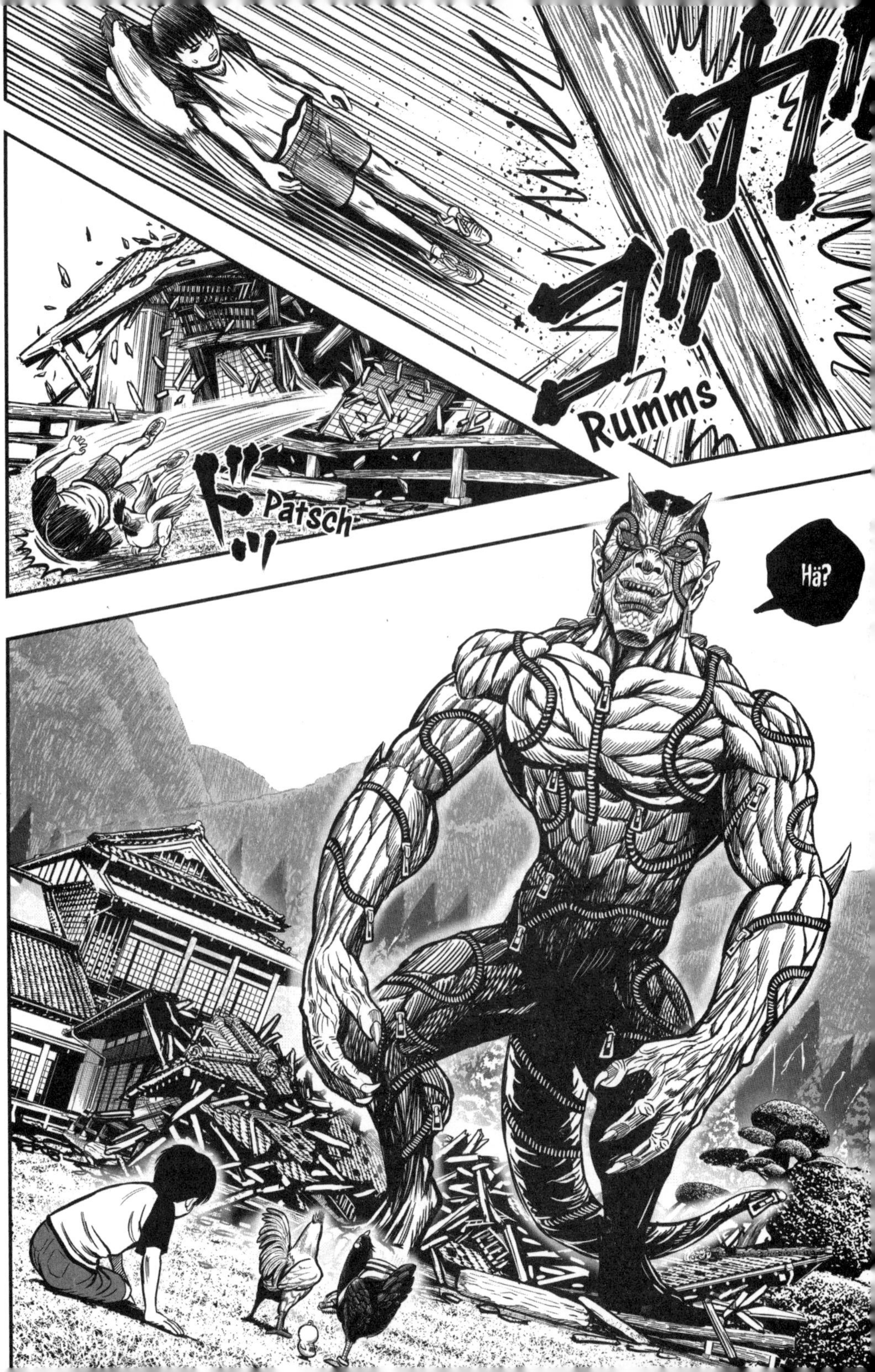
Rumms
Patsch
Hä?

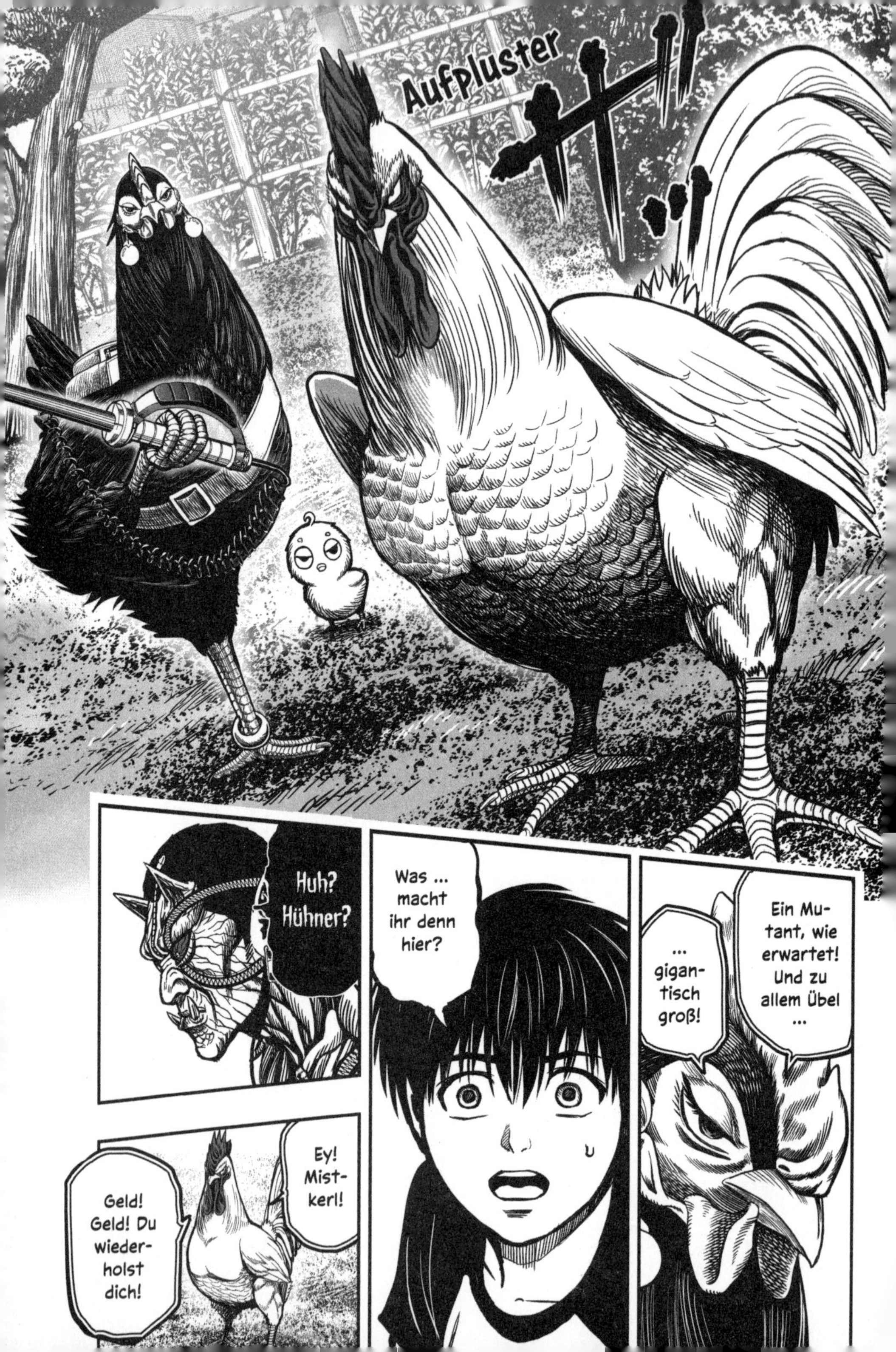
Aufpluster
Huh? Hühner?
Was ... macht ihr denn hier?
Ein Mutant, wie erwartet! Und zu allem Übel ...
... gigantisch groß!
Ey! Mistkerl!
Geld! Geld! Du wiederholst dich!

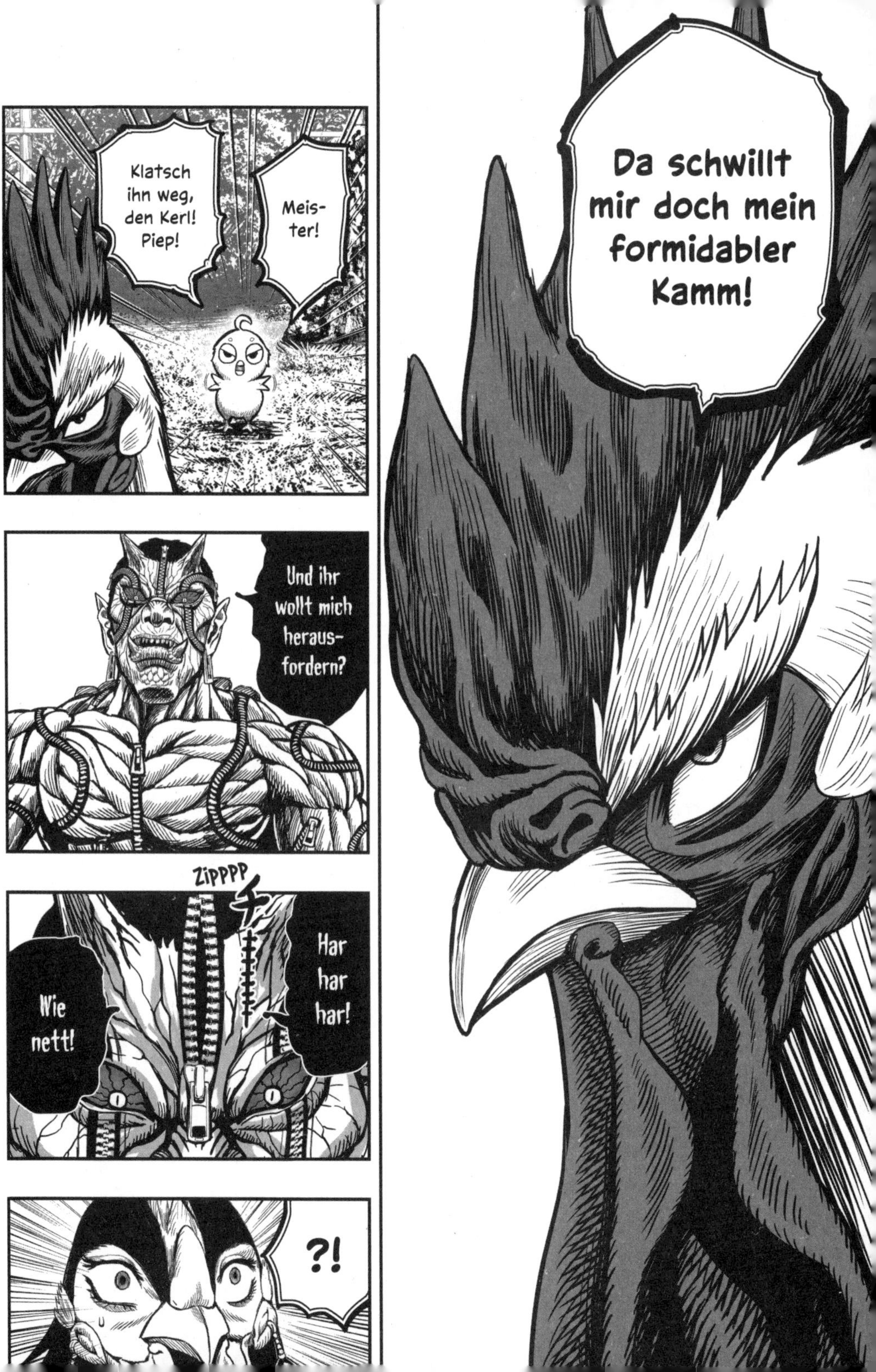
Da schwillt mir doch mein formidabler Kamm!
Meis-ter!
Klatsch ihn weg, den Kerl! Piep!
Und ihr wollt mich heraus-fordern?
ZIPPPP
Har har har!
Wie nett!
?!

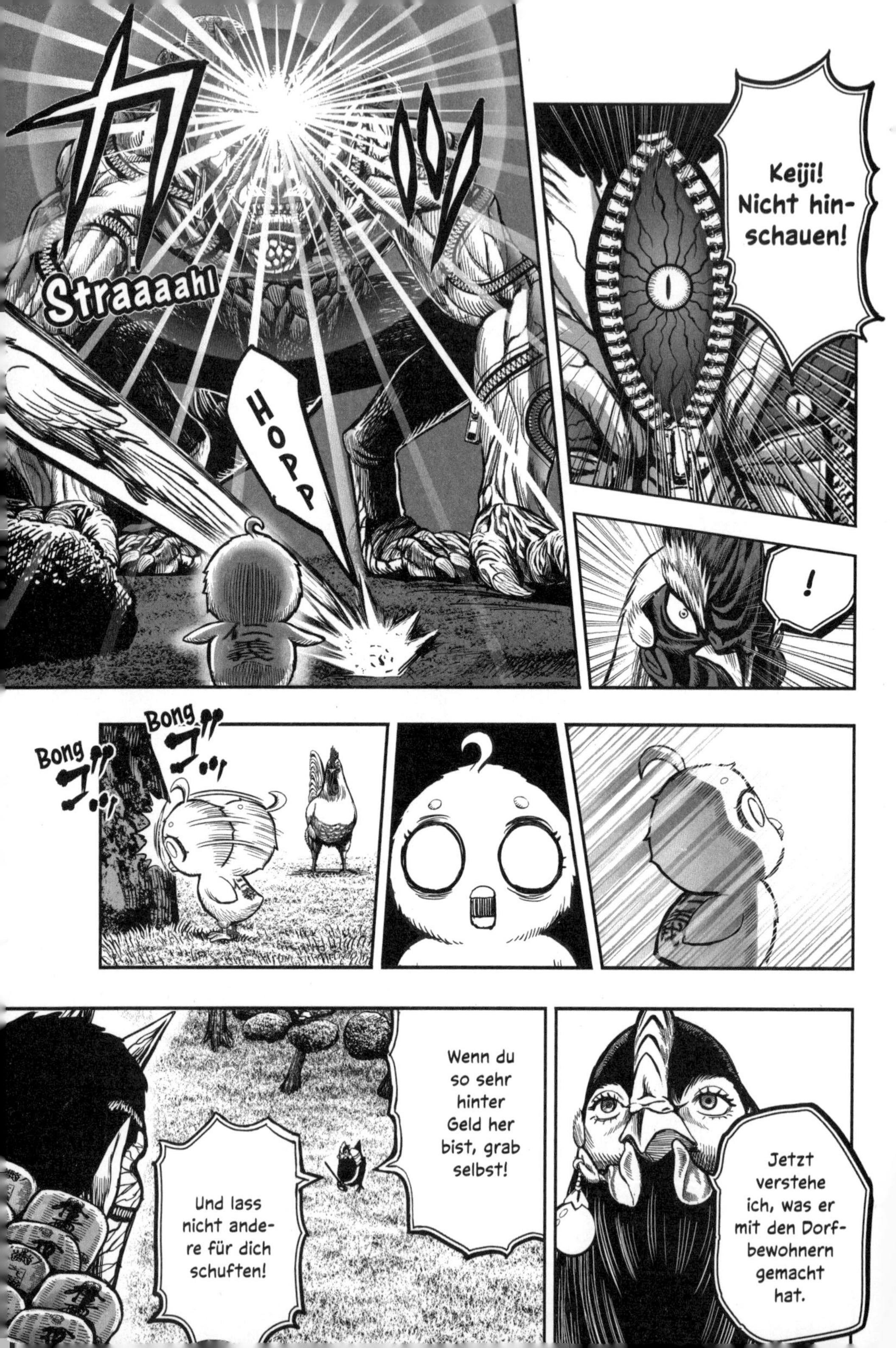

Keiji! Nicht hin-schauen!
Straaaahl
HOPP
!
Bong
Bong
Jetzt verstehe ich, was er mit den Dorf-bewohnern gemacht hat.
Wenn du so sehr hinter Geld her bist, grab selbst!
Und lass nicht ande-re für dich schuften!

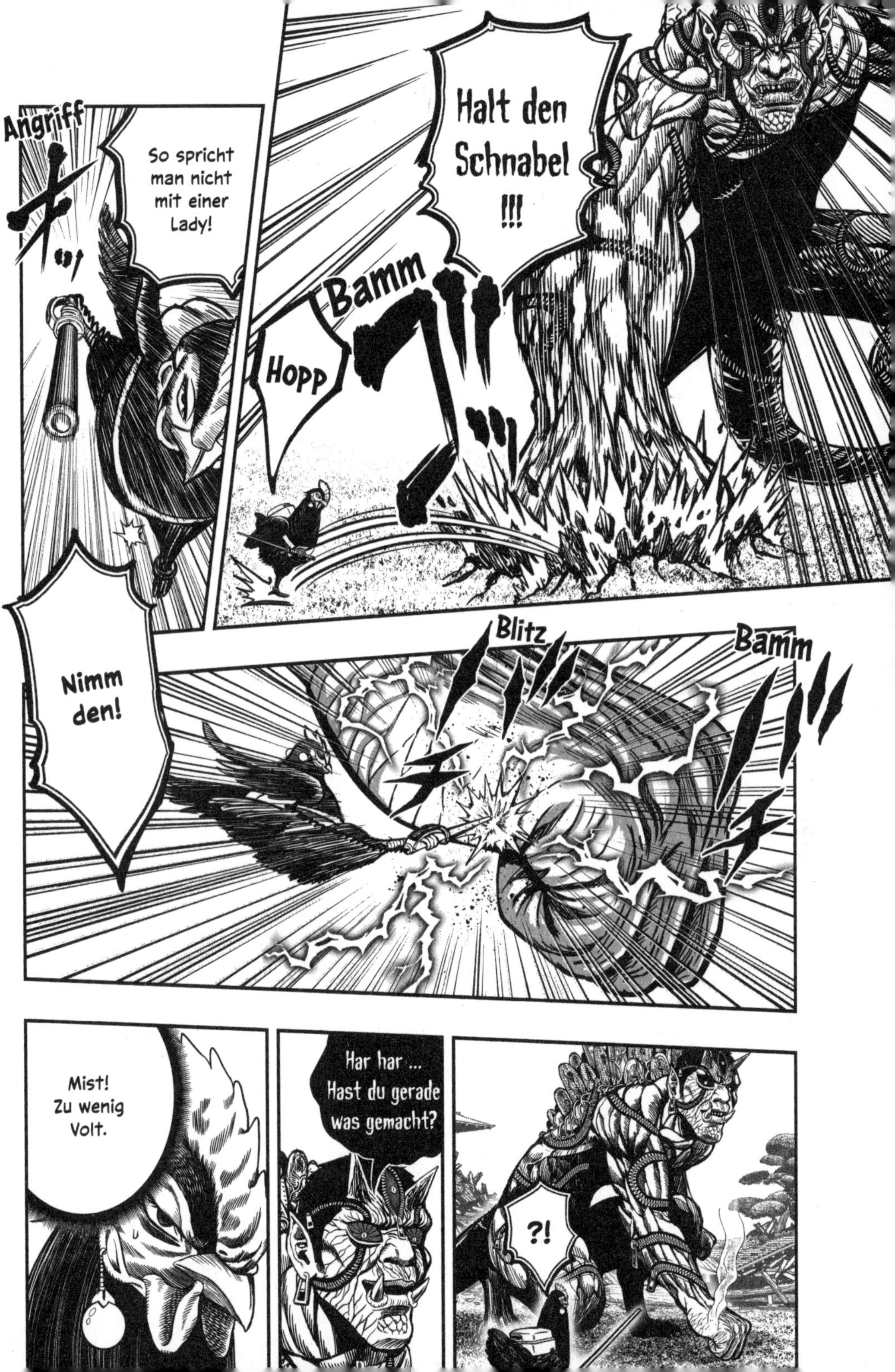

Angriff
So spricht man nicht mit einer Lady!
Halt den Schnabel !!!
Hopp
Bamm
Nimm den!
Blitz
Bamm
Mist! Zu wenig Volt.
Har har ... Hast du gerade was gemacht?
?!

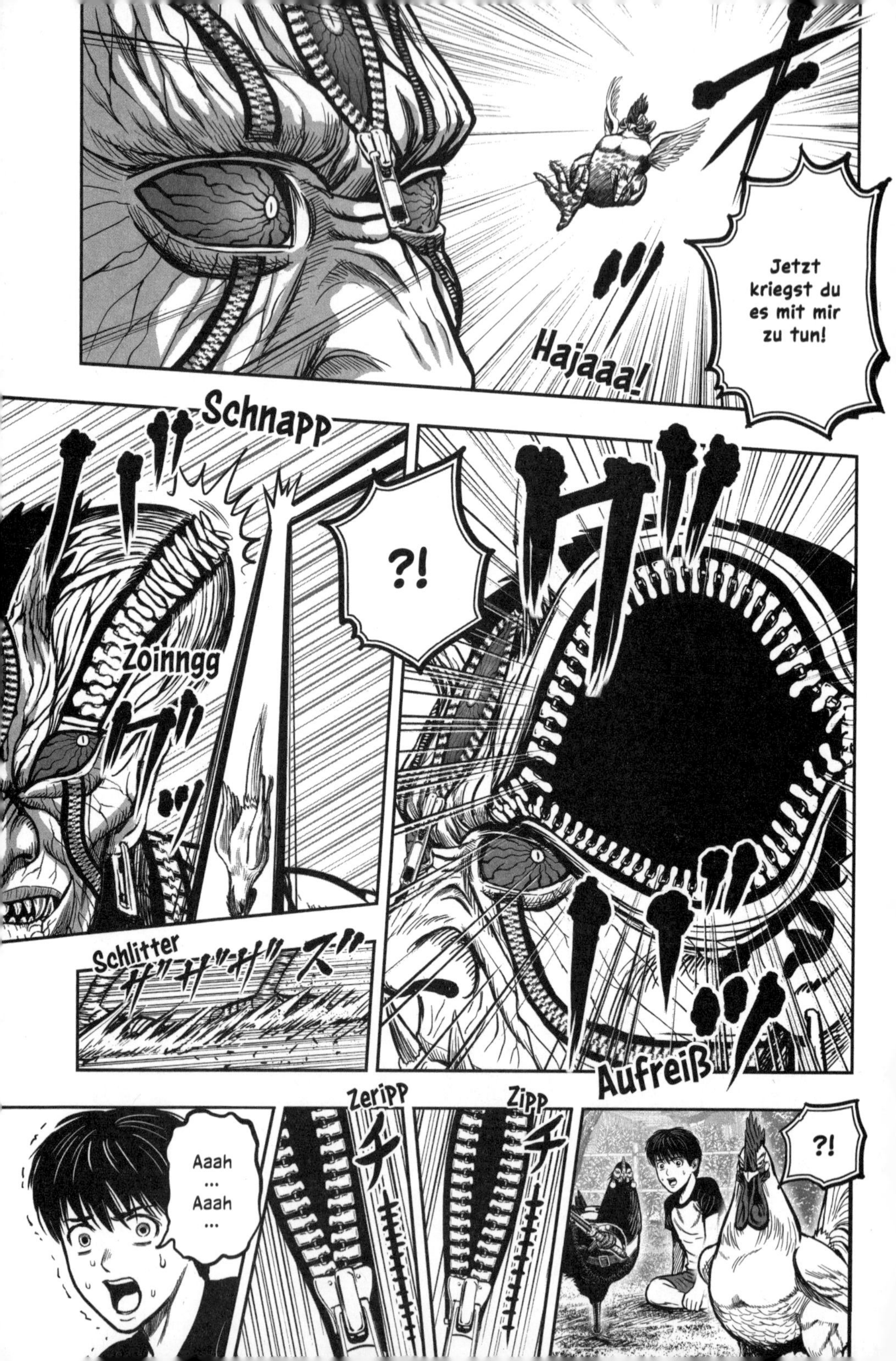
Jetzt kriegst du es mit mir zu tun!
Hajaaa!
?!
Aufreiß
Schnapp
Zoinngg
Schlitter
?!
Zipp
Zeripp
Aaah ... Aaah ...

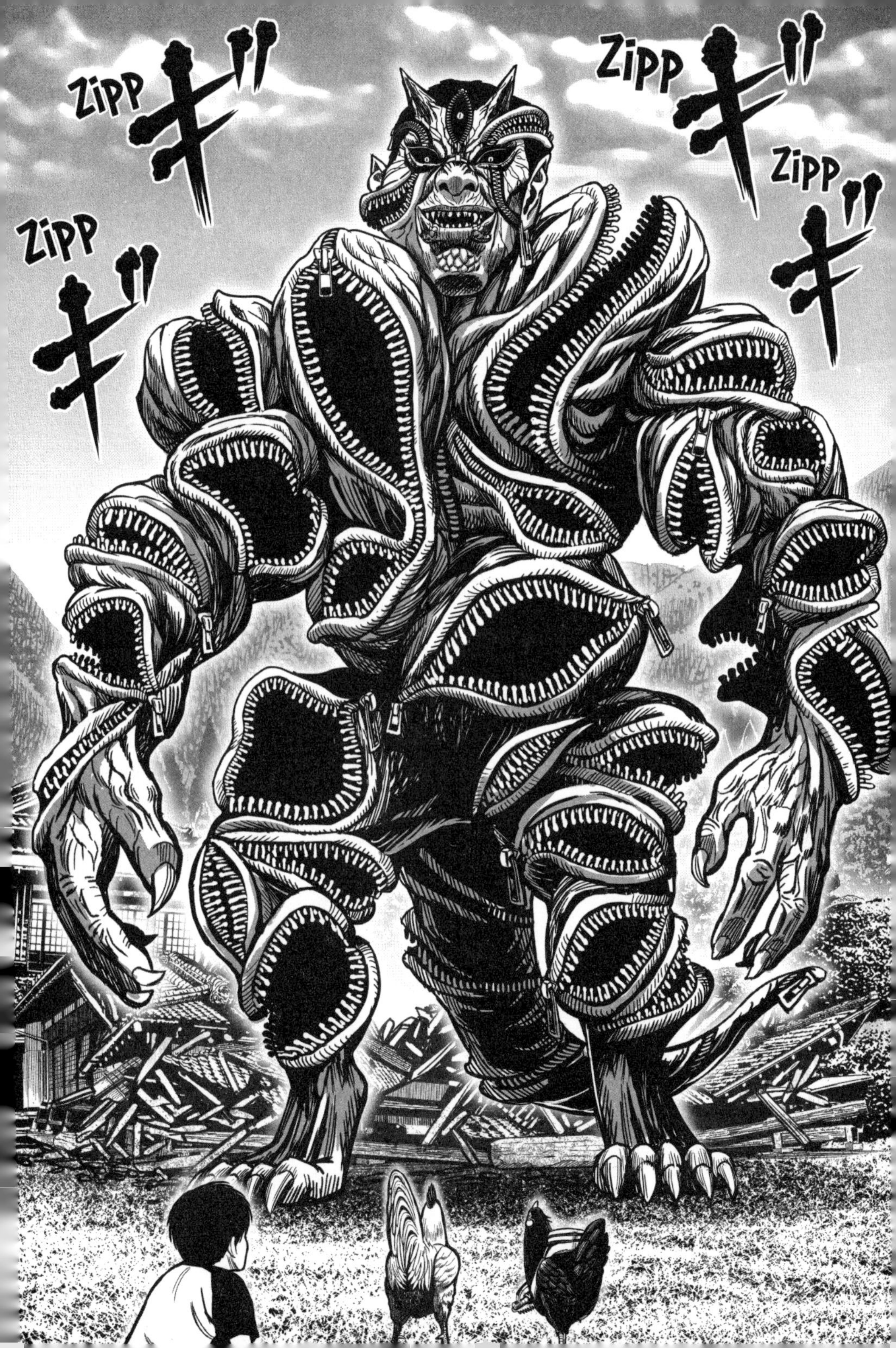
Zipp ギギ
Zipp ギギ
Zipp ギギ
Zipp ギギ

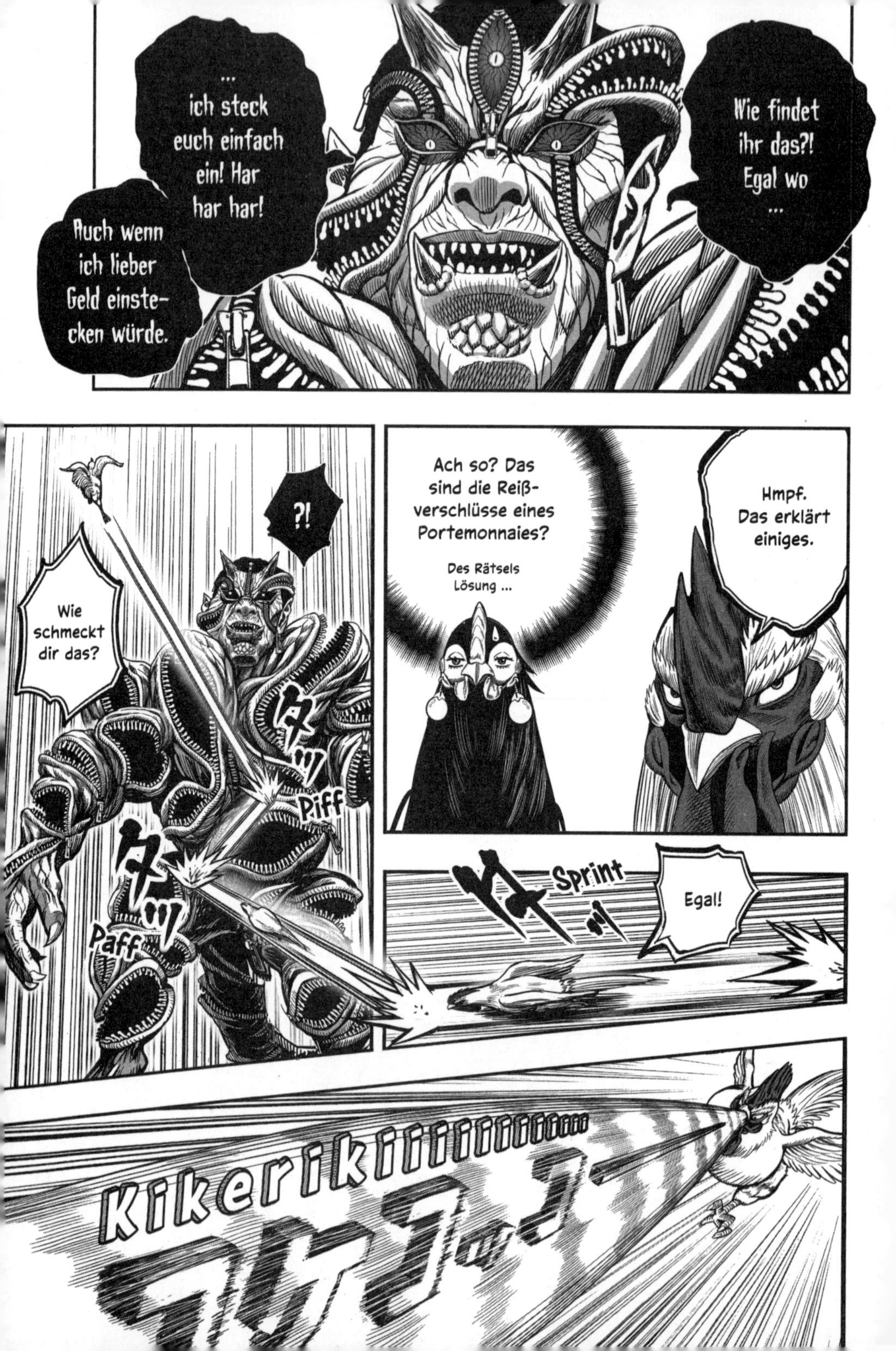
Wie findet ihr das?! Egal wo ...
... ich steck euch einfach ein! Har har har!
Auch wenn ich lieber Geld einstecken würde.
Hmpf. Das erklärt einiges.
Ach so? Das sind die Reißverschlüsse eines Portemonnaies?
Des Rätsels Lösung ...
?!
Wie schmeckt dir das?
Piff
Paff
Egal!
Sprint
Kikerikiiiiiiiiiii

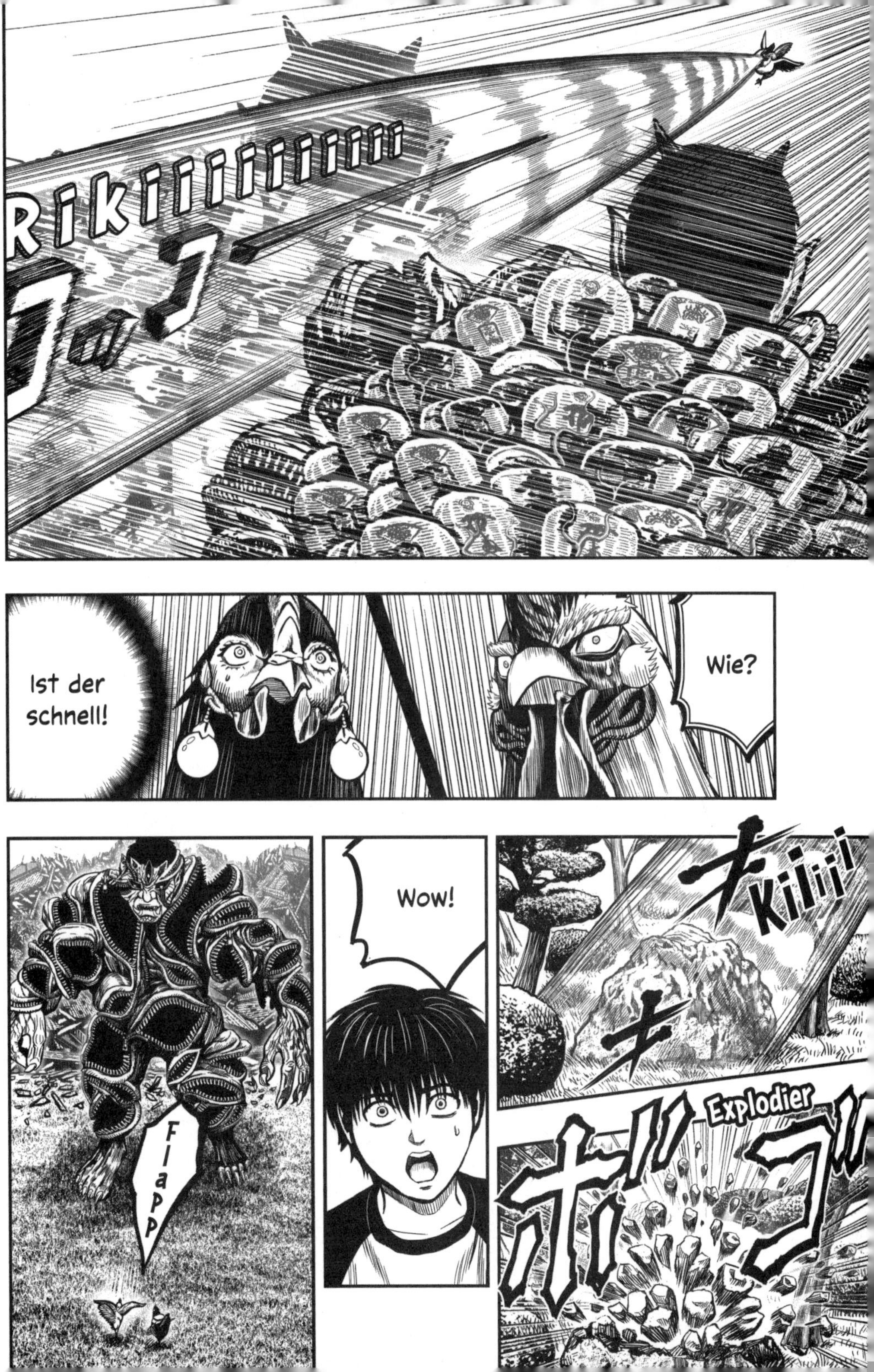
Rikiiiiiiiiiii
Wie?
Ist der schnell!
Kiliii
Explodier
Wow!
Flapp

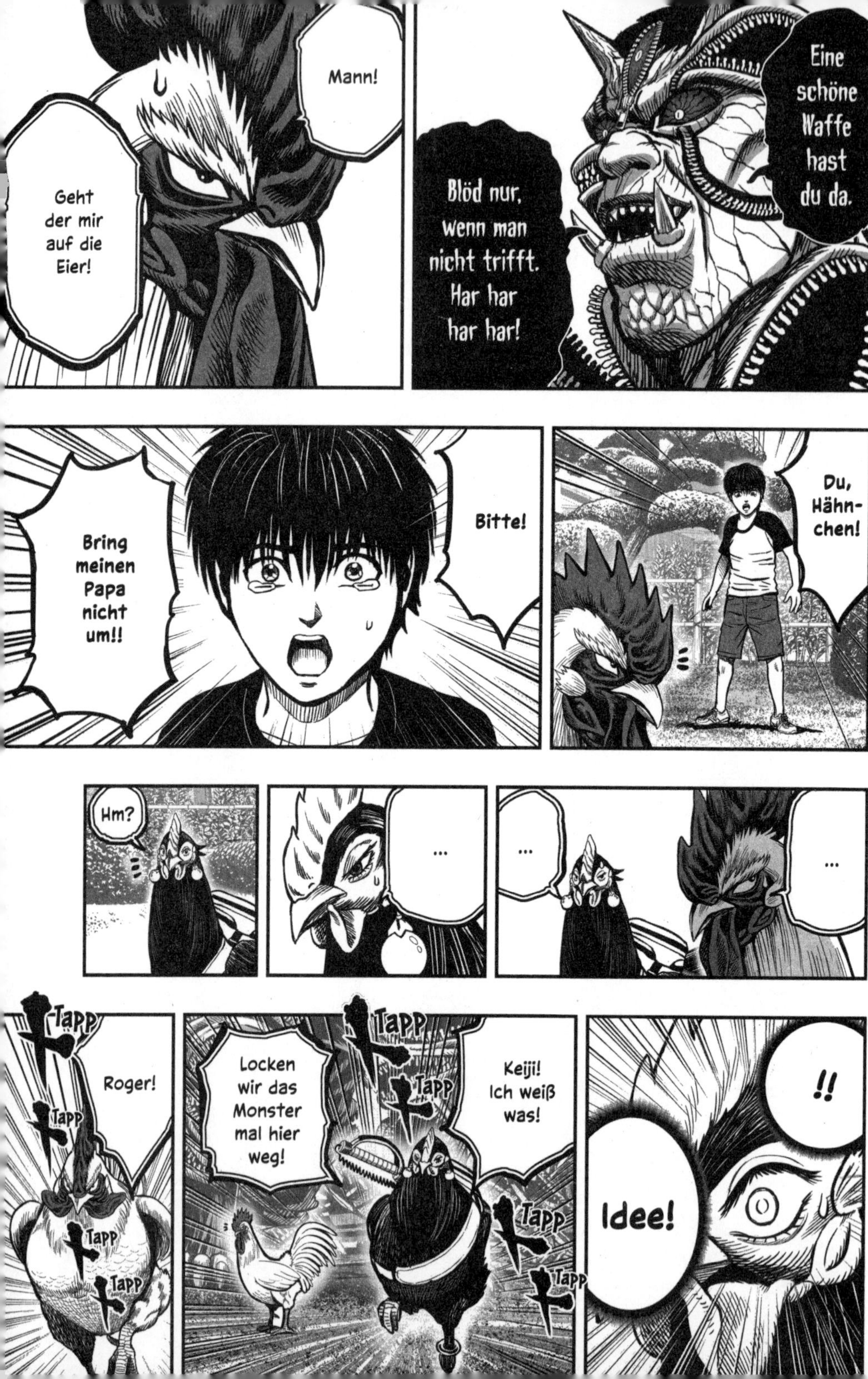
Eine schöne Waffe hast du da.
Blöd nur, wenn man nicht trifft. Har har har har!
Mann!
Geht der mir auf die Eier!
Du, Hähnchen!
Bitte!
Bring meinen Papa nicht um!!
...
...
...
Hm?
!!
Idee!
Keiji! Ich weiß was!
Tapp
Tapp
Tapp
Tapp
Locken wir das Monster mal hier weg!
Roger!
Tapp
Tapp
Tapp
Tapp

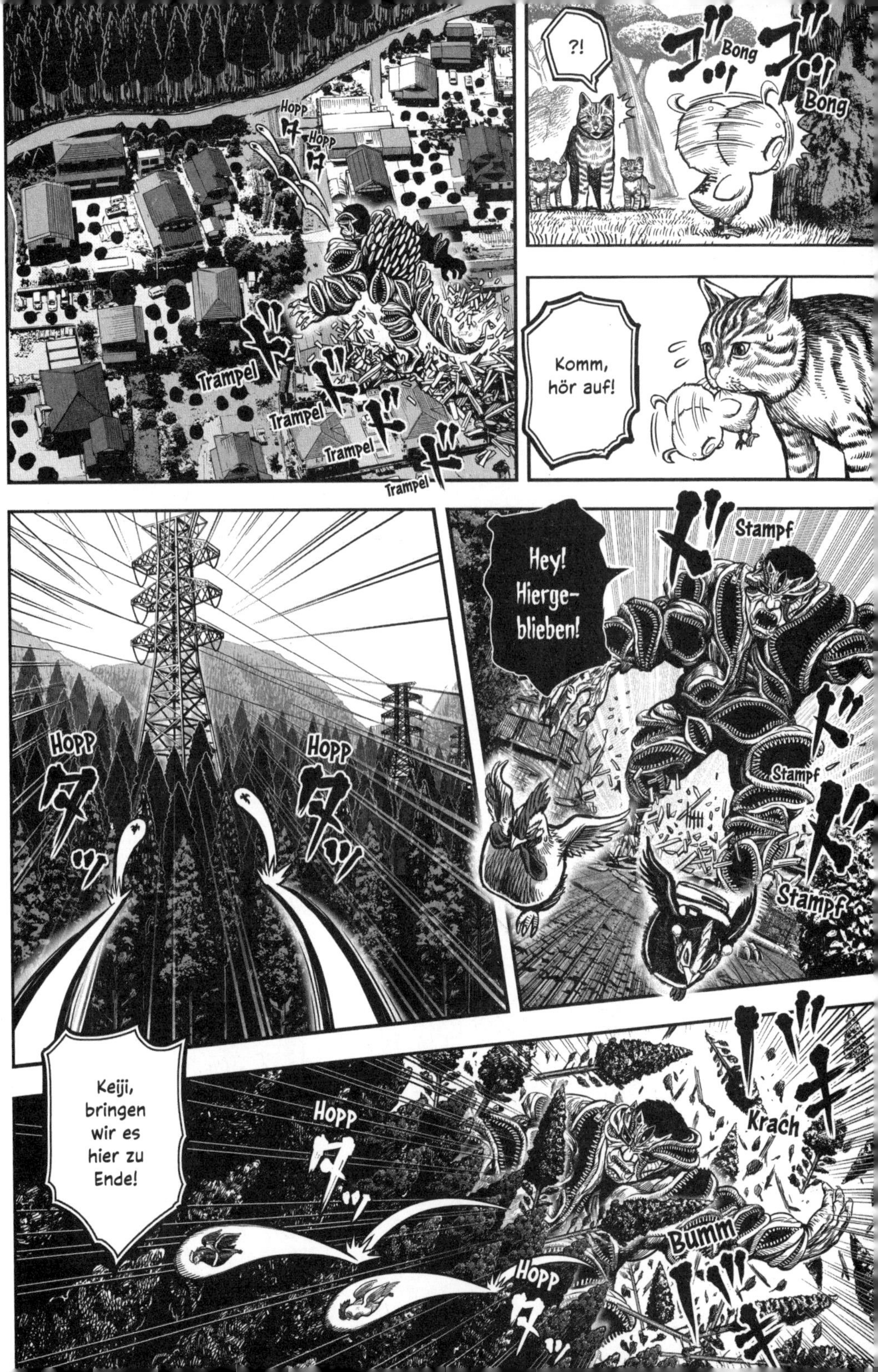
?!
Bong
Bong
Komm, hör auf!
Hopp
Hopp
Trampel
Trampel
Trampel
Trampel
Hey! Hierge-blieben!
Stampf
Stampf
Stampf
Hopp
Hopp
Krach
Bumm
Keiji, bringen wir es hier zu Ende!
Hopp
Hopp

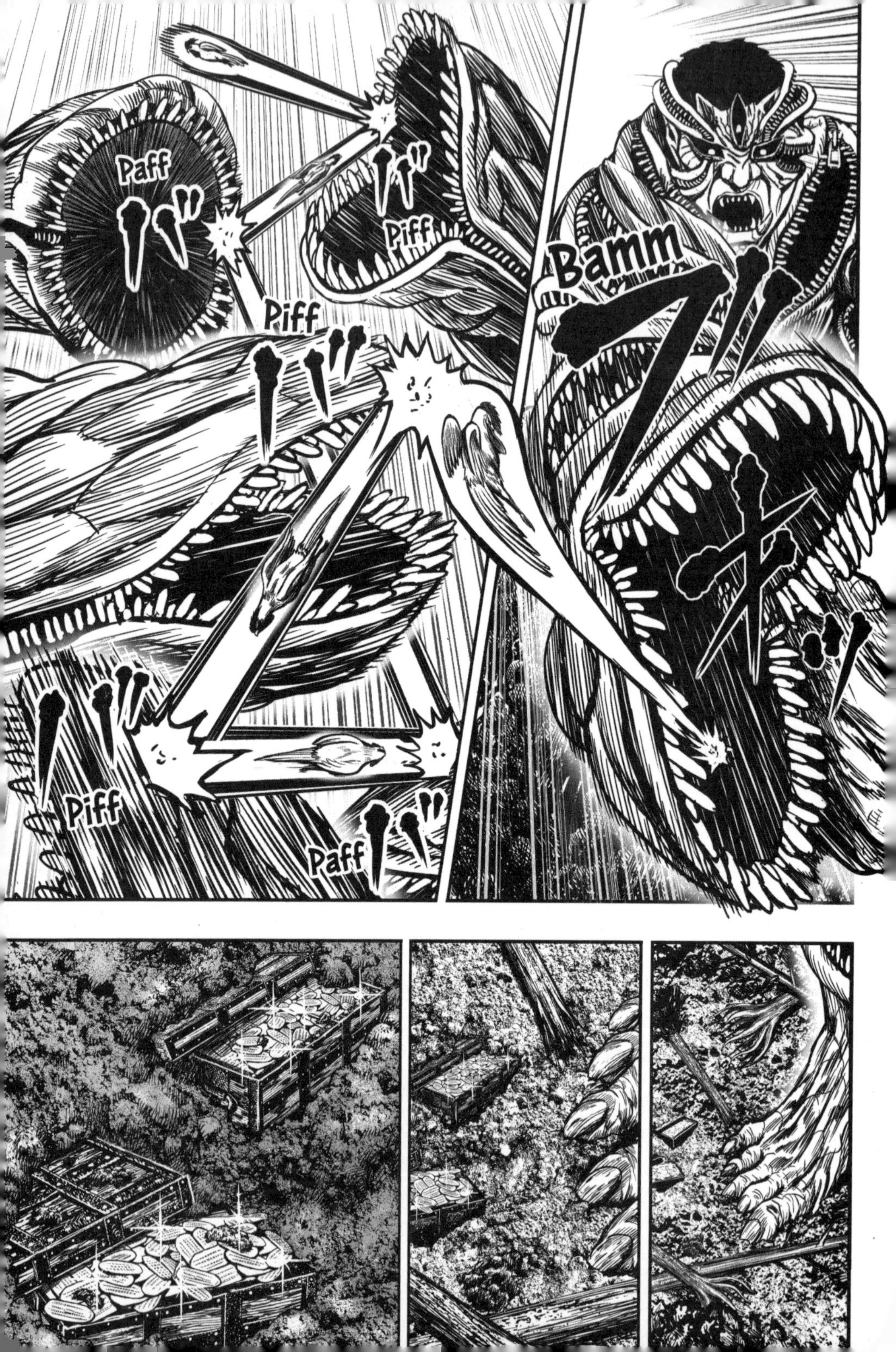
Bamm
Paff
Piff
Piff
Piff
Paff

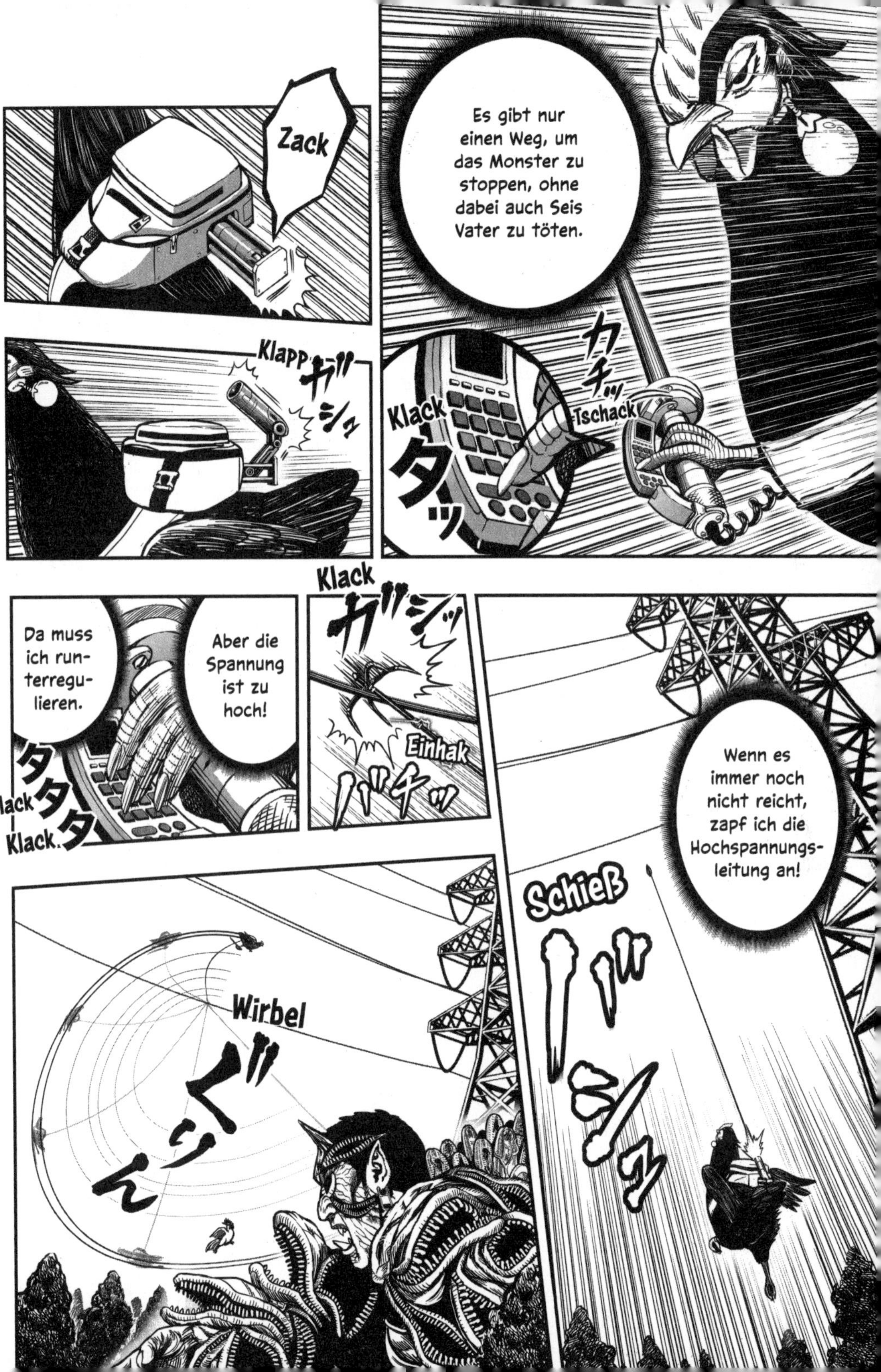
Es gibt nur einen Weg, um das Monster zu stoppen, ohne dabei auch Seis Vater zu töten.
Klack
Tschack
Zack
Klapp
Klack
Einhak
Aber die Spannung ist zu hoch!
Da muss ich runterregulieren.
Klack
Klack
Wenn es immer noch nicht reicht, zapf ich die Hochspannungsleitung an!
Schieß
Wirbel

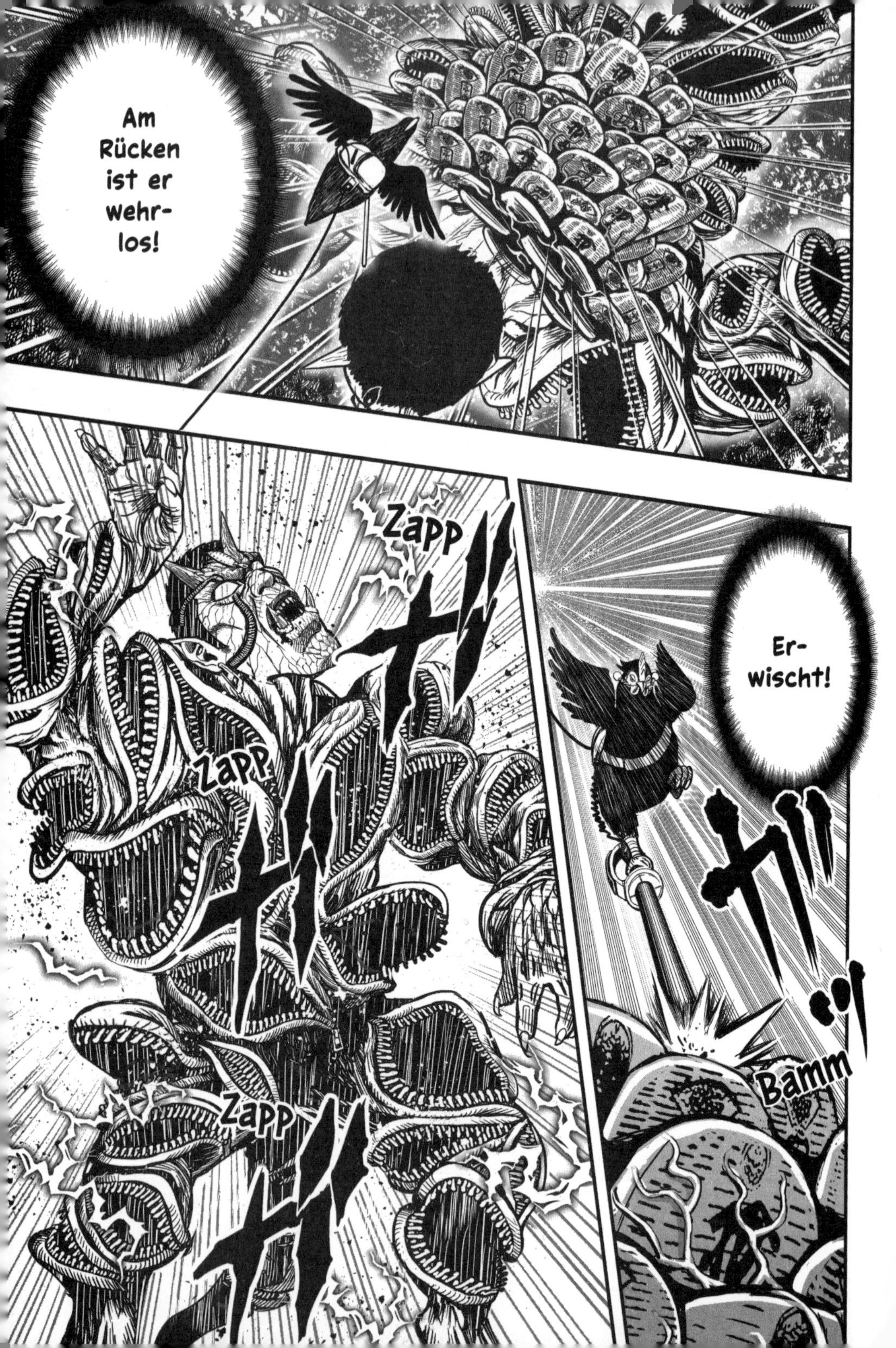

Am Rücken ist er wehr-los!
Zapp
Zapp
Zapp
Er-wischt!
Bamm

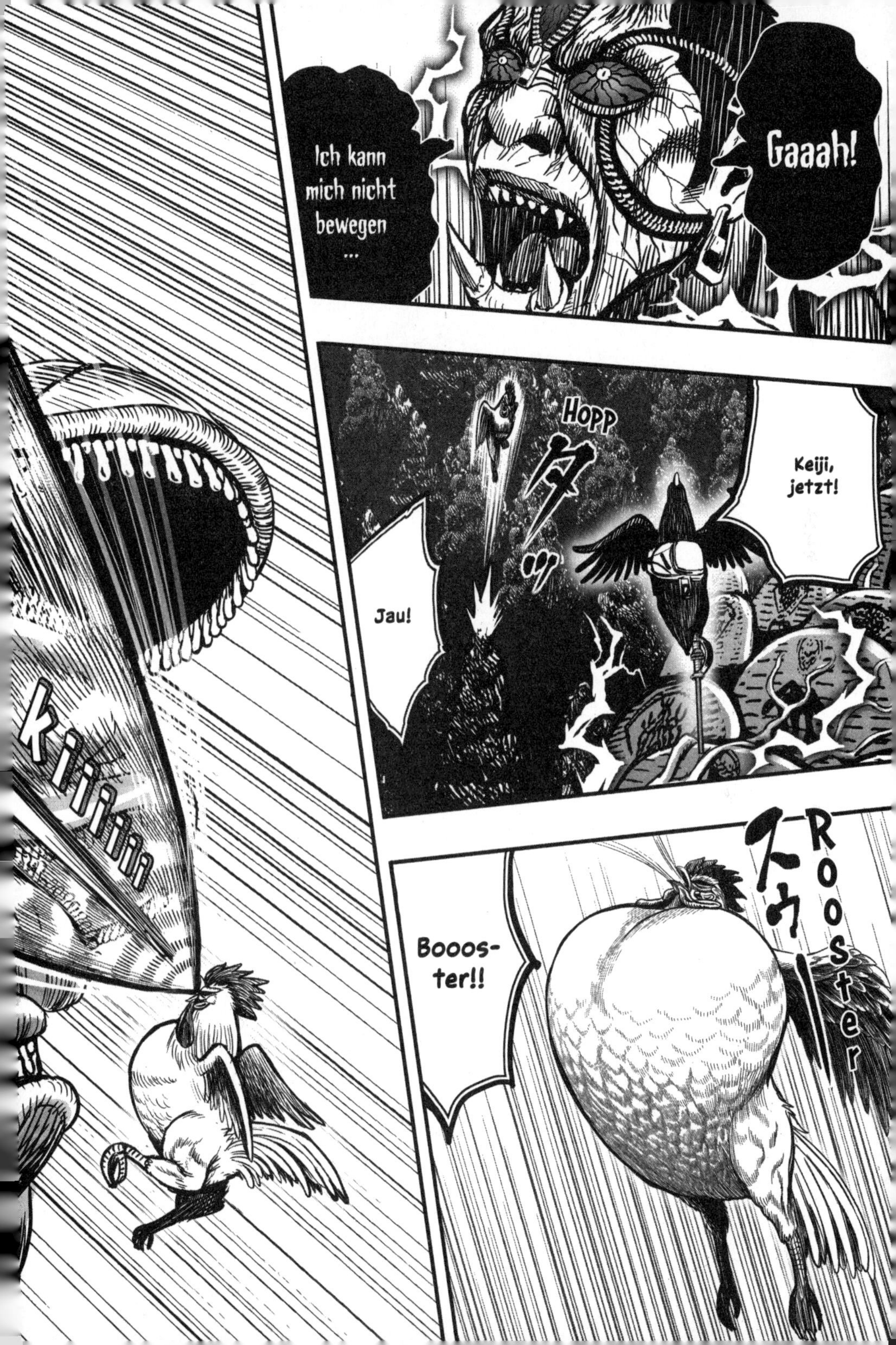
Gaaah!
Ich kann mich nicht bewegen ...
Keiji, jetzt!
HOPP
Jau!
Roooster
Booos-ter!!
kiiiiiii

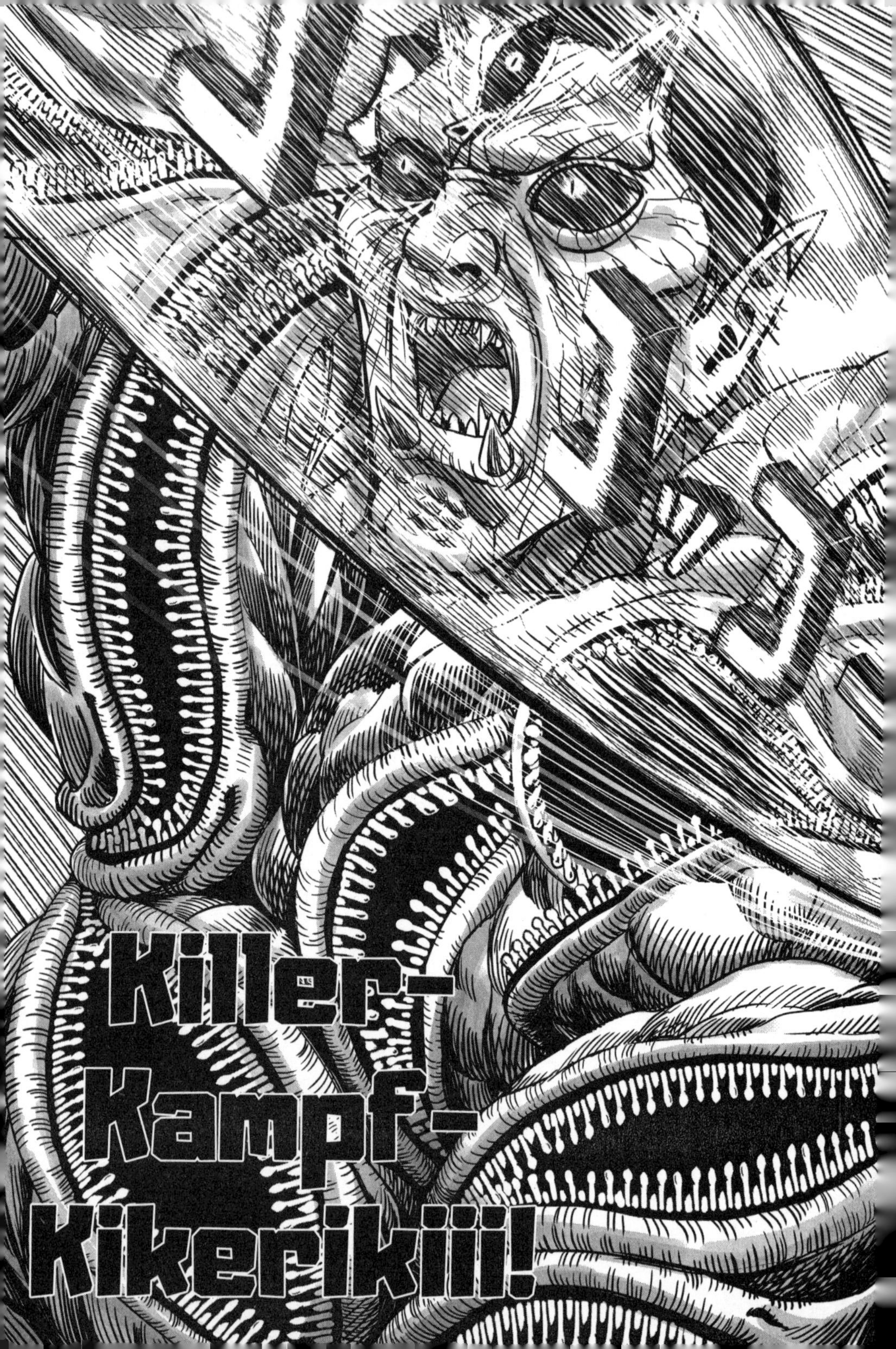
Killer-
Kampf-
Kikerikiii!

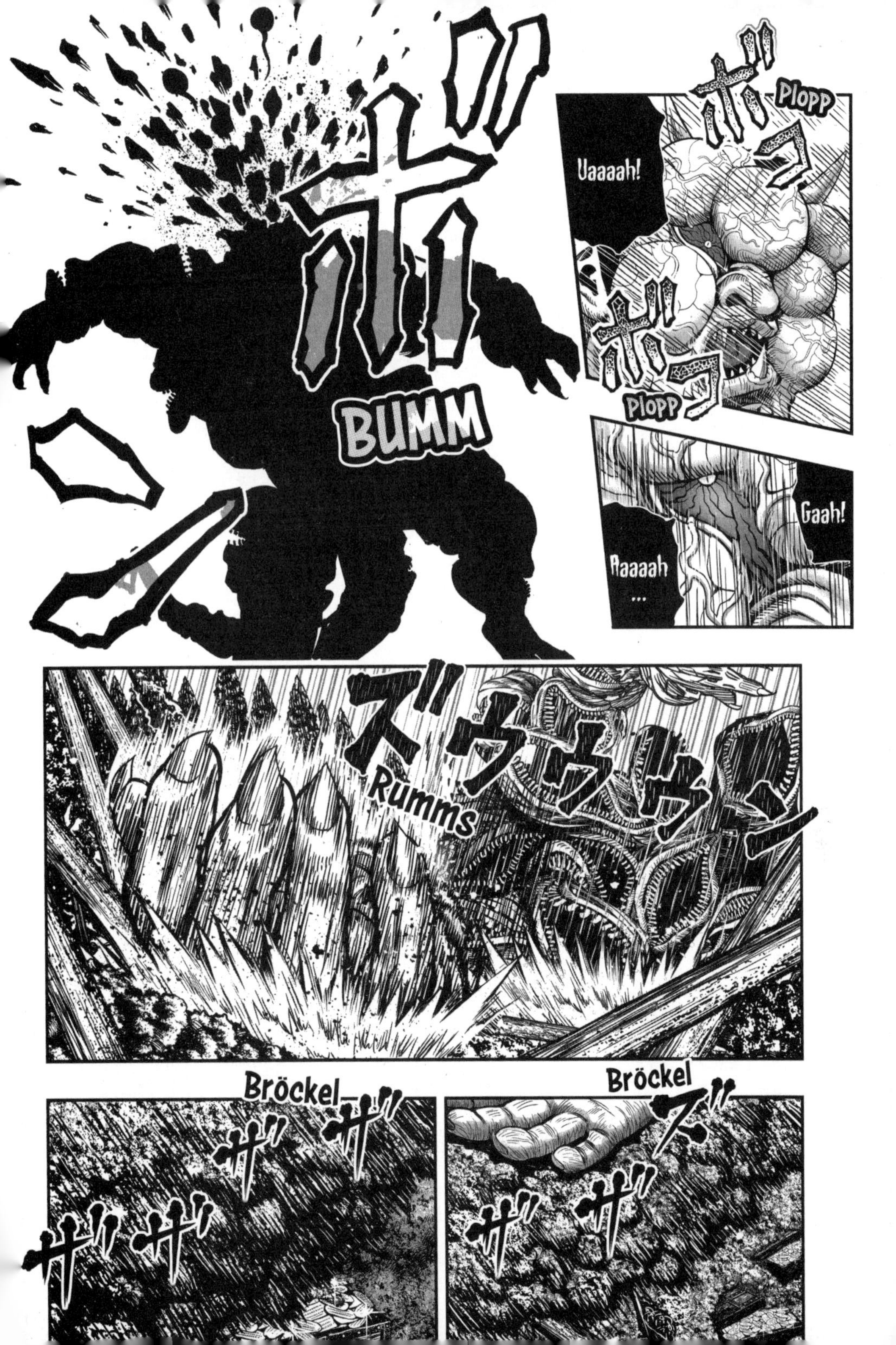
Plopp
Uaaaah!
Plopp
Gaah!
Aaaaah
...
BUMM
Rumms
Bröckel
Bröckel

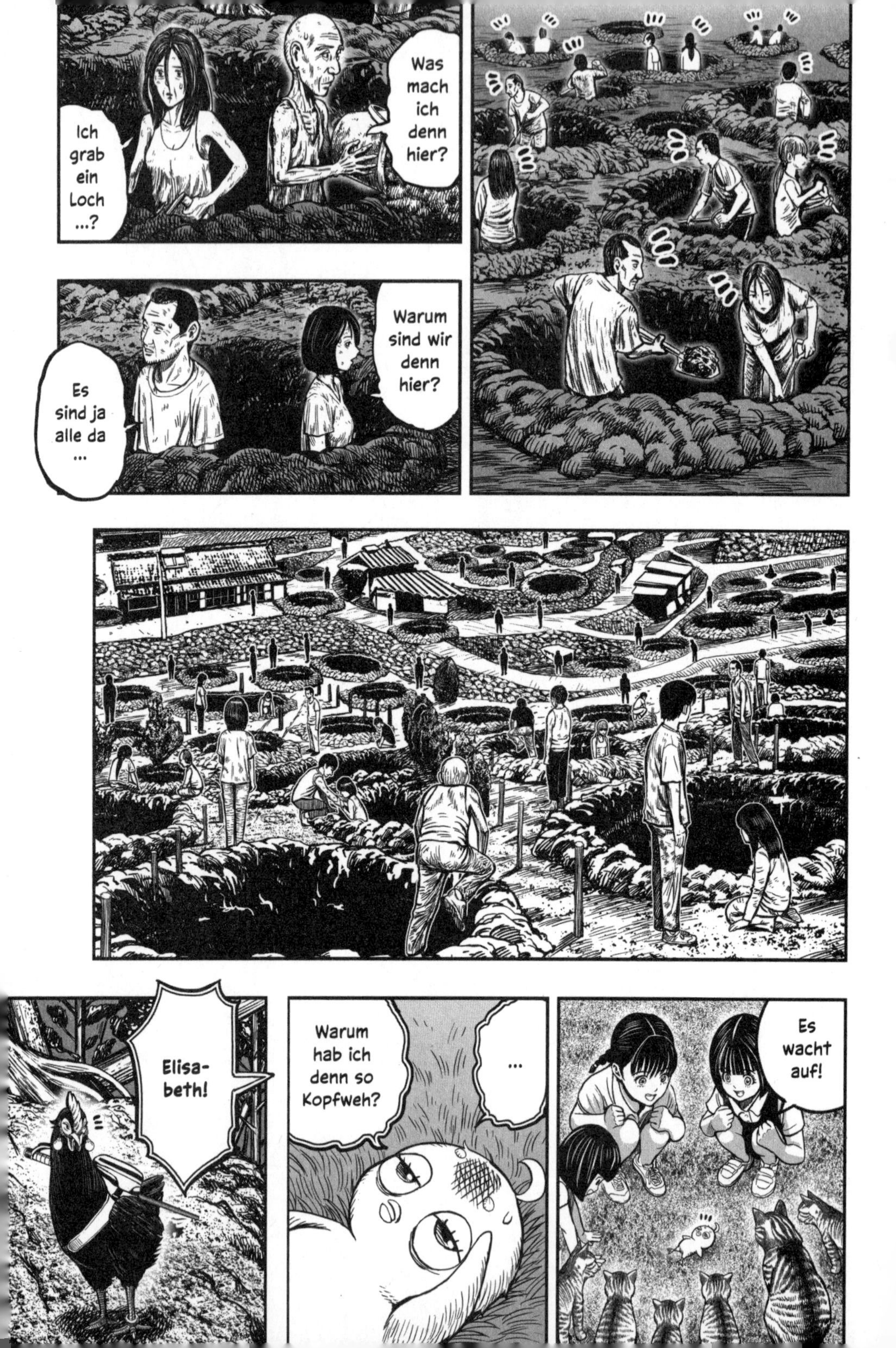
Was mach ich denn hier?
Ich grab ein Loch ...?
Warum sind wir denn hier?
Es sind ja alle da ...
Elisa-beth!
Warum hab ich denn so Kopfweh?
...
Es wacht auf!

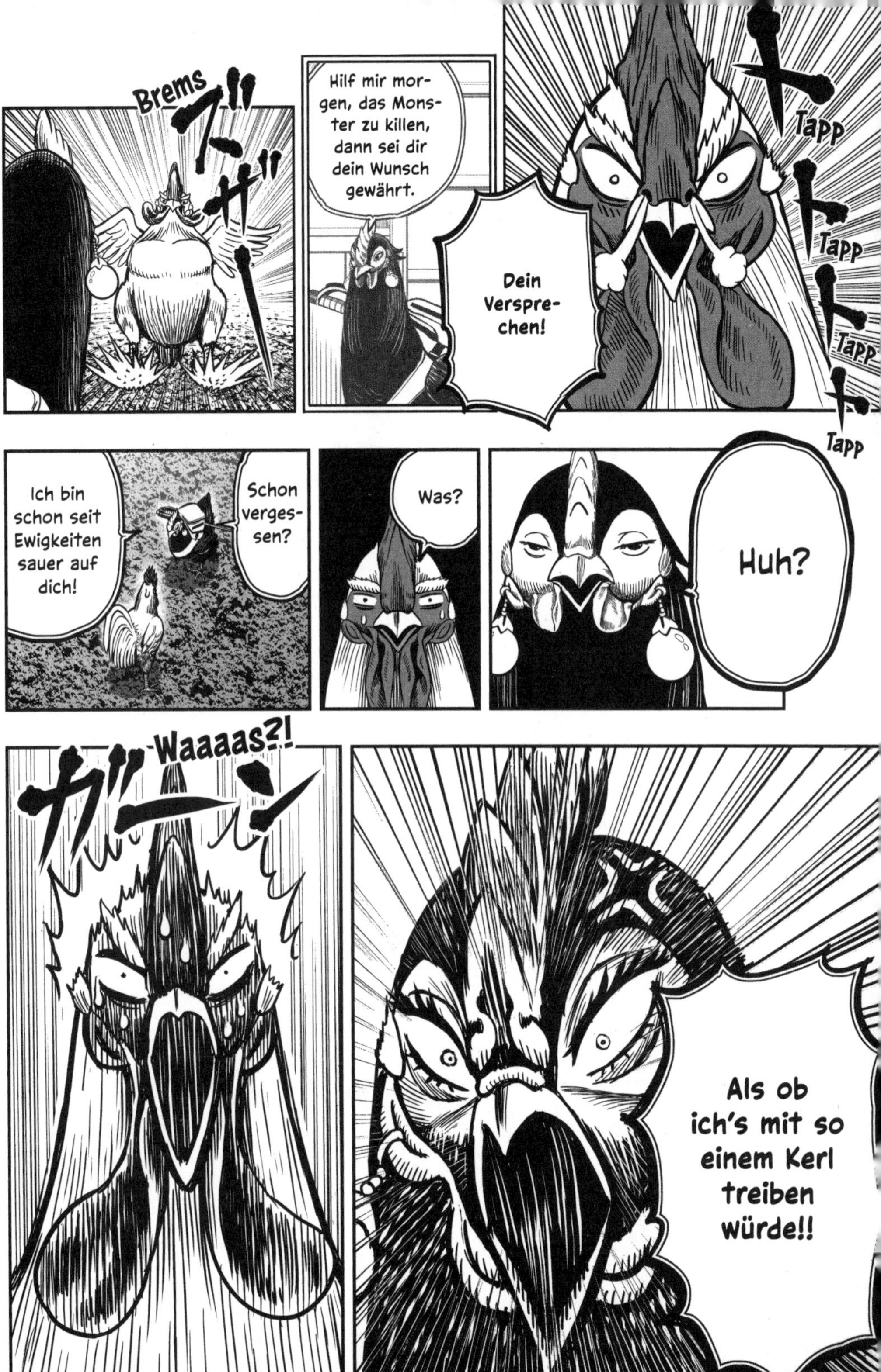
Tapp
Tapp
Tapp
Tapp
Dein Versprechen!
Hilf mir morgen, das Monster zu killen, dann sei dir dein Wunsch gewährt.
Brems
Huh?
Was?
Schon vergessen?
Ich bin schon seit Ewigkeiten sauer auf dich!
Als ob ich's mit so einem Kerl treiben würde!!
Waaaas?!

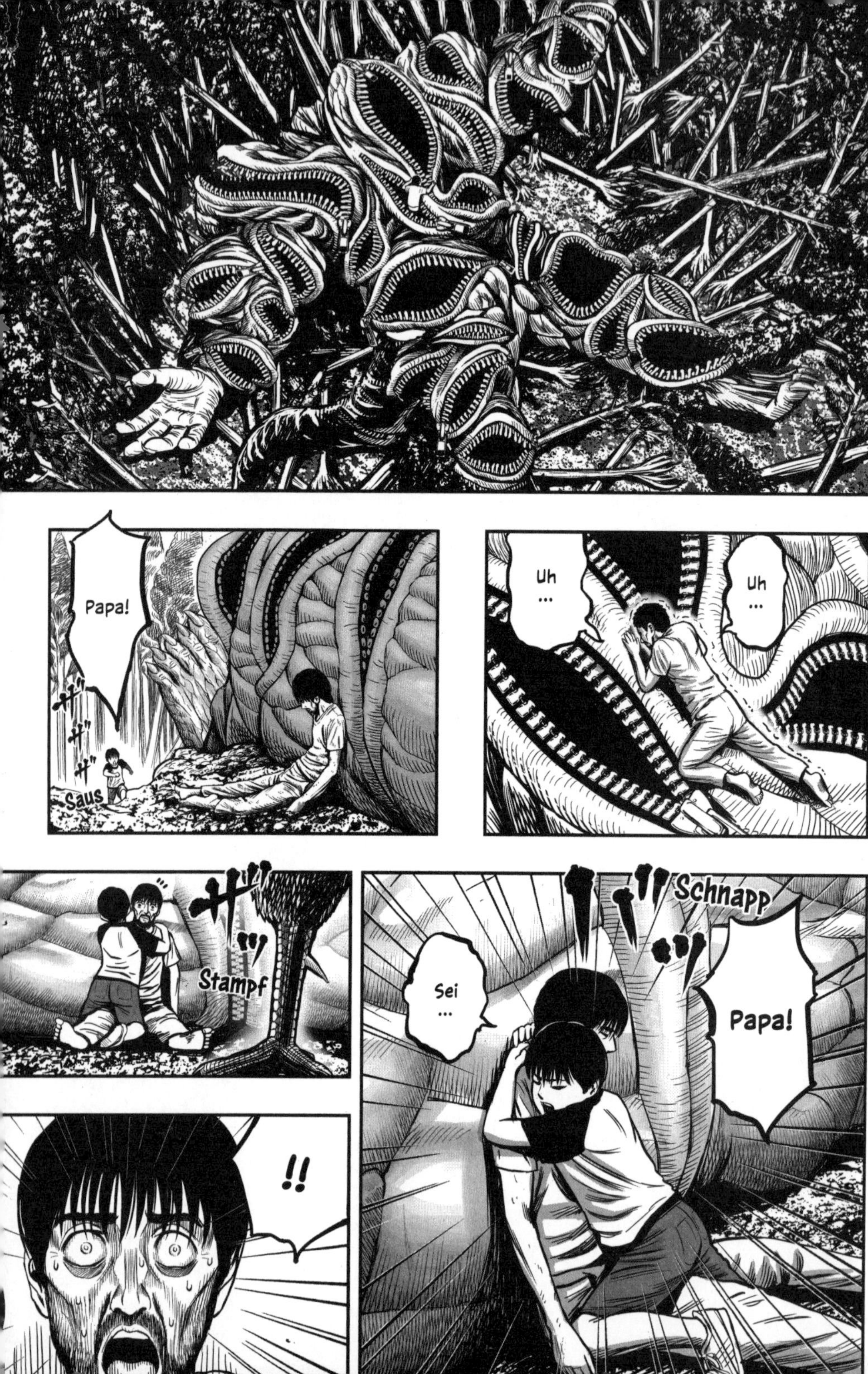
Uh ...
Uh ...
Papa!
Saus
Schnapp
Papa!
Sei ...
Stampf
!!

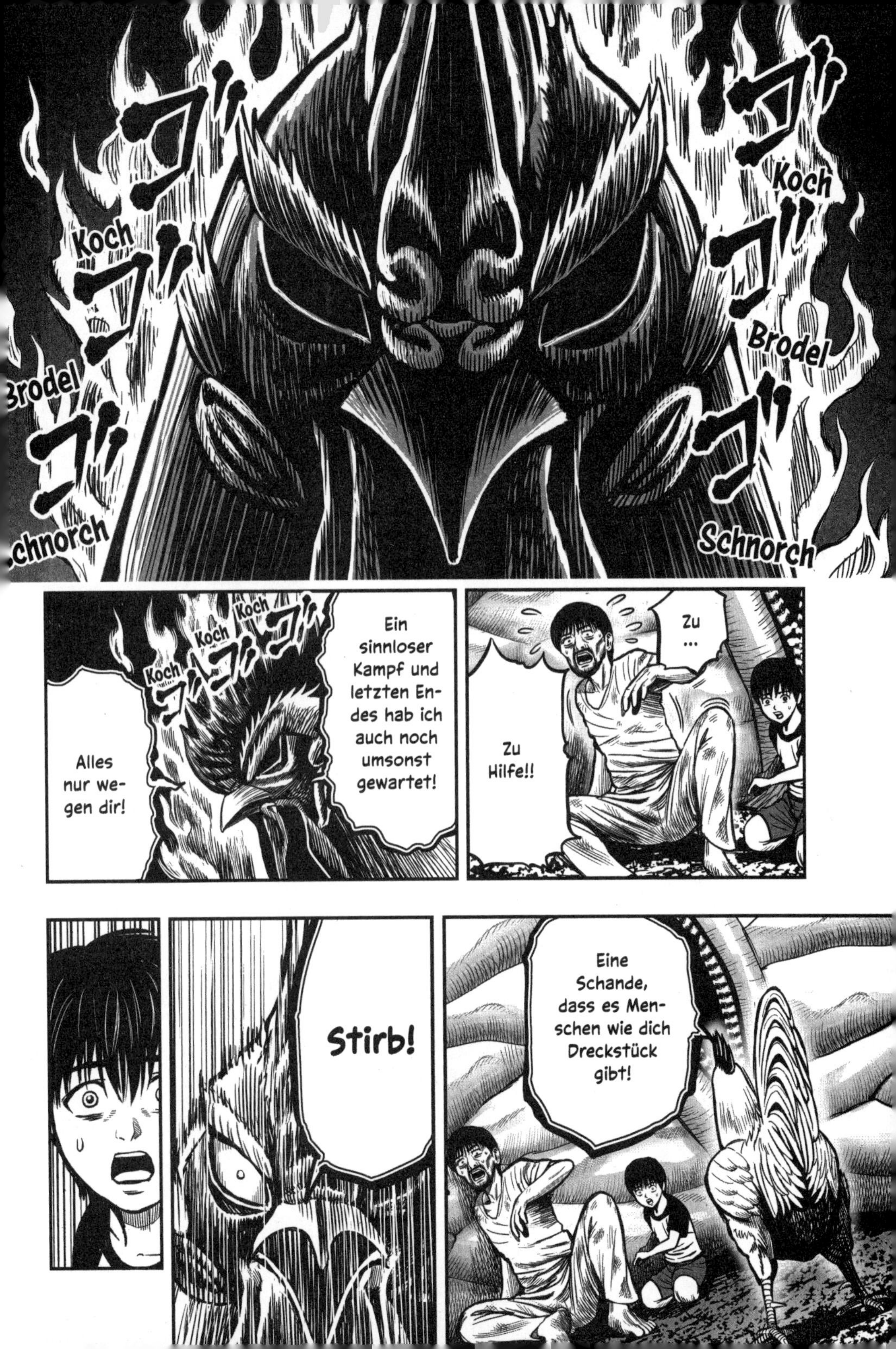
Koch
Brodel
Schnorch
Koch
Brodel
chnorch
Zu ...
Zu Hilfe!!
Ein sinnloser Kampf und letzten Endes hab ich auch noch umsonst gewartet!
Koch Koch Koch
Alles nur wegen dir!
Eine Schande, dass es Menschen wie dich Dreckstück gibt!
Stirb!

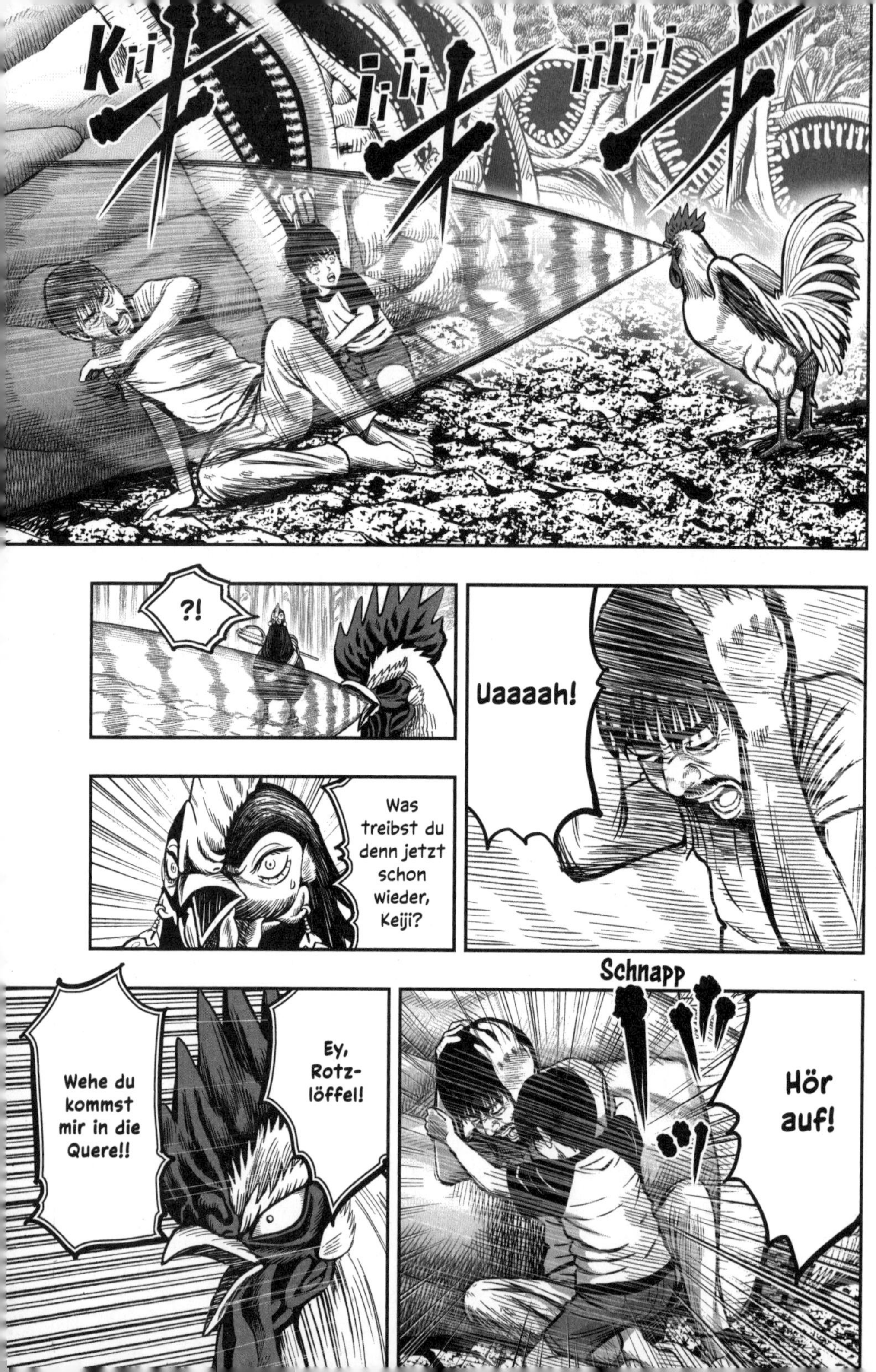
Kii
iii
iiiii
?!
Uaaaah!
Was treibst du denn jetzt schon wieder, Keiji?
Schnapp
Hör auf!
Ey, Rotz-löffel!
Wehe du kommst mir in die Quere!!

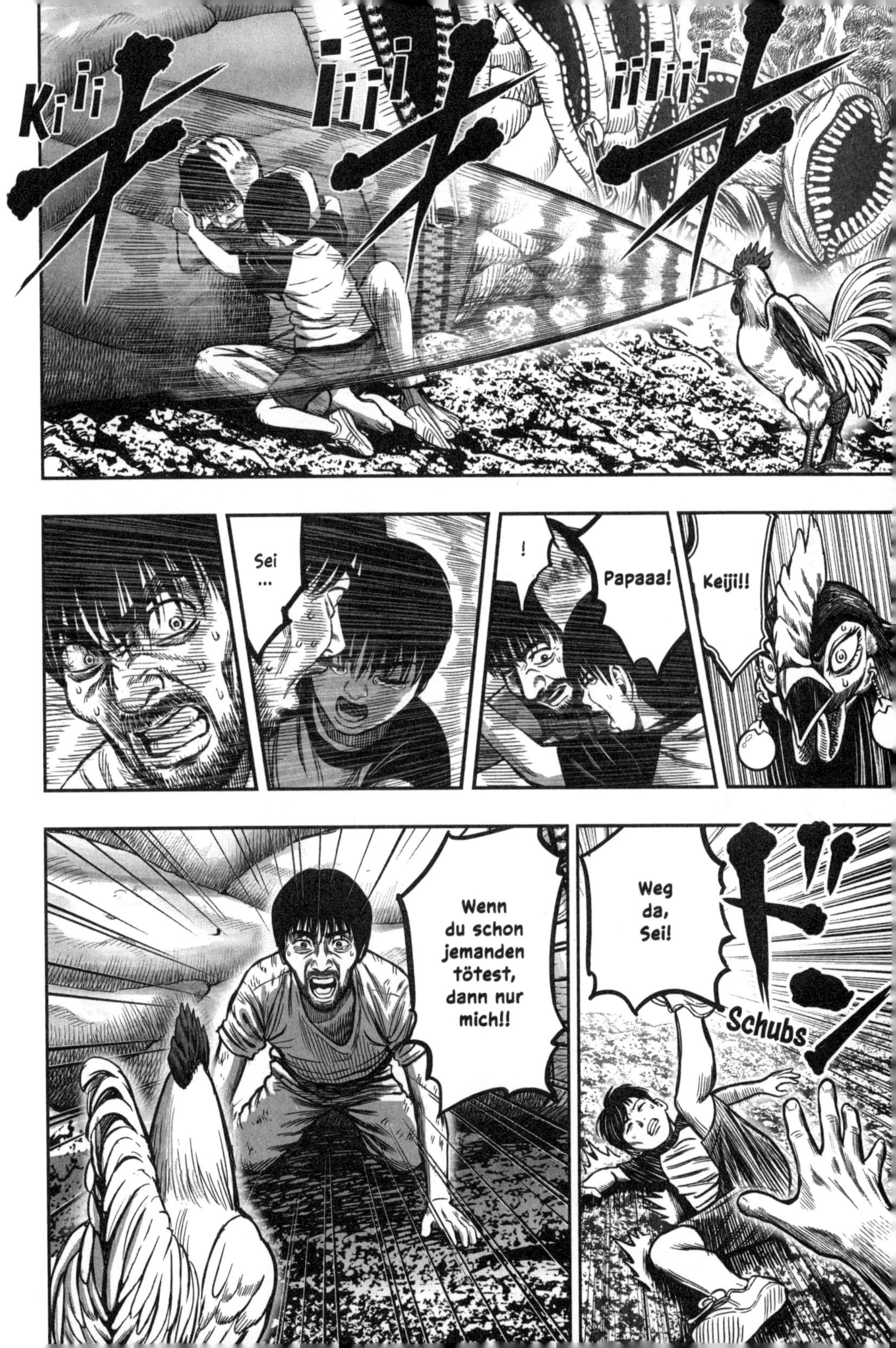
Kiiiiiiiiiiiii
Sei ...
!
Papaaa!
Keiji!!
Weg da, Sei!
Schubs
Wenn du schon jemanden tötest, dann nur mich!!

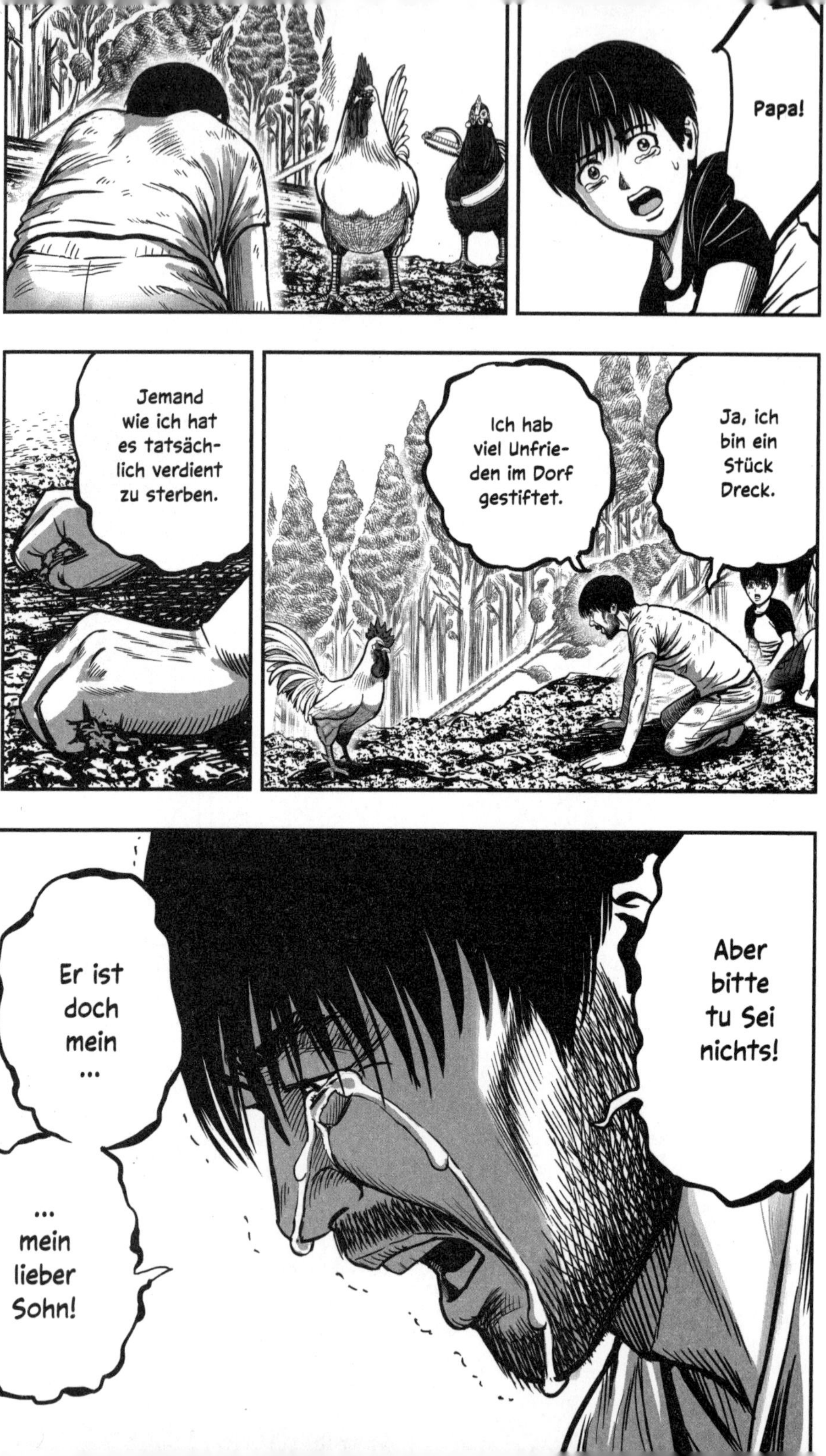
Papa!
Ja, ich bin ein Stück Dreck.
Ich hab viel Unfrieden im Dorf gestiftet.
Jemand wie ich hat es tatsächlich verdient zu sterben.
Aber bitte tu Sei nichts!
Er ist doch mein ...
... mein lieber Sohn!

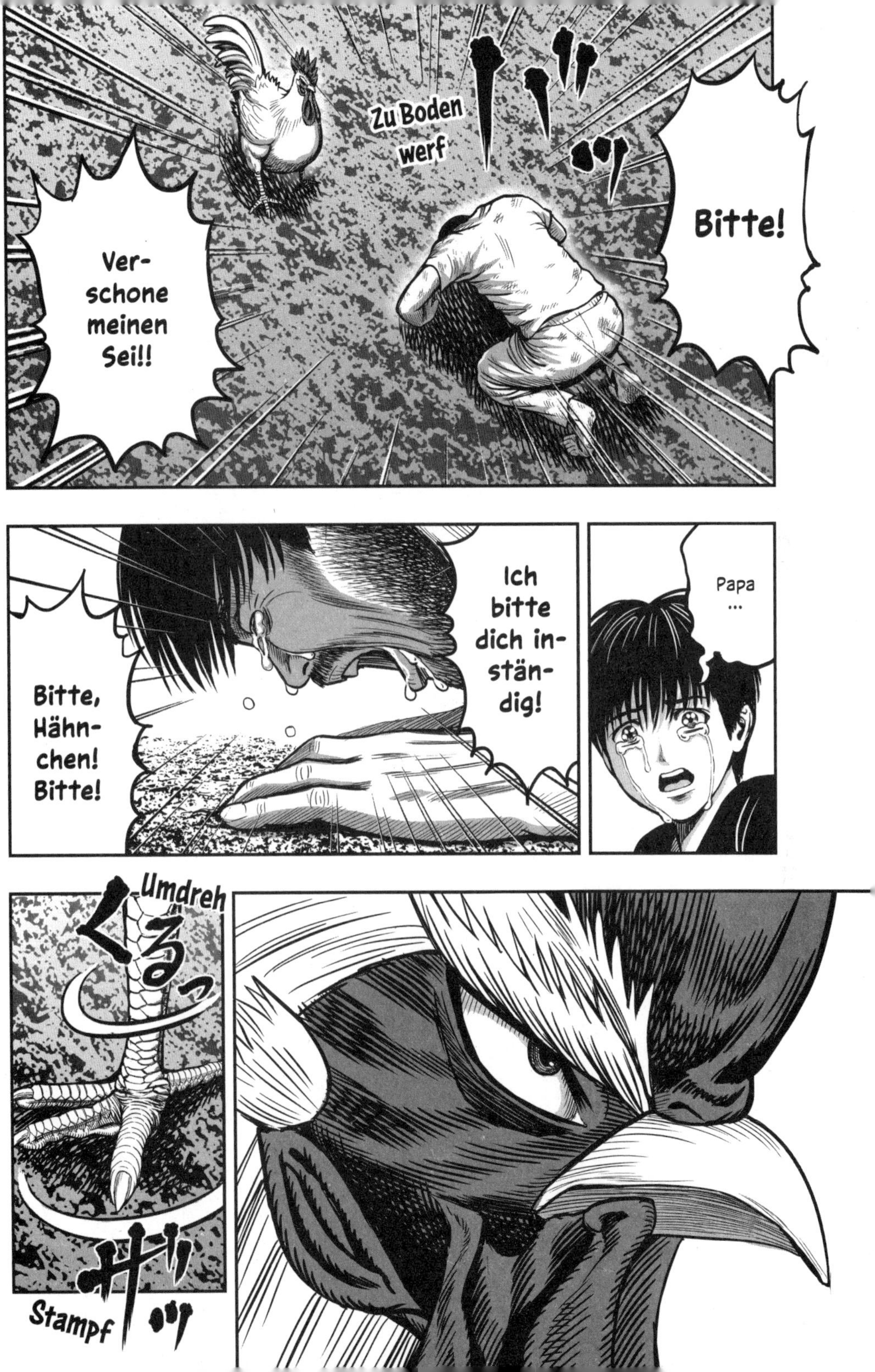
Bitte!
Zu Boden werf
Ver-schone meinen Sei!!
Papa ...
Ich bitte dich in-stän-dig!
Bitte, Hähn-chen! Bitte!
Umdreh
Stampf

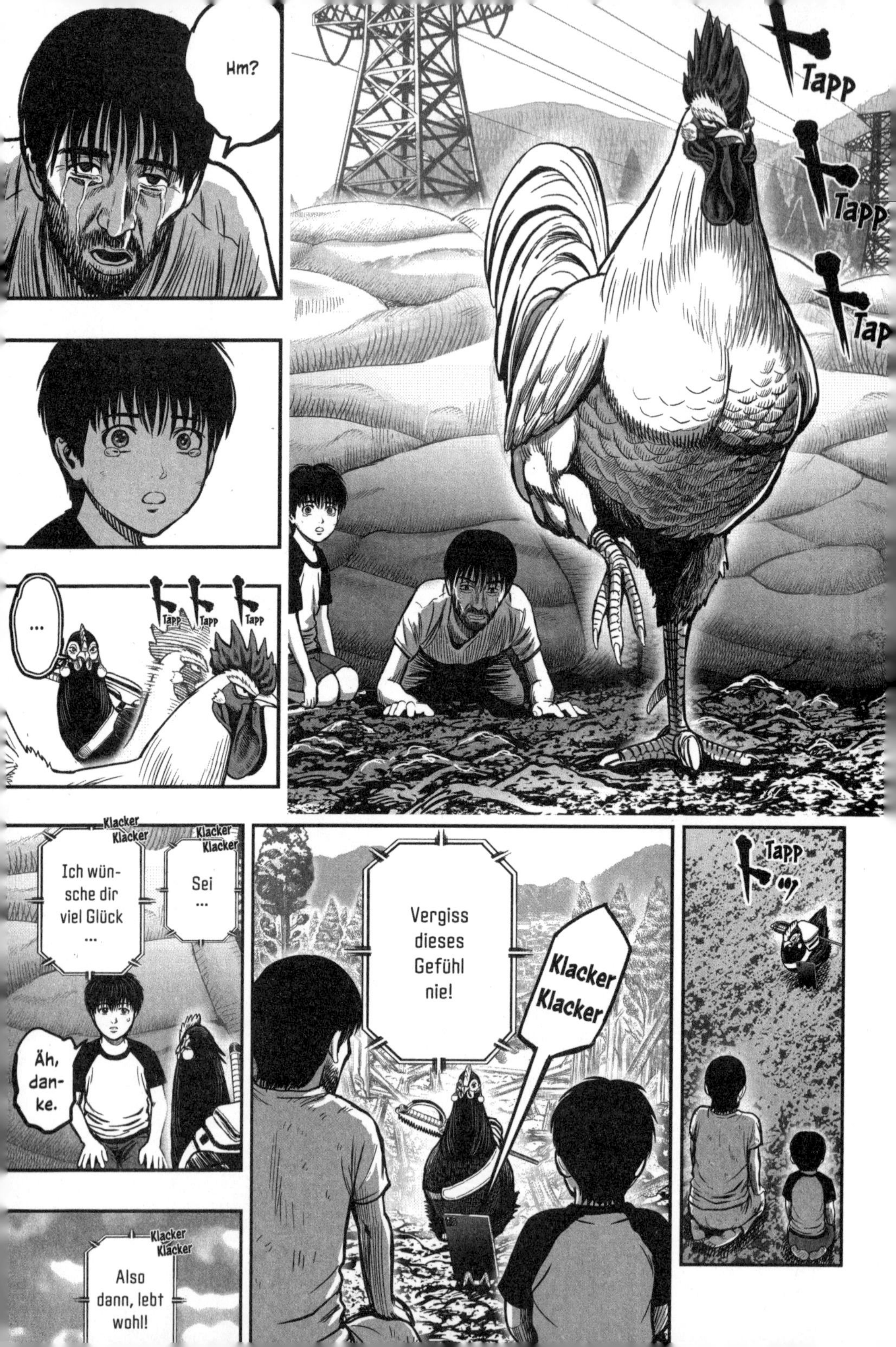
Tapp
Tapp
Tap
Hm?
Tapp Tapp Tapp
...
Tapp
Klacker Klacker
Sei ...
Klacker Klacker
Ich wünsche dir viel Glück ...
Äh, danke.
Klacker Klacker
Vergiss dieses Gefühl nie!
Klacker Klacker
Also dann, lebt wohl!

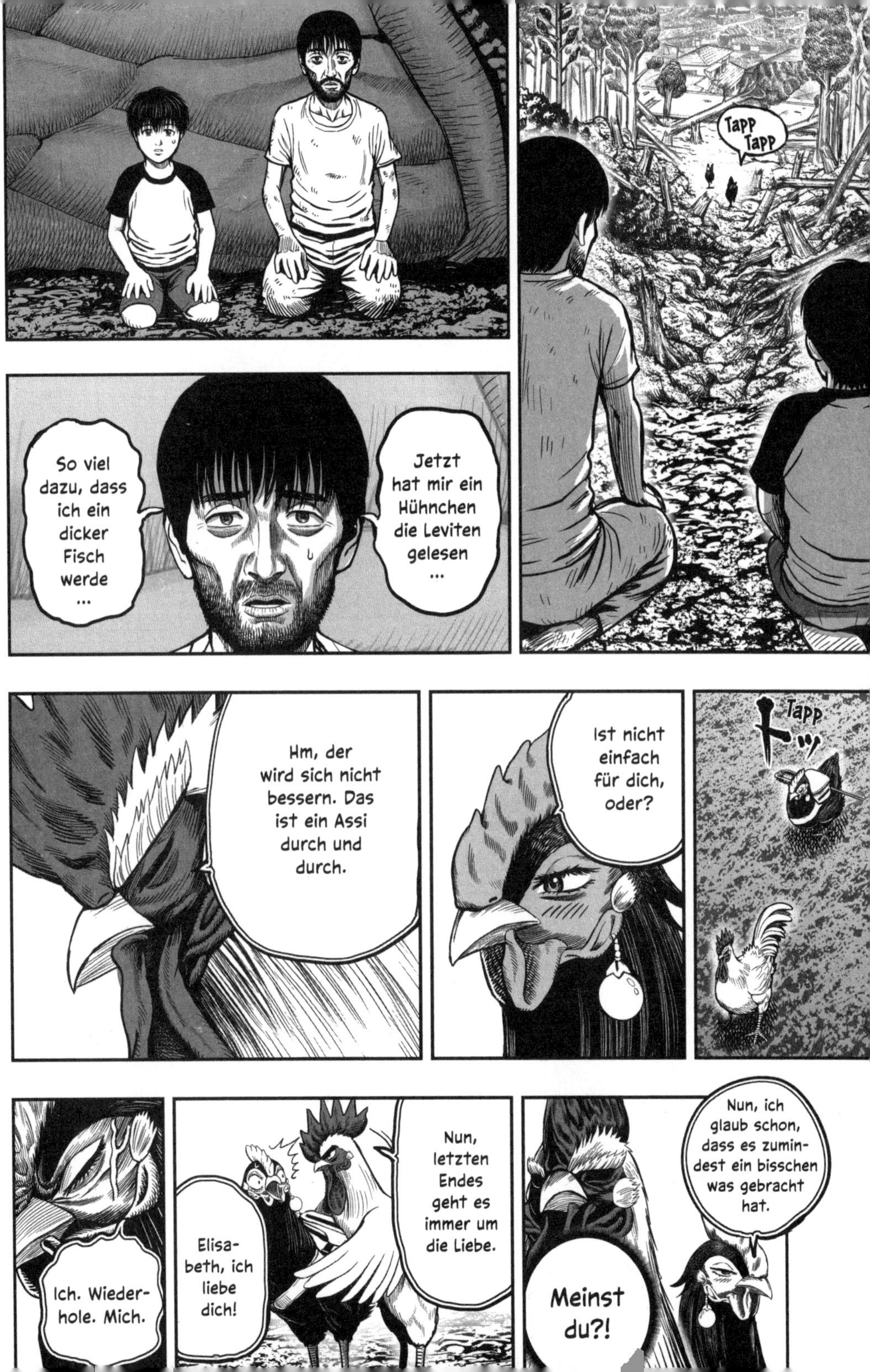

Tapp Tapp
Jetzt hat mir ein Hühnchen die Leviten gelesen ...
So viel dazu, dass ich ein dicker Fisch werde ...
Tapp
Ist nicht einfach für dich, oder?
Hm, der wird sich nicht bessern. Das ist ein Assi durch und durch.
Nun, ich glaub schon, dass es zumindest ein bisschen was gebracht hat.
Meinst du?!
Nun, letzten Endes geht es immer um die Liebe.
Elisabeth, ich liebe dich!
Ich. Wiederhole. Mich.

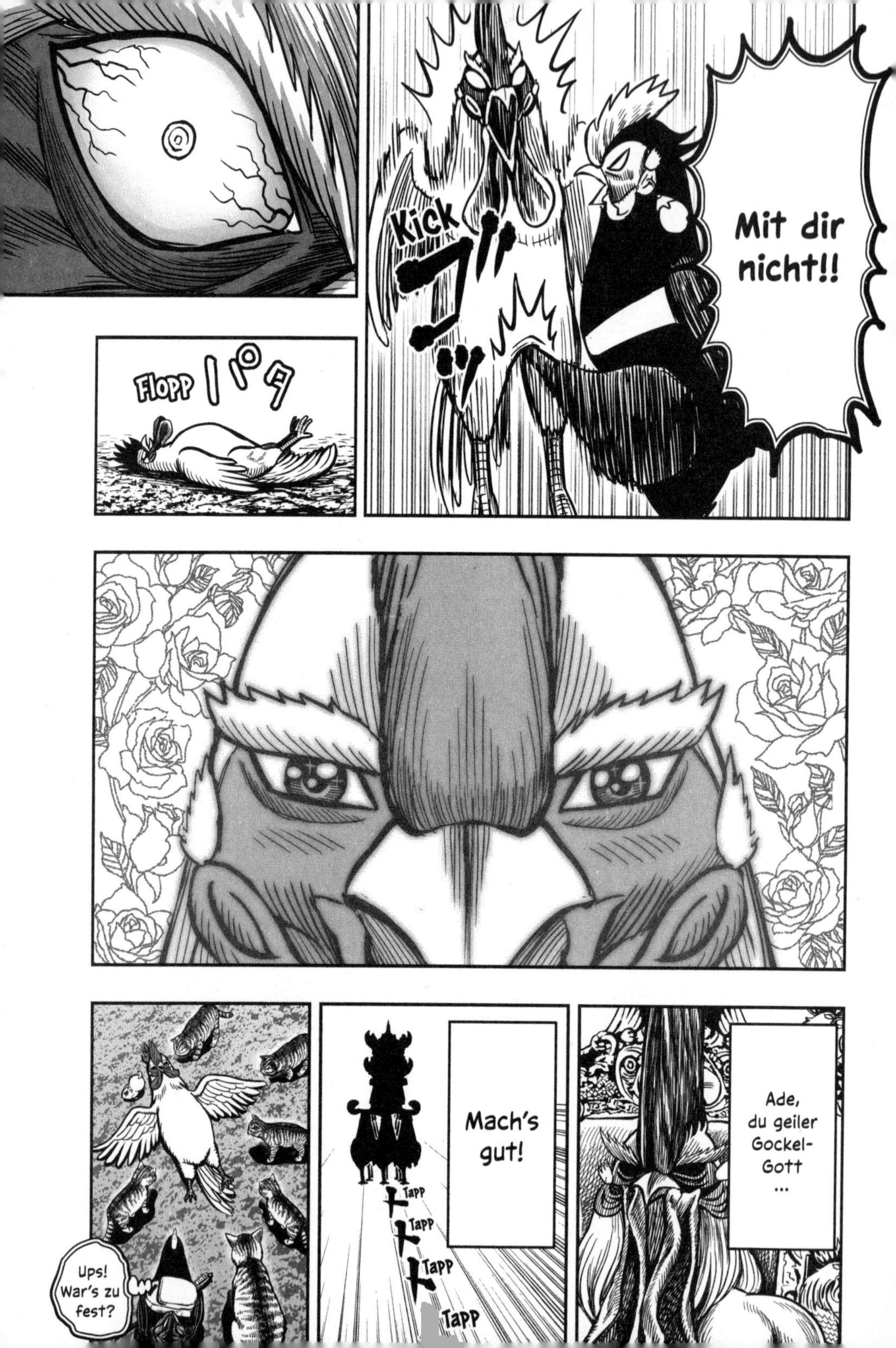
Mit dir nicht!!
Kick
Flopp
Ade, du geiler Gockel-Gott ...
Mach's gut!
Tapp
Tapp
Tapp
Tapp
Ups! War's zu fest?

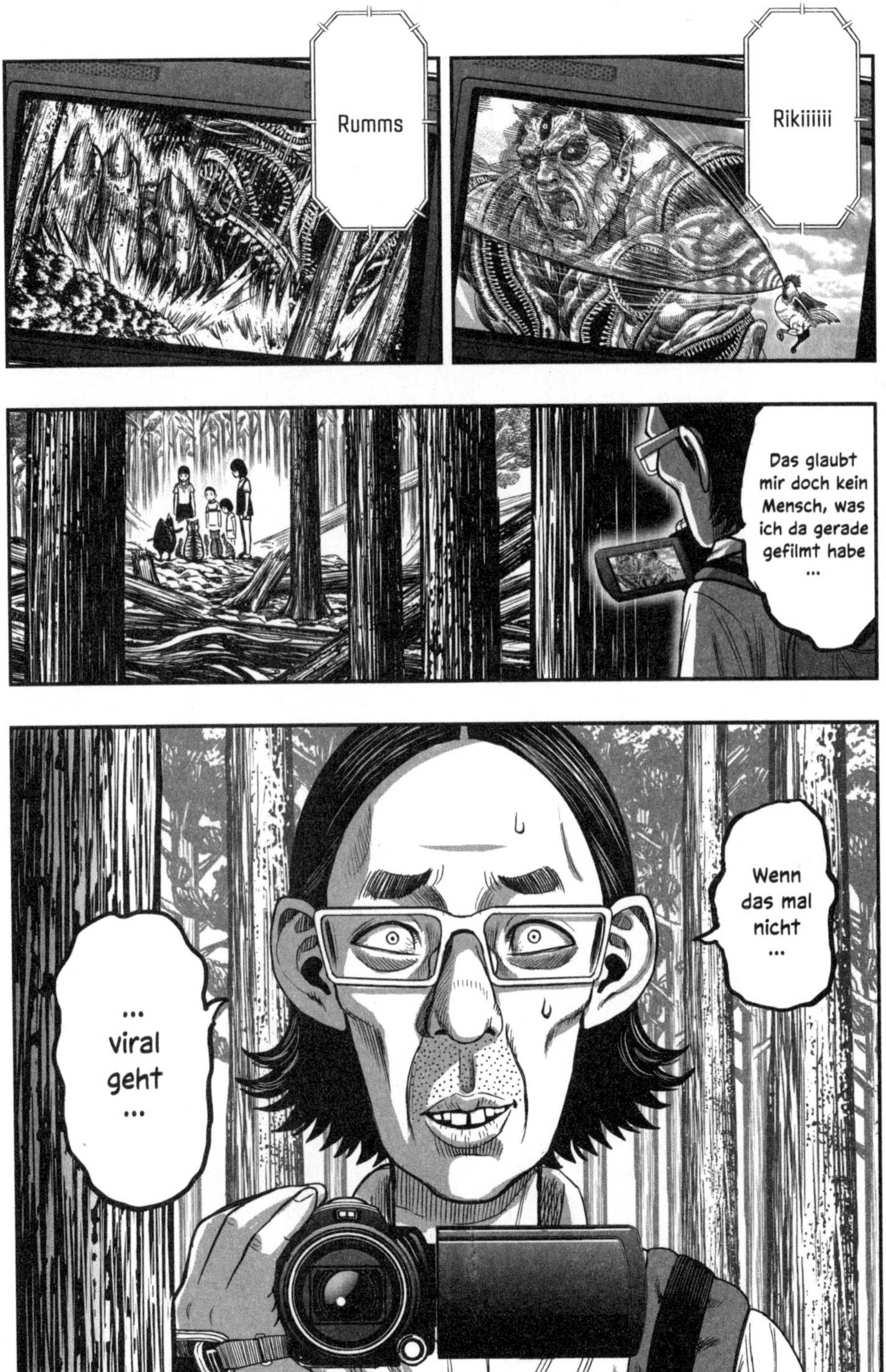

RUNDE #10 Ende

RUNDE #6 Kampf & Regeneration

Wer vom Kampf ausgemergelt und am Ende ist, der braucht gute Pflege.

RUNDE #7 Der goldene Käfig

Ein Vogel in einem Käfig kann nicht leben, wie es ihm gefällt, selbst wenn er aus Gold ist.

RUNDE #8 Badetag

Vogelgezwitscher und Blumenduft. Ein Ausflug im Frühling heilt alle Wunden.

RUNDE #9 Ein (nicht?) gefundenes Fressen

Tiere und Vögel leben unkompliziert und wollen einfach nur etwas zu Fressen.

RUNDE #10 Der verwundete Vogel

Wie ein einmal angeschossener Vogel schon das Geräusch der Bogensehne fürchtet, wird ein Mensch durch die Vergangenheit vorsichtig.

ROOSTER FIGHTER 03

EI, WIE SCHÖN: FORTSETZUNG FOLGT

AF626566

altraverse

Deutsche Ausgabe / German Edition

Altraverse GmbH
Ruhrstr. 11 a
22761 Hamburg
kontakt@altraverse.de

Aus dem Japanischen von Anemone Bauer

Wir behalten uns die Nutzung unserer Inhalte für Text- und Data-Mining im Sinne von § 44b UrhG ausdrücklich vor.

ROOSTER FIGHTER Vol. 2
© 2021 Shu Sakuratani
First published in Japan in 2021 by HERO'S INC.
German translation rights arranged with HERO'S INC.

Redaktion: Joachim Kaps
Herstellung: Vivien Bergau
Lettering: Vibrant Publishing Studio

Druck: Nørhaven A/S, Viborg
Printed in Denmark

MIX
Papier | Fördert gute Waldnutzung
FSC® C104608

Alle deutschen Rechte vorbehalten.
ISBN 978-3-7539-0734-5
2. Auflage 2026

www.altraverse.de